新工科·普通高等教育汽车类系列教材

# 汽车市场调查与预测

主编 武少玲
参编 王江华 程 鹏

机械工业出版社

本书是在省级专业综合改革项目建设的基础上，按照工程教育的要求和卓越工程师教育培养计划的模式，结合"市场调查与预测"课程建设而编写的。本书以培养学生能力为核心，优化整合了理论教学内容，体现了知识、能力、素质培养的紧密结合，突出了学以致用。本书主要内容包括汽车市场调查与预测概述、汽车市场调查与预测基础、抽样技术、问卷技术和量表技术、市场调查方法、调查数据的统计分析、汽车市场预测、市场调研报告等。

本书可作为普通高等教育汽车服务或营销相关专业的教材，也可作为工商管理类专业核心基础课程的教材。

图书在版编目（CIP）数据

汽车市场调查与预测 / 武少玲主编. -- 北京：机械工业出版社，2024.9. --（新工科·普通高等教育汽车类系列教材）. -- ISBN 978-7-111-76842-5

Ⅰ.F766

中国国家版本馆 CIP 数据核字第 202419J8L0 号

机械工业出版社（北京市百万庄大街 22 号　邮政编码 100037）
策划编辑：宋学敏　　　　　　责任编辑：宋学敏　章承林
责任校对：樊钟英　张　薇　　封面设计：张　静
责任印制：刘　媛
唐山三艺印务有限公司印刷
2025 年 2 月第 1 版第 1 次印刷
184mm×260mm · 13.25 印张 · 323 千字
标准书号：ISBN 978-7-111-76842-5
定价：45.00 元

电话服务　　　　　　　　　　网络服务
客服电话：010-88361066　　　机　工　官　网：www.cmpbook.com
　　　　　010-88379833　　　机　工　官　博：weibo.com/cmp1952
　　　　　010-68326294　　　金　书　网：www.golden-book.com
**封底无防伪标均为盗版**　　机工教育服务网：www.cmpedu.com

# 前 言

新工科建设是我国高等教育提质创新的重大改革举措,突出了中国特色、社会服务导向、学科交叉赋能、文理相融等学科建设与人才培养的新趋势。

当前迅猛发展的大数据、物联网、人工智能、网络安全、大健康等领域都出现了人才供给不足的现象。其中,市场调研分析师的作用越来越明显,具有市场调研、市场分析能力的调研人才日益受到汽车企业的重视。市场调研和分析是企业了解和掌握市场现状、判断发展趋势、制订营销战略和策略的基础和有效途径,属于学科交叉性较强的行业,涉及社会、经济的各个领域,从业者需要掌握数学、心理学、经济学、管理学等方面的知识,体现了跨学科的融合性。只有通过市场调研和分析,企业才能快速及时地调整战略和策略,进行有效的市场决策。

习近平总书记在党的二十大报告中强调:"构建高水平社会主义市场经济体制。坚持和完善社会主义基本经济制度,毫不动摇巩固和发展公有制经济,毫不动摇鼓励、支持、引导非公有制经济发展,充分发挥市场在资源配置中的决定性作用,更好发挥政府作用。"这一方面,要求我们坚持守正创新,在政府和市场的关系上进行新的探索,加快完善社会主义市场经济体制。另一方面,要求企业积极运用市场营销理论,依靠理念、技术创新,借助市场细分、市场选择、市场定位等营销技术和方法,提高供给质量和效率,提供所需的高质量产品和服务,以有效地惠及民生。

本书面对世界百年未有之大变局,以把握战略机遇,准确识变、科学应变、主动求变,培养学生严谨的市场调查研究的态度和职业素质为宗旨,以市场调研和大数据分析有机融合为主要内容,依托真实的企业商业课题和政府项目,由校、企、政共同开发相关"线上+线下"混合课程资源,采用项目教学的形式,将企业和政府的最新资讯,以及市场和社会的要求融入其中,增加了实际操作技能训练的内容。本书积极引导学生去把握互联网时代背景下市场营销调研和大数据应用方面的最新趋势,侧重对新方法、新

案例和新观点的讲解。

  本书由湖北汽车工业学院武少玲担任主编，湖北汽车工业学院王江华、东风商用车有限公司后市场事业部程鹏参加了编写。具体编写分工如下：武少玲编写第1、2、3、5、6、8章，王江华编写第4章，程鹏编写第7章，武少玲负责全书的统稿。

  在编写过程中为尽可能地融入市场调查与预测方面的最新成果，吸收现代市场调查与预测的先进经验，编者参考了国内外专家和学者的大量相关文献，在此表示感谢。

  由于编者水平和经验有限，若书中存在疏漏和错误之处，恳请广大读者批评指正。

编 者

# 目 录

前言
绪论 ··············· 1
第 1 章 汽车市场调查与预测概述 ··· 2
  学习目标 ················ 2
  引导案例 ················ 2
  1.1 我国汽车市场发展概况 ······ 3
  1.2 市场调查与预测的含义及特点 ·· 6
  1.3 市场调查与预测的内容、目的和
     作用 ··············· 13
  1.4 市场调查与预测的类型、原则和
     流程 ··············· 24
  本章小结 ················ 41
  课后习题及技能训练 ·········· 41
  在线自测 ················ 42

第 2 章 汽车市场调查与预测基础 ··· 43
  学习目标 ················ 43
  引导案例 ················ 43
  2.1 市场调查预测的原理 ········ 44
  2.2 市场调查主题 ············ 48
  2.3 具体市场调查问题 ········· 51
  2.4 调查研究思路 ············ 55
  2.5 调查计划书 ············· 61
  本章小结 ················ 66
  课后习题及技能训练 ·········· 66
  在线自测 ················ 67

第 3 章 抽样技术 ············ 68
  学习目标 ················ 68
  引导案例 ················ 68
  3.1 抽样技术的概述及基本概念 ··· 69
  3.2 市场调查方式 ············ 71
  3.3 概率抽样 ··············· 73
  3.4 非概率抽样 ············· 77
  3.5 抽样设计流程 ············ 79
  本章小结 ················ 81
  课后习题及技能训练 ·········· 81
  在线自测 ················ 82

第 4 章 问卷技术和量表技术 ····· 83
  学习目标 ················ 83
  引导案例 ················ 83
  4.1 问卷技术的概述及基本概念 ··· 84
  4.2 问卷设计技术 ············ 92
  4.3 问卷开发程序 ············ 107
  4.4 问卷设计中的注意事项 ····· 111
  4.5 问卷和量表 ············· 115
  本章小结 ················ 118
  课后习题及技能训练 ·········· 118
  在线自测 ················ 122

第 5 章 市场调查方法 ········· 123
  学习目标 ················ 123
  引导案例 ················ 123
  5.1 文案调查法 ············· 124
  5.2 实地访问调查法 ·········· 127
  5.3 观察调查法 ············· 129
  5.4 实验调查法 ············· 135
  5.5 现场工作 ··············· 137
  5.6 市场调查伦理 ············ 144
  本章小结 ················ 146
  课后习题及技能训练 ·········· 146
  在线自测 ················ 146

第 6 章 调查数据的统计分析 ····· 147
  学习目标 ················ 147
  引导案例 ················ 147
  6.1 数据的确认与编辑 ········· 149
  6.2 数据的编码 ············· 150
  6.3 数据的转换与录入 ········· 152
  6.4 数据的制表和图形化 ······· 153
  6.5 数据的描述统计 ·········· 154
  本章小结 ················ 161
  课后习题及技能训练 ·········· 162
  在线自测 ················ 162

**第 7 章　汽车市场预测** …………………… 163
　学习目标 …………………………………… 163
　引导案例 …………………………………… 163
　7.1　经验判断分析预测法 ………………… 164
　7.2　时间序列分析预测法 ………………… 174
　7.3　回归分析预测法 ……………………… 181
　7.4　大数据预测法 ………………………… 185
　本章小结 …………………………………… 188
　课后习题及技能训练 ……………………… 189
　在线自测 …………………………………… 190

**第 8 章　市场调研报告** …………………… 191
　学习目标 …………………………………… 191
　引导案例 …………………………………… 191
　8.1　调查报告的撰写要求 ………………… 192
　8.2　书面报告 ……………………………… 193
　8.3　口头演示 ……………………………… 197
　8.4　调研报告撰写中的注意事项 ………… 199
　本章小结 …………………………………… 201
　课后习题及技能训练 ……………………… 201
　在线自测 …………………………………… 202

**参考文献** …………………………………… 203

# 绪 论

在这种瞬息变幻的市场环境中，取得相关信息，掌握先机，发挥适时决策优势，是成功的不二法门。关键时期的关键决策，是一把手的天职，关乎企业的生死存亡。譬如新冠疫情过后，地方政府和汽车企业如何快速突破新冠肺炎这只黑天鹅的阴影，正确研判形势，高效做出战略部署和行动，率先发力，抢占新机遇，实现新作为，考验着每一个党政一把手和企业家的远见、勇气和魄力。汽车企业高层必须高度重视各种价值活动的部署、协调与整合。

然而在"顾客导向"的前导下，市场信息仍是最需关注的一环。所谓"审时度势"，衡情量力、分秒领先的市场感度以及毫厘超前的信息效度，是经营决胜的关键。因此，市场调查及相关的预测分析，是企业经营的首要工作，不管是市场供给结构分析、市场需求预测、市场区隔、产品定位还是消费行为分析，均为市场调查研究和分析预测的内涵。

汽车行业市场分析报告可为客户正确制订营销策略或投资策略提供信息支持。企业的营销策略决策或投资策略决策只有建立在扎实的市场分析的基础上，只有在对影响需求的外部因素和影响购、产、销的内部因素充分了解和掌握以后，才能减少失误，提高决策的科学性和正确性，从而将经营风险降到最低限度。

汽车市场调查即运用科学的方法，有目的地、有系统地搜集、记录、整理有关汽车行业市场信息和资料，分析汽车行业市场情况，了解汽车行业市场的现状及其发展趋势，为汽车行业投资决策或营销决策提供客观的、正确的资料。

汽车销售是消费者支出的重要组成部分，同时能很好地反映出消费者对经济的信心。通常，汽车销售情况是我们了解一个国家经济活力强弱情况的一手资料，早于其他个人消费数据的公布。因此，汽车销售为随后公布的零售额和个人消费支出提供了很好的预示作用。另外，汽车销售还可以作为预示经济衰退和复苏的早期信号。

# 第1章 汽车市场调查与预测概述

【学习目标】

1. 素质目标：重点关注我国汽车工业近十年的发展成就，从产业规模、产销数据、新能源汽车发展、汽车出口等多个角度梳理，围绕绿色转型、智能网联应用、全球化发展、高质量发展、现代供应链产业体系建设等方面培养学生的家国情怀和国际视野。

2. 知识目标：掌握市场调查与预测的含义与特点、市场调查与预测的类型和程序、市场调查与预测的内容和作用。

3. 能力目标：培养市场调查知识运用能力。

【引导案例】

### 武汉，要更好地把握新能源汽车的发展机遇机会

武汉是中国的车都，云集了东风、雪铁龙等众多车企。

2020年的新能源汽车市场发展迅猛，尤其是特斯拉、蔚来、小鹏、理想纷纷在股市上创新高，持续从股市上募集资金。武汉在这一波的新能源汽车浪潮中，反而显得有些落后了。2016年时，蔚来汽车曾与湖北宣布达成战略合作，将在武汉东湖开发区建设长江蔚来智能化新能源汽车产业园，当时该园区计划投资不少于300亿元，其中包括年产20万辆整车项目、研发及标准检测中心。遗憾的是，后续动作却并不大，武汉未能抓住机会，失去了一条搅动当地汽车产业的一条"鲇鱼"。

武汉的问题在于，本地始终没有在新能源汽车领域出现爆款产品或品牌。如蔚来之于合肥，小鹏之于广州，宏光MINI EV之于柳州。当前，无论是特斯拉、蔚来、小鹏、理想，还是威马汽车等企业，没有一家新能源新锐汽车企业落户在武汉。

但暂时的落后，并非没有机会。实际上，新能源汽车数量基数还很低，整个市场也才刚刚开始，未来成长空间很大，会诞生很多新的机会，当前众多新能源汽车企业都在寻找新的工厂或者未来会寻找新工厂。

武汉从上到下，应该利用原有的资源进行战略布局的调整，把包括小鹏、蔚来、理

想，甚至特斯拉等新能源汽车企业吸引到武汉，旧厂改造，或者新建工厂。同时，包括东风汽车等企业也应该积极向新能源汽车领域靠拢，做大做强武汉的新能源汽车产业。

汽车是一个大市场，随着市场向新能源汽车市场变迁的过程中，汽车市场的变量不只是在主机厂，汽车后市场也会有比较大的变化。这就意味着，汽车的维修、保险、销售都会有新的变革。有新的变革，湖北本土的创业者就可以有很多的机会。对武汉来说，这场新能源汽车的革命不能缺席。

思考：为什么要重视汽车市场调查与预测？

## 1.1 我国汽车市场发展概况

营销是营与销的组合，即在营造企业良好生存空间的同时销售产品，在销售产品的过程中积极营造企业良好的生存空间，这就需要准确地进行市场调查与预测。市场调查与预测是前营销工作，是为市场营销管理制订营销战略、选择或确定营销策略服务的，也就是为营销管理决策提供充分、准确和及时的依据而开展的信息搜集、处理与分析、预测和建议等一系列活动。一切营销工作从市场调查开始。

当前"电动化、智能化、网联化、同享化"（简称"新四化"）给传统汽车产业也带来了严峻挑战，汽车企业的营销策略决策或投资策略决策只有建立在扎实的市场分析的基础上，只有在对影响需求的外部因素和影响购、产、销的内部因素充分了解和掌握以后，才能减少失误，提高决策的科学性和正确性，抓住汽车产业转型升级的机遇。因此，市场调查及相关的预测分析，是汽车企业营运的首要工作，不管是市场供给结构分析、市场需求预测、市场竞争、产品定位还是消费者行为分析，均为汽车市场调查与预测的内涵。

### 1.1.1 我国汽车工业产销情况

汽车是国民经济的重要支柱性产业，其产业链长、涉及面广、带动性强、国际化程度高，在全球主要经济大国的产业体系中一直占据重要地位。

我国汽车产业历经七十余载的砥砺奋斗，已经建成全球规模最大、品类齐全、配套完整的汽车产业体系，成为制造强国建设的重要支撑，汽车产业在国民经济中的地位和作用持续增强，在稳增长、稳投资、稳就业、促消费方面发挥了重要作用。2020年7月，习近平总书记在中国第一汽车集团有限公司（简称一汽）调研时强调，一定要把关键技术掌握在自己手里，要立志把民族汽车品牌搞上去。在全行业的共同努力下，我国汽车产业取得了举世瞩目的成就，创新体系日益完善，研发水平不断提高，品牌影响力显著提升，成为全球第一大汽车市场，为全球汽车产业发展注入强劲动力。1978—2023年我国的历年汽车产量见表1-1。

2022年，适逢党的二十大胜利召开，开启了全面建设社会主义现代化国家新征程。面对需求收缩、供给冲击、预期转弱三重压力，汽车行业在党中央国务院的领导下，在各级政府主管部门的指导下，在全行业同仁的共同努力下，克服了诸多不利因素冲击，走出年中波动震荡，保持了持续增长的态势，全年汽车产销稳中有增，主要经济指标持续向好，展现出强大的发展韧性，为稳定工业经济增长起到重要作用。

表 1-1　1978—2023 年我国的历年汽车产量

| 年份 | 产量/万辆 | 年份 | 产量/万辆 | 年份 | 产量/万辆 | 年份 | 产量/万辆 |
| --- | --- | --- | --- | --- | --- | --- | --- |
| 1978 | 14.9 | 1990 | 50.9 | 2002 | 326.3 | 2014 | 2372.29 |
| 1979 | 18.6 | 1991 | 70.9 | 2003 | 444.4 | 2015 | 2450.33 |
| 1980 | 22.2 | 1992 | 106.2 | 2004 | 507.9 | 2016 | 2811.9 |
| 1981 | 17.6 | 1993 | 129.7 | 2005 | 574.5 | 2017 | 2901.5 |
| 1982 | 19.6 | 1994 | 135.3 | 2006 | 728.5 | 2018 | 2780.9 |
| 1983 | 24 | 1995 | 145.3 | 2007 | 888.2 | 2019 | 2572.1 |
| 1984 | 31.6 | 1996 | 147.5 | 2008 | 930.59 | 2020 | 2522.5 |
| 1985 | 44.3 | 1997 | 158.3 | 2009 | 1379.53 | 2021 | 2608.2 |
| 1986 | 37.3 | 1998 | 162.9 | 2010 | 1826.53 | 2022 | 2702.1 |
| 1987 | 47.3 | 1999 | 183.4 | 2011 | 1841.89 | 2023 | 3016.1 |
| 1988 | 64.7 | 2000 | 207.7 | 2012 | 1927.62 | — | — |
| 1989 | 58.7 | 2001 | 234 | 2013 | 2211.68 | — | — |

2023 年，中国汽车工业交出一份亮眼答卷：产销量连续 15 年位居全球第一，新能源汽车产销量连续 9 年位居全球第一，出口量创新高。产销量、出口量、全球汽车销冠……这些"全球第一"来之不易，既展示了中国超大规模市场优势，也见证着中国从汽车大国向汽车强国迈进的坚实脚步。

从全年发展来看，2023 年汽车产销量分别为 3016.1 万辆和 3009.4 万辆，同比增长 11.6% 和 12%，全年产销量双双超过 3000 万辆，创历史新高，实现了两位数的较高增长率。其中：乘用车产销量累计完成 2612.4 万辆和 2606.3 万辆，同比分别增长 9.6% 和 10.6%，乘用车累计产销量均创历史新高。商用车市场企稳回升，销售量为 403.1 万辆。新能源汽车产销量累计完成 958.7 万辆和 949.5 万辆，同比分别增长 35.8% 和 37.9%，市场占有率达到 31.6%，三大类新能源汽车品种产销量均呈明显增长趋势。汽车整车出口量为 491 万辆，同比增长 57.9%，汽车出口量实现跨越式发展。中国品牌表现亮眼，紧抓新能源、智能网联转型机遇全面向上，产品竞争力不断提升，自主品牌车企加快国际化进程，越来越多具备核心竞争力的自主品牌车企在国际舞台上崭露头角，积极参与全球汽车市场竞争，通过国际营销体系建设、投资建厂、品牌收购、合资合作等方式，骨干车企持续推进海外市场本土化发展，加快国际产能布局。

一组组鲜活数字背后，是中国汽车工业的活力和韧劲，是中国制造的底气和信心。从无到有，从小到大，奋斗 70 多年的中国汽车工业正迎着全球汽车行业新一轮变革，锚定高质量发展、攻坚克难、乘势而上，朝着建设汽车强国的目标奋勇前行。

## 1.1.2　我国汽车出口形势

我国汽车产业一直在坚持不懈地开展科技创新，构建完整的产业链供应链，汽车产销量屡创新高，相应出口规模也在逐步扩大。

近年，我国汽车出口表现越来越亮眼。2021 年、2022 年，我国汽车出口量连续迈上 200 万辆、300 万辆台阶。2023 年更是跨越了两个百万级台阶。据海关总署 2024 年 1 月 17 日公布，2023年我国汽车出口量为522.1万辆，较上一年同比增长57.4%。同时，包括电动载人汽车在内的"新三样"（电动载人汽车、锂离子蓄电池和太阳能电池）出口额首次突破万亿元大关，为中国出口增添了强劲动能。中国有望成为全球汽车出口第一大国，这标志着全球汽车产业格局将发生重大变化。支撑出口规模持续扩大的，是中国汽车产业持续推进的科技创新，是屡创新高的产销量，是全球市场与消费者的认可。

我国正大力推动汽车产业绿色低碳转型升级，新能源汽车出口为产业增添了鲜明亮色。当前，我国每出口3辆汽车就有1辆是电动载人汽车。2023年，电动载人汽车2023年全年出口量为177.3万辆，同比增加67.1%，为全球绿色低碳转型作出了贡献。

伴随着整车出口量的提速，汽车产业链也在加速"出海"。近几年动力电池、电机等汽车核心零部件出口份额在快速增长，这充分表明我国汽车产业大国的地位越来越稳固。近年来，汽车尤其是新能源汽车出口量快速增长，标志着中国汽车产业在向电动化、智能化转型方面取得了显著成就，也得到了全球消费者的认可，这加速了全球汽车产业变革进程。

展望未来，我国的汽车产业仍然具有很强的综合竞争优势，能持续提供更多更好的创新产品，满足全球消费者需要。

## 1.1.3 我国汽车营销发展概况

我国汽车营销大体上经历了四个发展阶段：1978年改革开放前，以高度的计划经济体系为主要特征的汽车产品分配流通阶段；1979—1993年，汽车生产厂家逐步建立起自己的销售流通体系和售后服务体系阶段；1994—2017年，以汽车生产厂家销售体系和售后服务体系为主导的发展阶段；2017年4月商务部发布《汽车销售管理办法》至今为第四阶段，汽车流通体系真正进入了社会化发展阶段。

（1）第一阶段　我国销售流通管理体系经历了以中央管理为主、地方管理为辅和中央、地方两级管理的组织。1963年成立了国家物资管理局，由其管辖的机电设备公司负责汽车调拨和销售工作。1964年成立国家物资管理处，负责汽车的统一销售、统一供应。从1977年开始，汽车的销售工作统一由国家物资局下属的机电设备局负责。汽车销售体制开始向多层转化，形成中央和地方两级管理的体制特征。在这个阶段，虽然我国的汽车销售流通机制经历了管理方式的多次演变，但中央和地方政府一直控制着生产与分配的全过程。当时汽车售后服务体制的演变过程与汽车销售流通体制的演变基本相同，所不同的是售后工作所需要的维修配件的供应，当时是通过国家交通部、地方交通局的分配调拨，由交通部所属的汽车修理厂去实现对各种车辆的维护保养。汽车生产厂家在此之前基本上没有建立自己的售后服务体系。

（2）第二阶段　又称为自主销售阶段。改革开放以后，我国的售后服务体制出现了新的变化，严格的计划经济管理体制开始了局部变动。在基本上不能触及汽车分配体制的前提下，在计划经济管理体制控制的范围和供应方式上，产生了局部变革。从国家控制计划范围看，一方面，汽车生产企业对维修配件的生产，有权对超过国家计划的部分进行自主销售；另一方面，国家指令性计划的分配比重有所下降，这时候汽车售后服务贸易开始进入一个萌芽状态。随着国家行政干预的弱化，国家明确了私营和个体经济购置汽车的合法性，随着公路交通运输市场的开放，私人汽车的保有量迅速增加。汽车销售和售后服务贸易体系逐步开始发展壮大起来，各汽车生产厂不仅成立了销售公司，还分别与各地的汽车经销商以各种形

式合作，建立了大量的合资、联营等售后服务保障体系。但这一时期我国的汽车市场仍然处于卖方市场，因此价格体系混乱、销售渠道多样性以及售后服务保障体系不健全是该阶段的最大特征。

（3）**第三阶段** 建立了以汽车生产企业为主导的汽车服务贸易体系。这一时期随着我国经济体制改革进一步深化，汽车产量稳步增长，我国汽车市场开始从卖方市场向买方市场转变，私人购车比例更是逐年大幅度上升。原来构筑的汽车流通体系已无法适应新形势发展的需要，社会的私人购车比例大幅度上升，促使汽车生产厂必须加快售后市场的建立发展。经销商的功能进一步得到加强，销售流通体系更加规范化，各种经销商正在向整车销售、零部件供应、整车维修、信息服务四位一体的方向转变。汽车保险业务的发展也为汽车市场的发展起到了强心剂的作用。

（4）**第四阶段** 国家鼓励发展共享型、节约型、社会化的汽车销售和售后服务网络，加快城乡一体的汽车销售和售后服务网络建设，加强新能源汽车销售和售后服务网络建设，推动汽车流通模式创新。如规定供应商、经销商不得对消费者限定汽车配件、用品、金融、保险、救援等产品的提供商和售后服务商；供应商不得限制配件生产商（进口产品为进口商）的销售对象，不得限制经销商、售后服务商转售配件等。2017年，新的《汽车销售管理办法》的出台，有效促进了汽车市场的健康发展，维护了公平公正的市场秩序，保护了消费者的合法权益。

## 1.2 市场调查与预测的含义及特点

### 1.2.1 市场调查的含义与要素

**1. 市场调查的含义**

众多营销机构和多位知名营销学者都对"市场调查是什么"进行过论述，下面罗列一些较常见的定义。

美国市场营销协会认为市场调查是一种通过信息将消费者、顾客和公众、营销者连接起来的职能。这些信息用于识别和确定营销的机会和问题，产生、提炼和评估营销活动，监督营销绩效，增进人们对营销过程的理解。市场调查规定了解决这些问题所需要的信息、收集信息的方法和实施信息收集的过程。

美国学者菲利普·科特勒认为，市场调查是为制订某项具体的营销决策而对有关信息进行系统的收集、分析和报告的过程。

美国得克萨斯大学阿灵顿分校的卡尔·麦克丹尼尔教授认为市场调查是对营销决策相关数据进行计划、收集和分析，并把分析结果与管理者进行沟通的过程。

ICC（国际商会）/ESOMAR（欧洲民意和市场调查协会）在《市场营销和社会调查业务国际准则》中对市场调查给出的界定是：市场调查是个人和组织（如工商企业、公共团队等）对其经济、社会、政治和日常活动范围内的行为、需要、态度、意见和动机等情况的系统收集、客观记录、分类和分析。

我国台湾学者樊志育认为市场调查有狭义和广义之分，狭义的市场调查是了解消费者的购买、消费等各种事实、动机和偏好的行为；广义的市场调查是指针对营销活动的每一阶段，对消费者、营销环境、市场运行状态和营销效果等进行调查的行为。

综上所述，市场调查是一个对市场信息进行收集、处理和分析的过程，涵盖整体营销活动的问题或现象，调查报告作为其标志性产出将提交给管理者或决策者用于营销决策。

**2. 市场调查含义的五大要素解析**

（1）**市场信息**　市场信息是指与市场情况和企业营销活动有关的各种文字、声音、影像、图表、消息、商业情报等的总称。市场调查的一项基本任务就是从大量的市场现象中收集各种市场信息。收集市场信息是为了解决一些特定的营销问题，或是为了更深入地把握市场，或是为了更准确地认识某种营销现象。例如，当需要了解潜在市场推出新产品时，潜在市场对新产品的价格、功能、款式等的接受程度对企业而言就是必须收集的市场信息。

（2）**数据**　数据是市场信息的载体，特指用数值量化表达市场信息。市场调查的主要工作成果之一就是市场调查数据，例如，市场调查数据表明潜在客户可以接受高于现有产品价格的20%作为新产品价格，就是对潜在客户能够接受新产品较高定价信息的量化表达。市场调查数据是市场信息收集、处理后的一种主要结果，同时也是市场分析的基本工作对象。市场调查数据帮助营销工作者在复杂的市场现象中重点关注市场事实，识别市场机会和营销问题。

（3）**过程**　市场调查是一个具有明确目标的市场信息收集和处理及调查数据分析的规范性研究过程，需要遵循一些既定的原则和流程。作为一项系统性的专业知识和技能，市场调查规定了特定营销问题的解决需要哪些市场信息、收集并管理市场信息可以运用的手段、分析调查数据应当采用的方法、调查结果和分析结论的沟通形式与报告方式等，依托既定的市场调查原则和流程，管理层可以有章可循地管理市场调查活动、监督市场调查工作、判定市场调查工作质量。

（4）**营销活动**　营销活动是为了达成营销目标的各种产品、定价、分销、促销等市场行为的统称，营销活动的范围和领域构成实质意义上的市场调查内容，达成营销目标的任一营销活动环节都可以成为一项市场调查内容，企业的具体营销活动总是伴随一定的营销现象和营销问题而产生的，也会催生一些营销现象和营销问题。例如，针对销售不畅所采取的降价促销活动，可能会导致市场预期未来价格更低的营销问题，因此，市场对降价的反应就成为市场调查内容。

（5）**营销决策**　营销决策是指对营销活动的目标、策略、战略等重大问题进行选择和决断的过程，几乎所有的营销学著作都会强调营销决策需要建立在市场调查和市场预测的基础上，尤其是对企业来说具有全局性、战略性意义的决策。要想科学地制订营销决策，就必须要求调查工作者遵循规范的市场调查流程，开展市场信息收集和分析工作。从根源上讲，市场调查始于制订科学的营销决策的需要，因为科学的营销决策需要经由市场调查获取与之相应的充足的市场信息。例如新产品是否推向市场？定价多少？这些科学决策就必须建立在市场调查所获取的市场信息的基础上。

**3. 汽车市场调查的含义**

汽车市场调查是指个人或组织为汽车的市场营销问题的决策所需开发和提供信息而引发地判断、收集、记录、整理、分析研究汽车市场的各种基本状况及其影响因素，并得出结论

的系统的、有目的的活动与过程。汽车市场调查的内容包括汽车市场环境调查、汽车市场状况调查、销售可能性调查，还可以对消费者及消费需求、企业产品、产品价格、影响销售的社会和自然因素、销售渠道等开展调查。

### 1.2.2 市场调查的特点

（1）**目的性** 市场调查是个人或组织的一种有目的的活动。它是个人或组织为解决市场营销问题、进行营销决策提供信息而展开的活动。市场调查服务于营销活动，是营销活动的有机组成部分。

（2）**系统性** 市场调查是一项周密策划、精心组织、科学实施的系统性工作，由一系列工作环节、步骤、活动和成果组成的过程，是一项复杂的工作，需要科学的力量和方法指导，同时需要进行科学的组织和管理。

（3）**调查内容的广泛性** 市场调查可以用于测量很简单的东西，如被调查者的年龄、收入、文化程度等基本情况，也可以用于测量像态度或爱好之类的复杂问题。当然这是有一定限定的。有些问题被调查者就可能不会回答，可能是不知道这个问题该如何回答，也有可能是问题太敏感了不愿回答，例如与社会禁忌或忌讳有关的事情（如性行为、吸毒等）。

（4）**市场调查是按客户的具体情况"因材施法"的** 在对一项调查进行设计时，首先想到的三个问题是：这项调查需要多少费用？需要多长时间？可以获取多少信息？这些问题常常无法准确地回答，需要具体问题具体分析，因为调查研究的不同项目情况可能是不相同的。由于市场调查可以按客户的具体情况"因材施法"，因此可以想方设法将方案设计得尽可能满足客户的信息需求和经费预算。项目的设计要与客户的需要和财力相适应。例如，对经费少的客户，可以选用比较节约的调查方法，提供较为定性的数据等。

（5）**市场调查的方法是多样的** 调查研究的方案设计是多样的，收集数据可以采用面访、电话访谈或直接邮寄等方法。调查地点可在被访者的家中、工作单位、4S店，甚至广场、商场等地方。采访可能只需花几分钟，也可能花上很长时间。

（6）**市场调查开展的程度是有伸缩性的** 所收集数据的多少和复杂程度是可以选择的，这取决于其所需求的信息和所拥有的经费。简单的调查可以设计得只需几页记录纸和一个可装在口袋里的计算器就可以进行，其调查结果也就是几页报告。复杂的大规模的调查要采用高级的计算机和数据分析程序，用于处理、计算并生成大量精确的信息，而这在二三十年前是不太可能得到的。

### 1.2.3 市场调查需求的产生

市场调查工作者应当认识到企业对未来的发展，对市场运营有一定的预期，当观察到的市场现象与预期背离时，企业会试图通过市场调查来解释市场现象、挖掘现象和预期之间产生差距的各种可能的原因。因此，有必要了解企业会在哪些情况下产生市场调查需求。

**1. 现有市场出现问题**

常见的现有市场出现的问题有市场占有率、产品销售额或销售量下滑、顾客满意度降低、顾客忠诚度不高等。现有市场出现问题往往会缩小企业的生存空间。

**2. 潜在市场出现问题**

常见的潜在市场出现的问题有潜在市场容量偏低、潜在市场的需求不能有效激发等。潜在市场出现问题往往会制约企业的未来发展空间。

**3. 规划发展战略的需要**

发展战略是企业生产战略、定价战略、促销战略、渠道战略等各种战略的统称。规制发展战略是为了获取持续的竞争优势，在保障生存的基础上壮大企业。企业希望通过市场调查来掌握必要的市场信息，以此得以科学、合理地规划其发展战略。

**4. 企业的内外部环境出现变化**

企业外部环境是企业外部的政治环境、社会环境、技术环境、经济环境等的总称。企业内部环境是指企业内部的物质、文化环境的总和，包括企业资源、企业能力、企业文化等因素，也称企业内部条件。企业总是处在一定的内外部环境之中，所以非常关注内外部环境发生了哪些具体变化，这些变化会带来什么样的后果，企业如何应对等。

【延伸阅读1-1】

### 新能源、汽车新零售将刺激行业由量变到质变

（1）量变　从2001—2023年的国内汽车市场历年销量看，行业经历了多次调整与变化，而也正是一次一次的量变，推动着汽车行业向前发展（见图1-1）。

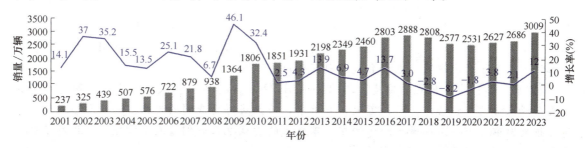

图1-1　2001—2023年我国汽车市场历年销量及增长率

1）量变一：消费特征的变迁。20世纪前十年是国内轿车市场飞速发展的10年，此时轿车作为代步工具实现了从无到有的飞跃；2011—2016年，从有到优成为此时汽车消费主题，消费者对于汽车英朗、气派、大气的追求驱动了SUV市场的兴起；自2017年之后，汽车消费开始趋于理智化，并且对于绿色环保的诉求更加强力，新能源汽车开始兴起。

2）量变二：自主品牌的快速生长。为了满足汽车市场旺盛的需求，自2005年起，自主品牌开启了快速生长之路，低价位、快迭代成为此时汽车市场的主题。2010年之后，国内消费者对于汽车品质及品牌力的需求，使得自主品牌受到了来自合资品牌的巨大压力，市场占有率逐年降低。目前，随着颠覆式技术创新驱动行业底层变革，合资企业的产品力层面已被全面超越，合资品牌享受了近30年的市场红利，随着赛道切换，销量缩水，市场占有率腰斩，赛道切换时集体掉队，自主品牌逐渐崛起并占据市场主导地位，如图1-2所示。以国内市场为例，2024年1~5月，国内市场自主车企的销量份额已经快速提升到了56.1%，同比上升超过8%。相比之下，日系合资的市场占有份额下跌11.7%，德系合资也下跌近4%，美系合资下跌超过15%。

3）量变三：国家政策的适时引导。2004年《汽车产业发展政策》颁布，提出了"培

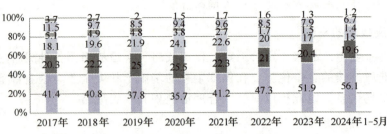

各柱状图从下到上依次为：■自主 ■德系 ■日系 ■韩系 ■美系 ■其他欧系

图1-2 我国市场国别份额变化

育以私人消费为主体的汽车市场"，这为我国汽车产业市场化、国际化发展奠定了基础。行业就此开启了飞速增长之路。2009年发布的《汽车产业调整和振兴规划》中提到："启动国家节能和新能源汽车示范工程，由中央财政安排资金给予补贴"，同年财政部发布《关于开展节能与新能源汽车示范推广试点工作的通知》，明确提出对试点城市公共服务领域购置新能源汽车给予补助，由此拉开了新能源汽车补贴时代的序幕。

（2）质变　在一次次的量变之下，汽车行业走过了快速增长及稳定增长的17年。然而在这期间，需求端变化的只是销量，供给端在新技术加持下，变化的只是产能，并未触动行业本质。而近几年外部环境及行业自身的改变，也许预示着质变即将到来：

1）质变一：新能源汽车的"重新上路"。2020年10月20日，国务院办公厅发布《新能源汽车产业发展规划（2021—2035年）》，规划明确指出，电动化、网联化、智能化成为汽车产业的发展潮流和趋势。这无疑是为新能源行业带来了新利好消息，在国家政策、基建投入的影响下，新能源汽车也许会成为引起行业质变的法宝。

2）质变二：商业模式的重建。2012年4月22日，特斯拉正式进入中国，同时也带来了汽车新零售这一销售方式厂商直面用户诉求，用户获得更透明的价格，一切看似美好，但实际推进困难重重。然而造车新势力在新零售上的尝试也让我们看到了希望，也许在不久的将来，此举将为行业带来深远影响。

### 1.2.4　市场预测的含义及解析

**1. 市场预测的含义**

市场预测是在市场调查的基础上，针对潜在市场或者现有市场的变化分析和预见其发展趋势、把握市场规律，以服务于营销决策的市场分析活动。潜在市场是指目前尚未成熟的市场，或者没有成型的市场，是对企业现有市场所提供的产品或者服务具有某种程度兴趣的顾客群体。例如拟上市的新产品存在某些消费群体，他们虽然对该新产品有一定的购买意向，但是由于某些目前还不清楚的因素，使得这部分消费群体没有显露出来。2024年6月，中国电信继手机直连卫星后，再度首创"汽车直连卫星"。汽车直连卫星依托中国自主研发的"天通一号"卫星移动通信系统，解决无网络等极端场景下的迫切需求。在地面移动网络和固定网络覆盖不到的地方，汽车直连卫星可为车主提供可靠的双向语音通话、双向短信通信服务，从而保障车主可按需接入卫星通信网络，提升汽车主动安全能力。这个新功能不知到底能否引爆市场，但其背后的卫星产业正"加速跑"，各大企业纷纷抢占赛道，一些城市也在积极打造自己的"太空基地"。此外，不少国际上的高科技企业也在发掘低轨卫星的其他商业用途，"掘金"还在不同领域展开。现有市场是指企业在经济活动中已经占有的市场，或在现实经济环境中已被开发出来，已存在的市场，例如日用化妆品市场、二手商用车市场、新能源汽车市场。现有市场的形成需要具备若干基本条件，包括：消费者（用户）需要或欲望的存在，并拥有其可支配的交换资源；存在由生产者提供的、能够满足消费者（用户）需求的产品或服务；要有促成交换双方达成交易的各种条件。

汽车市场预测是依据汽车市场的历史和现状，凭经验并应用一定的预测技术，对汽车市场发展的未来趋势进行预计、测算和判断，得出符合逻辑的结论的活动和过程。

**2. 市场预测含义的解析**

（1）变化　变化是市场的本质，是市场动态性的根本体现。如果把一次市场调查的结果理解为一幅静态的图片，那么多次市场调查的结果就构成了一个动态的影片，每两次市场调查结果的差异就呈现出了市场的变化情况。毫无疑问，市场变化对企业的成长和发展具有重大影响，如果企业不能适应市场变化，必将被市场所淘汰。

市场变化的方向就是市场趋势，例如连续六个月的销售量上升就表现为市场增长趋势。对于企业而言，把握市场变化的根本方法就是掌握市场趋势，尤为重要的是把握市场价格和市场销售量的变化趋势。市场变化总是伴随着一定程度的不确定性，如销售量连续六个月上升，可能第七个月销售量会出现下降。因此，通过市场调查来摸清销售量变化背后的原因和主导因素对于企业来说是具有一些现实价值的。

（2）预测　预测即对市场趋势进行推断，它不等同于简单的猜测。猜测往往是主观的、脱离市场事实的，预测则建立在一整套科学的方法和程序基础之上，需要以大量的数据资料为基础，这些数据资料一般是市场调查的结果。

对市场趋势的预测总是伴随着预测误差，因为谁也无法说清未来某一时刻的市场规模和水平相比当前时刻会发生什么样的变化。市场预测是在当前进行的，它与未来的市场现实肯定会有差异，这个差异就是预测误差。预测误差可以分为方向性误差和数量误差。方向性误差是指当前的预测结果到未来时与那时的市场方向完全违背，数量误差是指当前的预测结果到未来时与那时的市场方向相符，但数值不符。因此，当前与未来的两次市场调查数据可以验证预测工作的质量。

（3）营销决策　营销决策是一个在多方案中择优的过程。在这个过程中，企业可以往回看，即根据历史表现来择优；也可以往前看，即根据未来表现来择优。当企业往回看，做出回顾性决策时，实质是对未知的潜在市场的当前预测；当企业往前看，做出前瞻性决策时，实质是对现有市场未知将来的预测。无论采用哪种方式，营销决策都离不开市场预测工作。

## 1.2.5　市场预测的特点

（1）科学性　市场预测方法一般分为以数理统计为核心的定量预测分析法和以理论分析为核心的定性预测分析法。定量预测分析法所依据的各种数学模型、统计结果本身，都经过严格的定量推理和论证，所以在方法论的科学性上能得到较为可靠的保证。对于定性预测分析法，其预测程序的科学性、预测推理的逻辑性是我们对某项具体的市场预测结论的科学性作出评价的主要依据，其预测结果是否能够让更多的人信服，取决于两点：第一，此项预

测是由哪些人作出的，他们以往的预测成功的准确性如何；第二，此项预测结论是基于哪些理论之上得出的，即作出这一结论的判断标准的科学性程度的大小。

预测方法的科学性，最终应该由预测结果本身是否符合一定的科学理论，所阐明的事物发展是否符合其基本规律来确定。

（2）**局限性**　市场预测由于是对未来的不确定性市场表现作出估计和推断的行为，因此其成功与否取决于两点：第一，对制约预测目标的事物内在规律的把握程度，把握得越准确，预测的准确性越高；第二，对所有与预测目标相关的影响因素是否都一一了解，了解得越清楚，预测也越准确。

任何预测都是对未来作出估计，未来的事物发展总是具有不确定性，这种不确定性有多大，将直接决定其预测风险的大小，从这点来说，任何预测都是一项风险性工作。所以，在进行市场预测之前，每一位预测工作者都应小心谨慎，"如临深渊，如履薄冰"，要认识到自己所掌握的科学知识的有限性，自己所使用的预测方法的局限性，多问问自己是否对预测对象的变动规律或基本趋势有了充分的认识与把握，是否掌握对预测目标产生影响的各种因素的影响程度及变动特征以及这些因素之间的关系是否有准确翔实的掌握。

许多成功或失败的市场预测，正好从正反两个方面证实了市场预测方法的科学性与局限性。指出市场预测方法的局限性是为了说明，作为一门科学，市场预测一定允许有某种程度的误差存在。更何况市场现象又常会出现难以预料的变化，使预测时所设定的基本环境条件发生剧烈变化，导致预测的失败。

（3）**连贯性**　连贯性即把未来的发展同过去和现在联系起来。市场是一个连续发展的过程，未来的市场是在现在市场的基础上演变而来。因此，我们可以依据收集到的过去和现在的资料推测将来的变化。

（4）**相关性**　市场需求的变化和国民收入水平、市场价格变动指数、消费需求结构等因素密切相关，存在着相互影响、相互依存的关系。营销人员应密切关注影响市场需求的各项变化因素，预测需求量的增减。

（5）**类推性**　类推性即市场上各种有关事物之间存在着某种类似的关系和发展模式。人们可以根据已知事物的某种类似的发展模式，类推某个预测目标未来的发展模式。

根据这样的特点，要求市场调查和预测人员以能动的、发展的和全面的观点进行市场调查与预测，综合地考察影响市场的各方面因素，使调查结果和预测结果更具科学性和有效性，从而指导企业的市场行为。

## 1.2.6　市场调查和市场预测的关系

市场调查和市场预测都是人们了解认识市场，分析研究市场发展变化规建的方法或工具。从时间的角度看，市场调查着重分析市场过去和现在的表现，并在长期的研究中认识市场规律；市场预测则是根据市场过去和现在的表现，应用科学的预测方法对市场未来的发展变化进行预测或估计，为制订科学决策提供依据。因此，市场预测着重分析市场未来的表现。

市场调查和市场预测可以分别作为一门学科或一项实际工作。同时，两者之间有着非常密切的联系，被认为是一个连贯分析市场过程的两个阶段。本书是在分别介绍市场调查和市场预测的各种常用方法的基础上，将市场调查与市场预测联系起来认识。市场预测与市场调查的联系，突出地表现在两点上：一是从时间的连续性来看，只有将市场调查与预测作为一项连贯的工作，对市场的分析研究才能更系统更全面，也才能为制订科学决策提供更有利的依据；二是从方法论的角度看，市场预测有赖于市场调查。市场预测必须根据市场调查得出结论进行，市场调查结论的水平和质量在很大程度上决定着市场预测的水平和质量。

由此可见，市场调查是市场预测的基础，市场预测又是市场调查的延伸、升华与深化。市场调查方法的完善和市场调查内容的系统化，为市场预测开辟了广阔的前景。

## 1.3 市场调查与预测的内容、目的和作用

### 1.3.1 市场调查的内容

市场调查内容，一般包括营销组合调查、宏观环境调查、消费者行为调查及竞争对手调查等四个方面。

**1. 营销组合调查**

（1）产品调查　产品调查是为了解消费者对产品试用或者使用的感受，针对产品的外观、功能、包装、设计等各个属性分别进行评价与分析，寻找产品属性的最佳组合，估计产品的渠道调查、市场占有率，预测产品的下一期市场份额。

产品调查中比较重要的有：

1）产品实体调查。产品实体调查是对产品本身各种性能的等级进行调查，主要针对消费者购买商品时所考虑的因素，例如产品的有用性、耐用性、安全性和售后服务等。通过产品实体调查，能够找出产品购买过程中的主导影响因素，从而使企业明确生产经营中应该强调的重点。

2）产品生命周期调查。产品生命周期调查是通过对销售量、市场需求的调查来判断产品处于引入期、增长期、成熟期、衰退期的哪一阶段。产品生命周期调查主要针对产品销售量、销售增长率及产品普及率等展开。某些情况下，还涉及以下内容的调查：新产品创意和构思，消费者对产品概念的理解，新产品的市场发展前景，产品品牌价值和品牌忠诚度，产品包装及消费者对产品质量、性能和式样等的意见。

3）品牌调查。品牌调查是企业了解品牌现状的重要手段。品牌调查内容包括：品牌文化、品牌故事、品牌产品种类和产品线、品牌产品风格定位、品牌目标市场定位和品牌消费群体定位等。

营销实践中品牌调查是通过一系列指标测试完成的。运用较多的指标有品牌知名度、品牌忠诚度、品牌定位及品牌联想、品牌形象、品牌购买率、品牌渗透率、品牌形象标识、品牌流失与品牌满意度等。

可以利用品牌调查为企业进行品牌诊断、品牌建设与品牌规划提供重要的参考依据，并完成以下任务：

① 了解目前各品牌在市场上的竞争状况和特征。
② 了解品牌自身运营模式和产品架构。
③ 了解竞争品牌的运营模式和产品架构。

④ 了解消费者对品牌的认知和消费状态。
⑤ 了解市场上该类品牌产品的发展方向。
⑥ 了解品牌在行业中的发展状态。
⑦ 了解可能的品牌发展途径和潜在的市场空间。

### 我国汽车集体加速向上，品牌强基研究迫在眉睫

强国先强基，拥有世界级汽车品牌是汽车强国的重要标志之一。当前，我国汽车品牌正处于从跟随到引领的关键窗口期。

以品牌强基，铸汽车强国。2022年12月13日下午，"中国汽车品牌强基工程"正式启动（以下简称"品牌强基工程"）。品牌强基工程由中国汽车工业协会牵头主导，清华大学车辆与运载学院汽车发展研究中心李显君教授团队承接，中国汽车企业首席品牌官联席会（CB20）提供大力支持，长安、广汽、吉利、比亚迪和小鹏汽车作为案例企业深度参与"品牌强基工程"。

乘着电动化、智能化等科技浪潮的东风，我国新能源汽车产业数年来快速成长壮大，正在改写燃油车"大而不强"的规模竞争悖论历史，朝着"既大又强"方向迈进，进入高质量发展新阶段。我国汽车"品牌向上"已取得长足进步，在品牌价值提升、品牌高端化进程加速、市场份额提升及全球化发展等方面均有显著体现。

从近两年发布的全球品牌价值榜、最具价值中国品牌榜等全球第三方权威榜单上看，我国汽车品牌价值不断提升，上榜品牌增多且增长速度高于全球平均水平。

在品牌高端化进程上，我国汽车品牌近几年已实现了实质性突破，推出了大批高端品牌车型，国内消费者对国产高端电动汽车的接受度也越来越高。

在市场份额方面，新能源汽车的快速增长有力地带动了我国汽车品牌乘用车市场份额的提升。

在全球化方面，近年来我国汽车军团集体扬帆出海，势头正劲。据海关总署公布的数据，2023年，我国汽车出口量达522.1万辆，同比增长57.4%。我国汽车要成为世界级品牌，仍然任重道远。我国作为超大规模市场，汽车品牌价值与市场规模长期背离，我国汽车产业大而不强的特征仍然非常明显。从对比看，全球财富500强榜单中的我国企业数量显著多于全球品牌价值500强榜单上的我国品牌数量。

随着电动化、智能化转型升级与换道超车，我国汽车产品竞争力有显著提升，但品牌形象滞后于产品实力；各品牌单打独斗，各自为战，未形成合力，缺少具有国家品牌价值的大品牌建设与打造。我国汽车品牌意识觉醒较晚，大多是在摸着石头过河，从理论到实践，成功与失败并存。即便是对于智能电动汽车当前取得的巨大成功，也缺少深入剖析，企业在竞争之下"蒙眼狂奔"，学界尚未涉足此领域研究，因此业内缺少属于我国汽车品牌的原创理论体系，缺少基于中国品牌成长研究而构建的体系支撑，品牌强基研究迫在眉睫。

**（2）价格调查** 价格调查是为了在销售产品时找到一个有利的销售价格区间，主要通过对产品的市场价格水平、零售物价指数、居民消费价格指数及政府、行业对产品价格的规定进行调查，来实现产品定价区间的合理性。价格调查涉及范围很广，如市场中各竞争品牌的定价、消费者对价格变化的反应、价格在品牌选择中的重要性、价格变化对盈利的影响、价格变化对销售量的影响、消费者对价格的接受程度、商品的需求价格弹性和供给价格弹性及其影响因素等。

汽车价格是影响汽车生产商、经销商、用户三方利益和汽车产品市场前途的重要因素。因此，制订正确的价格体系，是维护企业利益、调动汽车经销商乐观性、吸引顾客购买、打败竞争对手、开发和巩固市场的关键因素。在进行价格体系的设计和策划时，既要考虑到价格的适应性，刺激销量，又要考虑到价格水平的稳定性、价格体系的严密性，以维护正常的市场秩序。通常应首先综合考虑生产成本、市场需求、竞争状况、车型热度和车型用途与定位来确定基本的价格体系，然后再按照销售区域、销售规模、销售时节、销售回款的差异进行价格折扣的调节。所以这些都必须经过仔细讨论和反复论证，最终形成初步价格体系，然后以规范的方式予以确定，并严格贯彻执行。

【延伸阅读1-3】

## 汽车厂商的价格调查策划

某汽车厂商计划在本年度推出一款新汽车。该汽车厂商着手通过价格调查确定新款汽车的定价区间。营销部门设计的市场调查主题是"××品牌汽车的市场价格策略"。在第一轮探索性的初步调查的基础上，营销部门提出如下假设：

1）同一品牌的不同配置汽车因成本不同会有不同的定价；
2）针对不同的市场竞争状况会有不同的定价策略；
3）同一品牌的不同配置汽车的质量不同，其价格变动对供需的影响也不同；
4）消费者态度不同，同一品牌的不同配置汽车的定价策略也不同。

营销部门经过讨论决定，第一条假设经由二手资料来验证，其余三条则构成本次调查的基本内容。

营销部门的专职调查人员需要指出后三条假设所涉及的"构念"的准确含义，并提出相应的测量指标。在第二条假设中，"市场竞争"是完全竞争还是垄断性竞争需要明确，"不同的定价策略"是指依据哪些因素而不同，是商标、品牌还是服务？第三条假设中"质量"是"保质期"还是"保值期"。第四条假设中"定价策略"是"定价的自由度"还是"同配置汽车的现行价格"。

（3）渠道调查　渠道调查是为了在产品销售过程中找到最佳销售渠道组合，对渠道的形式、渠道上的经销商和渠道中的产品经销状态进行调查。常见的渠道调查的内容包括渠道结构、渠道关系、渠道特征、渠道宽度与长度、渠道效果、批发商和零售商、仓储和运输、渠道管理模型及渠道动态发展等。

（4）促销调查　促销调查是为了在产品销售中找到最佳促销组合，对促销活动全过程及其各个环节、促销活动的各种手段及其效果进行调查。常见的促销调查包括促销组合结构调查、广告主调查、广告媒体调查、电视收视率调查、广播收听率调查、报纸或杂志阅读率调查、广媒介监测调查、消费者对广告的态度和行为调查、人员推销调查、营销推广调

### 2. 宏观环境调查

（1）**政治环境调查**　政治环境调查是收集与企业经营的业务和服务有关的政策信息，了解相关的国内外政治形势以及政府管理市场的有关方针政策，了解政府是鼓励还是限制所开展的业务，具体有什么管理措施和手段等的行为。

（2）**法律环境调查**　法律环境调查适用于收集与企业的生产经营、目标市场相关的法律信息，包括国家或地方政府颁布的各项法规、法令、条例等，还包括专利、商标、版权、贸易合同、税收和关税等。

（3）**经济环境调查**　经济环境调查适用于了解宏观经济状态并考察其影响因素。经济环境调查的常见内容包括购买力、总收入、可支配收入、价格水平、储蓄水平、信贷额度以及更一般的经济条件。行业层面的经济环境调查常常重点关注经济周期，因为经济周期的不同阶段（增长、衰退、复苏、繁荣）会影响整体消费者的购买意愿与购买能力，也会影响行业的投资意愿与扩张能力。

（4）**社会文化环境调查**　社会文化环境调查是对市场所在区域的传统文化风俗习惯、审美观念、价值观念、宗教信仰、道德规范及社会时尚等进行的信息收集工作，这些因素在深层次上决定消费者的价值观念和购买行为。

（5）**市场环境调查**　为了发现目标市场并成功地进行市场定位，企业需要进行市场环境调查。主要包括市场机会与威胁、市场细分、市场现有规模和潜在规模、市场定位等。

> 【延伸阅读1-4】

## 2023年相关政策动向及其影响分析

**1. 财政部等部门先后发布公告，延长新能源车辆购置税减免政策时限，并提高免税车型的技术门槛**

2023年12月7日，工业和信息化部（简称工信部）、财政部、国家税务总局发布《关于调整减免车辆购置税新能源汽车产品技术要求的公告》（以下简称"《公告》"）。《公告》对进入《免征车辆购置税的新能源汽车车型目录》的车型提高了技术要求，如将纯电乘用车最小续驶里程要求从100km提高至200km、动力蓄电池密度由95W·h/kg提高至125W·h/kg等。自2024年6月起，不符合《公告》要求的车型，将不再享受购置税优惠政策。

此前，财政部于2023年6月19日发布了《关于延续和优化新能源汽车车辆购置税减免政策的公告》，提出对2024年和2025年购置的新能源汽车继续免征车辆购置税；对2026年和2027年购置的新能源汽车减半征收车辆购置税。

**分析**：新能源汽车免征购置税的政策已执行逾9年，2023年，国务院相关部门延长了购置税优惠措施，提高了对相关车型的技术要求，并对新技术标准预留了过渡期，保持了良好的政策延续性。据估算，前述措施将在未来四年减少中央税收约5000亿元，显示了中国政府引导汽车产业转型，推动新能源车企技术升级的决心。从需求端看，对符合技术标准的新能源汽车减免购置税，有利于提高其对消费者的吸引力，释放新能源汽车的消费潜力。从供给端看，消费需求的变化将促使汽车厂商加快转型，增加在新能源汽车领域的投入，积极开发新能源车型，并不断提升新能源技术水平。

**2. 智能网联汽车立法取得突破，高阶自动驾驶有望成为汽车产业新增长点**

2023年11月17日，工信部、公安部、住房和城乡建设部、交通运输部等四部门发布《关于开展智能网联汽车准入和上路通行试点工作的通知》（以下简称"《通知》"）。《通知》指出，在智能网联汽车道路测试与示范应用工作基础上，四部门将遴选具备量产条件的搭载自动驾驶功能的智能网联汽车产品，开展准入试点；对取得准入的智能网联汽车产品，在限定区域内开展上路通行试点。智能网联汽车搭载的自动驾驶功能指国家标准《汽车驾驶自动化分级》定义的3级驾驶自动化（有条件自动驾驶，以下简称"L3"）和4级驾驶自动化（高度自动驾驶）功能。

**分析**：近年来，新能源汽车的普及、车企持续的研发投入、算法的提升以及上游配套的跟进，为自动驾驶技术升级打下了良好基础。目前国内领先企业已具备L3级自动驾驶的技术准备，但此前L3级及以上自动驾驶车辆的路权受到较大限制，不利于真实交通场景数据的积累和自动驾驶的真正落地。《通知》的出台，有利于促进智能网联汽车产品功能提升、产业生态的优化和升级，推动智能网联汽车产业商业化进程。

**3. 国务院及相关部委通过鼓励新能源汽车下乡等多种措施提振汽车消费**

2023年7月14日，国家发展和改革委员会（简称国家发展改革委）、国家能源局、国家乡村振兴局发布《关于实施农村电网巩固提升工程的指导意见》，提出统筹考虑乡村级充电网络建设和输配电网发展，加强充电基础设施配套电网建设改造和运营维护，在东部地区配合开展充电基础设施示范县和示范乡镇创建，构建高质量充电基础设施体系，服务新能源汽车下乡；7月20日，工信部等13部委出台《关于促进汽车消费的若干措施》，再次提出"加强新能源汽车配套设施建设，着力提升农村电网承载能力"等措施。

**分析**：近年来，多数地区农村道道路交通条件显著改善，与城市区域相比，农村地区人口密度低，不存在交通拥堵和停车难的问题，且长三角、珠三角等部分经济发达地区农村居民具有较强的消费能力。同时，目前县乡区域新能源汽车的渗透率远低于城市，具有较大的提升空间。解决充电基础设施建设不足的问题，有助于打通农村新能源汽车消费的"经络"，释放农村消费潜力，带动新能源汽车及相关产业的发展。

**4. 工信部等部门收紧"双积分"政策**

2023年7月6日，工信部、财政部等五部门联合公布《关于修改〈乘用车企业平均燃料消耗量与新能源汽车积分并行管理办法〉的决定》，自2023年8月1日起实施。本次修订的主要内容包括两个方面：①将生产和销售新能源乘用车标准车型所产生"新能源汽车积分"分值平均下调40%左右；②建立"积分池管理"制度，即当年度新能源汽车正积分与负积分供需比超过2倍时启动积分池存储，允许企业按自愿原则将新能源汽车正积分存储至积分池，当年度新能源汽车正积分与负积分供需比未达到1.5倍时释放积分池中的积分，允许企业提取储存的新能源汽车正积分。

**分析**：工信部于2020年6月对《乘用车企业平均燃料消耗量与新能源汽车积分并行管理办法》（以下简称"双积分政策"）进行修订后，市场情况出现较大变化。自2020年下半年起，中国新能源汽车产销量持续大幅增长，按原有标准计算，2022年度的新能源积分已

严重供过于求，2023年此局面将更加严重，双积分政策促进车企新能源转型的作用会大幅减弱。本次修订中，新能源乘用车标准车型分值平均下调40%左右，有利于改变目前积分供过于求的局面；新增"积分池制度"的主要目的在于防止积分价格的大起大落。预计本次修订将对传统车企，特别是中外合资企业新能源转型起到较大的促进作用。

**3. 消费者行为调查**

消费者行为是指顾客在整个购买过程中所进行的一系列有意识的活动，购买过程包括认识需要、形成购买动机、评价选择、购买、购买后的评价等。

必须通过消费者行为调查来掌握消费者的生活方式、态度、购买动机和购买方式等。市场的消费者众多而分散，他们的年龄、性别、民族、文化程度、地理区域、籍贯、收入和心理动机等各不相同。因此，企业在做出营销决策时，必须考虑消费者行为的反应，分别实施以下调查：

**（1）消费者消费方式调查**

1）消费者和非消费者的数量和地理分布。

2）消费者的人口统计特征和心理特征。

3）消费者对产品价格的敏感程度。

4）消费者的产品消费偏好。

5）消费者对产品促销的反应。

6）消费者的产品消费习惯。

**（2）消费者背景调查**

1）消费者的教育背景和文化程度。

2）消费者的个人修养和素质。

3）消费者所处的社会环境。

4）消费者的收入水平和经济状况。

5）消费者的工作性质和职务等级。

6）消费者的家庭人口结构。

**（3）消费者购买决策影响因素调查**

1）购买前的信息来源，包括各种媒体信息、人际信息、网购信息和商店展示宣传等。

2）购买中决策的影响因素，包括品牌、产品、购买场所、价格区间、购买频率等。

3）购买后的评价，即消费者购买后满意或不满意的程度，以及这种程度对忠诚度、重复购买率、品牌转换等的影响。

一般采用"5W2H"法收集有关消费者购买行为的信息：

① 消费者购买什么（WHAT）。

② 消费者为何购买（WHY）。

③ 消费者何时购买（WHEN）。

④ 消费者在何处购买（WHERE）。

⑤ 由谁购买（WHO）。

⑥ 消费者如何购买（HOW）。

⑦ 消费者支付多少（HOW MUCH）。

第1章 汽车市场调查与预测概述

【延伸阅读1-5】

## 消费者结构改变

伴随消费需求的转型升级，汽车的功能正在不断拓展，承载着更多的可能性。伴随汽车功能的拓展，以及越来越丰富的服务，消费者的出行体验正在发生着颠覆性的变化。

当前，在成熟汽车社会和成熟互联网社会成长起来的泛Z世代[一]，已经成为汽车消费的主力。他们带来了新的汽车观念和消费习惯，对汽车提出了更多的需求，如情感陪伴、不断进化、常开常新、个性炫酷、文化内涵等，汽车在交通工具的属性基础上，正在向"第三空间"演变。这种演变，推动着以汽车为中心、车与万物互联互通的生态链接加速涌现。

随着汽车智能化及自动驾驶进程的加快，汽车核心部件从传统的动力系统转向智能软件系统，"软件定义汽车"将重塑汽车在用户生活中所扮演的角色。与此同时，更多的汽车使用场景如娱乐、社交及购物等将被逐步挖掘并落地，用户的乘车体验将被重新定义。

此外，认为汽车是潮玩单品的调研对象也占有36%的显著比例，显示出Z世代对带有潮流属性且不跟风的产品有更深的偏好。

生于科技高速发展的年代，Z世代对"黑科技"在生活中的应用有着非常高的要求，并追求通过科技植入带来的极致产品体验。因此，作为高科技重要载体的汽车，其性能表现、科技水平也成为Z世代消费者购车时的关键决策要素。

在网络蓬勃发展的年代，身为初代互联网原住民的Z世代几乎时刻在线，他们早已培养出从海量资讯及多元渠道中进行交叉判断并形成自我意见的能力。Z世代更习惯主动搜寻想要知道的信息并偏好客观中立的第三方意见，反映在购物决策上，即他们对专业度高且更贴近用户生活的意见领袖、垂类网站的信赖度更高。

由此可以预见，车企未来发展必须对汽车进行再定位。乘"新四化"之风，汽车的新功能及新场景呈现百花齐放的蓬勃发展趋势。汽车在新一代消费者的眼中将不再只是出行的工具，而是能投射更多情感需求的伙伴。因此，汽车可以是私人空间的延伸、时尚配件甚至潮玩单品。车企需基于汽车新属性打造匹配产品，才能真正渗透用户心智，创造出爆款单品。

**4. 竞争对手调查**

可以通过收集资料，辨识和确认主要竞争对手，比如查阅政府统计部门、公关、工商机构披露的统计数据与信息，行业协会、商会等机构发布的统计数据、公布的公开文件，如上市公司的年报和季报、企业的广告宣传等。

企业为了在市场上占据优势，需要展开以下调查工作：

1）识别企业的竞争对手及其数量。包括生产与本企业相同的、类似的或可以互相替代的产品的企业。

2）竞争对手的市场占有率。比如同类产品各重要品牌的市场占有率及未来变动趋势。

---

[一] Z世代，网络流行语，又称为"网生代""互联网世代""二次元世代"，通常是指1995年至2009年出生的一代人，他们一出生就与网络信息时代无缝对接，受数字信息技术、即时通信设备、智能手机产品等影响比较大。

3）竞争对手的竞争力。主要包括企业的规模、资金、财务状况、技术装备、人力资源、管理水平、领导作风、经营风格等。

4）竞争对手的目标和市场营销组合策略。一家企业的策略与另一家越相似，竞争就越激烈。包括主要竞争对手所提供的售后服务方式、用户及中间商的满意度、主要竞争对手的广告预算与采用的广告媒体等。

5）竞争对手的竞争策略与手段。包括竞争对手给经销商或推销人员提供报酬的方式及数量，竞争对手与哪些中间商的关系最好，原因是什么。

6）竞争对手的产品设计开发能力与动向。包括竞争产品的设计、质量与性能，竞争对手对竞争产品的依赖程度。

7）潜在竞争对手出现的可能性。

8）竞争对手的关键数据调查。包括销量、产量、产能、市场份额、毛利、投资收益率、新增投资、设备能力利用率等。

9）竞争对手的经营战略调查。包括竞争对手的目标、业务组合、产品特征与产品组合、广告和促销方案、研发能力与研发计划等。

10）竞争对手的主要顾客调查。可以通过问卷调查与深度访谈相结合的方式进行。

【延伸阅读1-6】

## 市场调查内容依据市场调查目的而定

从实战的角度看，市场调查的内容指的是进行市场调查时，需要收集的资料或想要具体调查的问题。而这些都与市场调查的目的有关。换句话说，市场调查内容是依据市场调查的目的而定。

一般市场调查所欲探讨的问题有：消费者会购买我们的产品吗？如何提高产品销售量？产品的预期销售量如何？产品的销售利润如何？何时该引进新品？该引进哪些新产品才能满足市场的需求？具体讲，市场调查的内容归纳为下列几类：

（1）分析产品的市场规模　了解市场的最大需求量、竞争者在市场中的占有率，并检讨本身产品在众多的同类竞争商品中所占的分量与地位。

（2）分析不同区域的销售机会与潜力　这种研究是检讨公司在特定的销售区域中可扩展的程度，以预测各区域中相对市场的机会与潜力。

（3）分析特定市场的特征　了解市场特征，对销售很有帮助。例如，将高收入者所偏好的产品投放到低收入群体地区销售，必定无法符合当地消费者的需要。

（4）从经济观点探寻影响销售的各种因素　例如，国民收入的高低和消费信用等问题，均会影响产品销售。

（5）市场性质变化的研究　分析各区域市场的变化，例如某市郊消费者生活形态的改变，引起市场需求的变化。

（6）研究各阶层消费者对商品需求的变化　例如经由超级市场所销售的商品针对高阶层消费者这一消费群体而言，必须注重商品的包装、色彩、商品服务及消费者心理等方面，并对此制订有效的销售计划。

## 1.3.2 市场预测的内容

市场预测的核心内容是市场供应量和需求量，此外，还有市场各种主要影响因素的预测，包括：

（1）**市场需求预测** 市场需求预测，也就是社会商品购买力及其投向的预测。在市场营销学中，市场需求量的预测，也称市场预测；市场占有率的预测，也称销售预测。

某个产品的市场需求是指一定的顾客，在一定的地理区域、一定的时间、一定的市场营销环境和一定的市场营销方案下购买的产品总量。市场需求包括产品、总量、购买能力、顾客数量、地理范围、时期、市场营销环境和市场营销方案等八个方面。其中居民购买力是主要内容，要对居民购买力进行分类预测，还要在市场需求总量和分类市场需求量预测的基础上，对各种主要商品的需求量进行预测。

（2）**生产发展及其变化趋势预测** 社会生产的发展是形成市场供应链、实现市场需求的物质基础。社会生产的方式、水平及其发展变化，对社会分配和消费起着决定性作用。市场供应量的大小和需求量在数量、构成上是否能够得到平衡，归根到底取决于社会生产的发展、国民生产总值的增长及其分配比例关系的变化。生产部门必须生产出符合社会经济发展，适合市场需求数量和结构的产品，才能满足市场需求，保证市场供应量与需求量之间的平衡。

对生产进行预测，主要是对生产的数量、品种及其发展变化趋势进行预测。生产预测既可以将国民经济作为总体预测其总生产量，也可按不同类别，对商品生产进行预测；既可按单项产品进行预测，也可按同一商品不同品牌进行预测；既可进行宏观预测，也可以进行中观和微观预测。这主要取决于预测目的的需要。

（3）**企业需求预测** 企业需求是在市场总需求中企业所占的份额。对企业来说，预测企业需求和预测市场需求同等重要，企业需求直接关系到企业的营销决策。

（4）**商品资源预测** 对市场需求进行预测的同时，应该对商品资源的发展趋势进行预测。这关系到社会商品需求与商品供给之间的平衡问题，也关系到国民经济发展平衡和可持续发展问题。对供不应求商品的销售预测，不仅要考虑市场需要，还要根据市场的供给情况来决定销售量。

（5）**商品价格预测** 市场预测中的价格预测，主要是从形成和影响商品价格的各种因素入手，预测各种影响因素的变动。它必须预测商品生产中劳动生产率的水平，预测产品的成本和利润等。这些是形成和影响商品价格的主要因素，每种因素的变动都会引起市场商品价格的变化。对市场商品价格预测，是在对各影响因素预测的基础上，对商品价格的未来水平和变动趋势进行预测，同时还要说明市场商品价格的变动原因，分析商品价格的变动是否合理，并分析市场价格变动对市场需求量的影响程度等问题。

在市场价格预测中，必须要考虑市场商品的供求关系，分析研究市场供求关系对商品价格的影响，同时分析研究市场价格水平对市场供求的反作用。市场商品价格预测只有充分地考虑到各种影响因素的综合变动，才能对市场商品价格作出精确的预测。

（6）**消费需求变化预测** 随着我国社会主义市场经济的发展和我国城乡居民物质及文化生活水平的不断提高，人民群众的消费需求变化是非常明显的。消费需求变化的原因，主

要是由生产发展、居民购买力提高和消费者消费心理的变化等引起的。在消费需求变化预测中，必须充分收集各种影响因素的信息，综合考虑到这些因素对消费需求变化的影响程度。

消费需求的变化主要表现在两个方面：一方面是消费需求的数量变化，另一方面是消费需求结构的变化。

(7) 商品饱和点预测　企业要增强竞争能力，争取良好的经济效果，就必须对自己经营的产品进行市场生命周期的预测。商品饱和点的预测，是在产品市场生期的预测中最重要的一环。饱和点有两种含义：一是原有产品社会需求量的饱和，二是支付能力的暂时饱和。饱和点不是固定不变的。

此外，还有供给预测、购买力及其投向预测、外贸商品预测、相关科技发展前景预测、经济效益和社会效益预测等。

## 1.3.3　市场调查与预测的目的

### 1. 获取市场信息

市场信息与实施的营销活动紧密相关。营销活动的首要任务是识别和满足市场需求，这需要掌握目标消费者的收入水平、家庭结构及教育背景等信息。在掌握了市场需求的前提下，营销工作者还需要确定和实施以满足市场需求为目的的营销组合，而这又需要关于顾客、竞争对手、竞争市场等方面的信息。在给定的营销组合下，营销工作者需要对众多影响营销成败的因素进行监控，并随着外部环境的变化对营销组合进行调整，而这又需要及时获取行业、环境等方面的信息。为了能够紧跟市场动态，还需求对市场未来作出预先判断，而这又需要提供预测信息。

信息总是存在于一定的时间和空间中，总是被一些具体的对象所拥有，总是产生于一些具体的活动过程中，因此市场信息的种类繁多、形式多样。通过对企业管理人员的访谈，可以得到企业建立时期的故事，通过参加行业协会的会议，可以了解到产品新工艺，通过问卷调查，可以了解当前的消费者结构，通过企业数据库，可以调取该企业的历史销售数据，这些都是市场信息。

### 2. 做出营销决策

决策是为解决问题而从众多方案中作出选择的过程。不科学的选择往往伴随着决策风险，它通常表现为营销与市场不相适应。这种不相适应有时表现不明显，例如销售额出现缓慢的衰退，或者增长停滞；有时后果却很严重，例如促销策略与目标顾客群体的消费偏好不一致。为了降低决策风险，提高营销决策质量，企业有动机和动力展开市场调查与预测活动。

相对于生产、定价、分销和促销等企业可以掌控的活动，市场环境不能为企业所控制，而且市场需求总是变化不定的。这些因素迫使企业必须及时、有效地做出市场营销决策以适应市场的动态变化。例如新产品推出时，是否制订不同于旧产品的价格？新产品推出后，是否进行现场促销？这些问题企业必须在"是"和"否"中作出抉择。

营销决策的质量如何，与它所依据的市场信息的质量分不开，市场调查正是获取有价值的信息的途径。由于市场总是在动态地变化、发展，营销工作者要不断做出若干营销决策。

当然，有些决策微不足道，例如现场促销过程中是否播放广告。但是，有些决策则影响深远，例如，企业的目标顾客是高收入消费者还是中低收入消费者。总的来说，相较于依据直觉做出的经验决策，依据调查得到的市场信息做出的科学、有效的决策会产生更好的结果。

## 1.3.4 市场调查与预测的作用

**1. 识别和确定市场中的营销问题和机会**

（1）**营销问题** 营销问题指由于营销活动的结果与营销目标出现背离而产生的疑问。某公司期望通过推出新产品来提升市场占有率，但新产品推出后第二个季度，市场占有率反而下降。为什么会这样？此时，企业需要通过市场调查确定导致市场占有率下降的主要因素。

站在企业的角度来看，市场是一个由购买者、购买力和购买欲望组成的整体。许多营销工作者经常面临"市场存在什么样的机会？""营销组合中存在什么问题导致市场现状不佳？""市场变化所伴随的机会和风险是怎样表现的？"等营销问题。

（2）**营销机会** 营销机会指市场尚未被满足的需要、欲望和需求。例如，五菱车里面有两个挂钩，是专门用来挂外卖的，如图1-3所示。现在中国餐饮行业两个巨大的机会，一个机会是出门吃早饭，第二个是回家吃饭，许多都选择外出买饭或者点外卖，为年轻人设计的两个挂钩就可以很好地使用，否则汤汤水水的袋子不仅沉又容易掉到地上，造成不便。

市场调查能够识别当下的市场机会，或者确定当下营销战略中存在的问题。具体来说，市场调查的功能包括市场需求测定、细分市场识别、SWOT分析、服务使用分析、环境分析和竞争对手分析等。

通过市场调查，可以了解市场中的购买者群体、购买能力如何、购买欲望怎样，确定是哪些因素导致营销战略目标没有达成。根据市场调查结果，营销工作者能够对"存在哪些营销机会与

图1-3 带挂钩的五菱

问题"这一类问题做出回答，而市场预测能够发掘出潜在的市场机会或者鉴别出当下营销战略与未来市场状态之间的不相容。依据市场预测结果，营销工作者可以紧紧跟随市场动态，了解市场变化的方向和趋势，有针对性地构建或者调整营销组合来解决营销问题，积极开发新的营销机会。

**2. 评估营销组合**

营销组合是在给定的目标市场下，企业将其可以控制的各种营销活动组合而成的一个整体，以实现企业目标和完成企业任务。对于营销实践而言，企业需要通过市场调查来确定哪种营销组合最能满足市场需求或者对品牌最有利。具体来说，市场调查的功能包括营销组合评估、新产品或新服务的概念测试、新产品原型测试、现有产品改型测试、定价测试、广告预测、商店促销效果和分销效果研究等。

营销活动从广义上讲是指一些营销战略，从狭义上讲是指一些营销战术，即执行营销战略过程中的某些具体行动。每一种营销活动都是优劣并存，因此，企业需要比较各种营销组

合方案，从中优选出一个方案来执行。

市场调查能够让我们了解当前的营销组合表现怎么样，是否能够满足现实市场需求和潜在市场需求。营销工作者需要重点关注产品策略、价格策略、广告策略、渠道策略和促销策略的制订和调整；需要了解现有市场、潜在市场和未来市场的趋势；需要清楚现有顾客群体和新顾客群体的情况；需要掌握目标顾客群体的特征，如向谁提供？提供什么？何时何地提供？怎样设计？怎样生产？如何定价？如何分销？如何促销？

市场预测能够让我们估计各个营销组合在未来的表现。没有一种营销组合能够适应所有的市场，或者适应一个市场的所有时期。市场总是在动态地变化，我们不得不依据市场预测及时调整营销组合来应对。

**3. 监督营销绩效**

营销绩效是在给定的目标市场中运用某种营销组合之后，营销与市场之间表现出来的相容程度。如果两者之间相容程度高，绩效表现就好，反之亦然。具体来说，市场调查的功能包括形象分析、跟踪研究、顾客满意度研究、员工满意度研究、分销商满意度研究、顾客忠诚度研究以及网站评估。

监督营销绩效的目的是使营销活动的结果最大限度地符合企业的期望。营销实践中，企业在执行营销战略之后，希望能够监控广告的效果、销售人员的表现、店内促销的效果和分销商的销售业绩。通过市场调查，企业不仅能够了解自己的营销战略在目标市场中执行的效果，还能了解竞争对手的营销战略如何。此时，市场调查本身成为一类监控性的措施，可以帮助公司了解市场需求变化情况，提高顾客满意度和忠诚度。

## 1.4 市场调查与预测的类型、原则和流程

### 1.4.1 市场调查的类型

市场现象的复杂性和市场经营多方面的需要，决定着市场调查不能只用单一的方法或从某一个方面进行，而是必须应用各种方法对市场进行全面系统的调查。因此市场调查可以从各种角度区分为多种类型。

（1）按照调查内容分　按照调查内容可以分为消费者调查、行业调查、品牌调查、产品调查、广告调查、渠道调查及满意度调查等种类。

（2）按购买商品目的不同分　按购买商品目的不同，分为消费者市场调查和产业市场调查。

在消费者市场，消费者购买目的是为了满足个人或家庭生活需要。消费者市场是最终产品的消费市场，是社会再生产中消费环节的实现。其调查的目的主要是了解消费者需求数量和结构及其变化，而消费者的需求数量和结构的变化，受到多方面因素的影响，如人口、经济、社会文化、购买心理和购买行为等。对消费者市场进行调查，除直接了解需求数量及其结构外，还必须对诸多的影响因素进行调查。

产业市场又称生产者市场，其购买目的是为了生产出新的产品或进行商品转卖。产业市场是初级产品和中间产品的消费市场，涉及生产领域和流通领域。产业市场调查主要是对市

场商品供应量、产品的经济寿命周期及商品流通的渠道等方面内容进行调查。

（3）按调查的产品或服务分　按调查的产品或服务可以分为快速消费品调查、耐用消费品调查、汽车调查、金融调查、农业调查和医药调查等。

按产品层次不同，还可区分为很多不同商品类别或商品品种的市场调查。如按市场商品大类可分为食品类、衣着类、文娱用品类、日用品类、医药类及燃料类等的市场调查。按商品大类进行的市场调查，其资料可以用来研究居民的消费结构及其变化，从总体上研究市场。各种商品大类的市场调查，还可进一步区分为不同的小类或具体商品的市场调查。如我国汽车的分类主要有载货汽车、越野汽车、自卸汽车、牵引车、专用汽车、客车、轿车、半挂车等类型。轿车又可分为微型轿车（排量≤1L）、普通级轿车（1L<排量≤1.6L）、中级轿车（1.6L<排量≤2.5L）、中高级轿车（2.5L<排量≤4.0L）、高级轿车（排量>4.0L）。分商品小类和具体商品进行市场调查，所取得的资料对于研究不同商品的供求平衡、组织商品的生产与营销、提高企业的经济效益是有重要作用的，对于研究宏观市场也有重要作用。

（4）按调查的组织形式分　按调查的组织形式可以分为专项调查、连续性调查和搭车调查。

专项调查是指受某个客户的委托针对某些问题进行一次性的调查，即从给定的总体中一次性地抽取样本进行调查，并且只从样本中获取一次性信息。专项调查研究可以是定量的，也可以是定性的。

连续性调查一般指的是对一个（或若干个）固定的样本进行定期的、反复的调查。样本中的被调查对象（人或单位）一般不随调查时间的变化而变化。例如消费者固定样组（panel）或其他固定样组调查，连续的跟踪研究和品牌测量（continuous tracking and brand measures），零售细查研究（retail scanning），连续的媒介研究（continuous media research）等，都属于连续性调查。

搭车调查是指多个客户共同利用一个样本进行调查，就像大家一起搭乘一辆公共汽车那样，根据各个客户搭车调查问题的个数和类型来决定客户的费用。一般有搭车调查业务的调查公司，每年实施搭车调查的时间和价格都是固定的，例如每月实施一次或每周实施一次等。由于搭车调查的实施一般都是定期的，因此有时会将搭车调查归入连续性调查类，但是要注意的是搭车调查每次所用的样本不一定是固定的。

（5）根据商品流通环节不同分　根据商品流通环节不同，分为批发市场调查和零售市场调查。

商品批发是供给生产加工或进一步转卖而出售商品的交易行为。批发市场调查主要是从批发商品交易的参加者、批发商品流转环节的不同层次、批发商品购销形式、批发市场的数量和规模等方面进行，着重掌握我国批发市场的商品交易状况，分析商品批发市场的流通数量、流通渠道与社会生产的关系和零售市场的关系等。

商品零售是为了满足个人或社会集团生活消费的商品交易。零售市场调查主要是调查不同经济形式零售商业的数量及其在社会零售商品流转中的比重，并分析、研究其发展变化规律；调查零售市场的商品产销服务形式；调查零售商业网点分布状况及其发展变化；调查消费者在零售市场上的购买心理和购买行为；调查零售商品的数量和结构等。

（6）按资料的来源分　按资料的来源分类，有文献调查（二手资料调查）和实地调查（一手资料调查）两类。

文献调查或者说文案调查,也叫作二手资料调查或二手数据调查,是通过收集已有的资料、数据、调查报告和已发表的文章等有关的二手信息,加以整理和分析的一种市场调查方法,经常在探索性调查研究阶段中使用。

实地调查是在制定详细的调查方案的基础上,由调查员直接向被访者收集第一手资料,再进行整理和分析,从而写出调查报告。

从目前企业市场调查所得到的资料看大致可分为一手资料(原始资料)和二手资料(文献资料)两大类。一手资料是由企业市场调查活动从市场中直接获得,没有经过任何处理的大量个体资料组成;二手资料则是在调查中透过其他媒介组织而获得的,经过他人整理加工后反映某一类事物的资料数据。

就我国企业界目前市场调查而言,调查资料主要集中在对一手资料的收集上,而对二手资料的搜集整理工作则重视不够。一手资料要求对所包含的信息进行正确地定性分析,不要被资料误导。在此基础上,调查者还可以对一手资料根据研究的需要进行整理,或进行不同的分组以适应不同的研究目的。但是,一手资料获取也有着不可克服的缺陷,既需要投入大量的人力、物力和财力,也需要较长的时间才可能得到调查的结论。

二手资料是从有关媒介或政府部门公开发表的资讯中获得,或者是从专业的市场调查机构定期或不定期发表的资料中获取,且资料获取的费用要大大低于企业专门组织的市场调查。通过对二手资料的获取,可以方便快捷地了解到所需的市场信息。经常收集市场二手资料可以帮助企业建立起自己的市场资源数据库,帮助企业建立起现代经营模式,适应数字化时代生存法则的要求。

在一手资料与二手资料之间,如果时间和财力、物力条件许可,当然应以一手资料为主。但是,二手资料因其经济快捷也是企业市场调查的一个重要部分。科学合理地使用二手资料,可以帮助企业提高市场调查的效益,特别是在中小企业中更应提高对二手资料的重视。与此同时,我们还应看到:虽然二手资料有可能不符合企业市场调查的需要,但在目前我国企业界中合格的市场调查人员严重匮乏的情形下,合理利用他人调查的二手资料是一个正确的选择。

(7) 按调查分析的方法分　按调查分析的方法可以分为定性调查和定量调查两大类。

定性调查的方法有小组座谈会、深层访谈、观察法、德尔菲法等。定性调查常用来确定市场的发展态势与市场发展的性质,主要用于市场探究性分析。同时,定性调查还是许多市场调查和分析的前提和基础,没有正确的定性分析,就不可能对市场作出科学、合理的描述,就不能建立起正确的理论假设,定量调查也就因此失去了理论指导。

定量调查的方法有电话调查、邮寄调查、定点访问、入户访问、计算机辅助电话调查、计算机辅助面访及互联网在线调查等。定量分析在企业决策过程中是不可缺少的,其重要性是不容置疑的,没有定量分析就不可能做到心中有数,就不可能有正确的市场目标的制订。在企业市场容量调查、市场占有率调查、销售量调查和经营效益调查等专项调查中,没有定量调查是不可想象的。

定量分析的同时还需要定性分析,没有定性的理论指导,就无法对数据进行科学分析,当然也就谈不上得到科学而合理的调查结论,所以定性调查是必要的。但定性调查可以指明事物发展的方向及其趋势,却不能表明事物发展的广度和深度;定性调查可以得到有关新事物的概念,却无法从规模、量的角度去深入认识事物。定量调查恰好弥补了定性分析这一缺陷，它可以深入细致地研究事物内部的构成比例，研究事物规模大小以及水平的高低。定性分析和定量分析是互为补充的。在调查过程中，应根据事物的性质及调查研究的目的分别选用定性分析或定量分析，或是两者混合使用，决不可偏废。

**(8) 按市场调查目的和深度不同分**　按市场调查目的和深度不同，市场调查可区分为探索性调查、描述性调查、因果关系调查和预测性调查。

探索性调查是为了使问题更明确而进行的小规模调研活动。这种调查特别有助于把一个大而模糊的问题表达为小而准确的子问题，并识别出需要进一步调研的信息。当企业对需要调查的问题所涉及的范围和内容尚不清楚时，就应采用探索性调查作为试探，以便进一步调查。例如，某汽车企业的市场份额去年下降了，企业无法一一查知原因，就可用探测性调研来发掘问题：是否是经济衰退的影响？或是广告支出的减少？还是销售代理效率低？抑或是消费者的习惯改变了等。总之，探索性调查具有灵活性的特点，适合于调查那些我们不甚了解的问题。

描述性调查，是针对需要调查的问题，采用一定的方法，对问题进行如实的记录，了解有关这一问题的实际情况和影响的因素。这种调查研究是通过实际的资料，了解和回答"何时""何地""谁""如何"等方面的问题。多数的市场调查属于描述性调查，它解决社会现象"是什么"的问题。例如，某4S店了解到该店某款车型67%的顾客是在年龄40～50岁的男子，并经常带着家人、朋友一起来选购汽车，这种描述性调查提供了重要的决策信息，使4S店特别重视直接向这一年龄段的中年男子开展促销活动。

因果关系调查是调研一个因素的改变是否引起另一个因素改变的研究活动，目的是识别变量之间的因果关系。如预期价格、包装及广告费用等对销售额有什么影响。这项工作要求调研人员对所研究的课题有相当的知识，能够判断一种情况出现了，另一种情况会接着发生，并能说明其原因所在。因果关系调查多是在描述性调查已收集资料的基础上，研究各因素之间的因果关系，它是解决"为什么"的问题。

预测性调查，是通过收集、分析和研究过去和现在的各种市场情况资料，运用预测方法，研究和估计未来一定时期内市场上某种商品的需求量和变化趋势。这种调查属于市场销售预测的范围，这种调查是为了解决"会怎么样"的问题。

**(9) 按层次不同分**　按空间层次不同，可以区分为国际市场调查和国内市场调查；按频率层次不同，可区分为经常性、一次性及定期性市场调查。

我国市场是国际市场的重要组成部分，国际市场同时也影响着我国市场。因此，进行国际市场调查，对于正确认识我国在国际市场中的地位、更好地参与国际市场的竞争及进一步完善我国的市场体系都有直接作用。

国内市场调查又可分为全国性和地区性市场调查，还可区分为城市和农村市场调查。不同空间或地域的市场，具有商品需求数量和结构的不同特点。按不同空间层次所组织的市场调查资料，对于研究不同空间市场的特点、合理地组织各地区商品生产与营销、进行地区间合理的商品流通，都具有十分重要的依据作用。

经常性市场调查是对市场现象的发展变化过程进行连续的观察；一次性市场调查则是为了解决某种市场问题而专门组织的调查；定期性市场调查是对市场现象每隔一段时间就进行一次的调查。它们分别研究不同的市场现象，满足市场宏观和微观管理的需要。

**(10) 按照调查对象范围不同分**　市场调查按照调查对象范围的不同分为全面调查和非

全面调查。全面调查即市场普查，对所有单位都进行调查；非全面调查则是对市场调查对象总体中的一部分单位进行调查。非全面调查常用方式有市场典型调查、市场重点调查、个案调查和市场抽样调查。其中，市场抽样调查包括概率抽样调查和非概率抽样调查，将在第3章详细介绍。

1）市场普查，也称市场整体调查，指对市场调查对象总体的全部单位无一例外地逐个进行调查。市场普查的目的是了解市场的一些至关重要的基本情况，对市场状况作出全面、准确的描述，从而为制订市场有关政策、计划提供可靠的依据。如普查商业机构和人员数量，对某种类商品的库存量进行普查等。

市场普查有两种方式：第一种是由上级制定普查表，由下级根据具体情况填报，如对某种类商品的库存量进行普查，就是各基层单位根据日常业务记录的库存数字，填报到上级统一制定的普查表中；第二种是组织专门的市场普查机构，派出专门的调查人员，对调查对象进行直接登记。普查的特点主要有几个方面：①普查资料的准确性和标准化程度比较高；②作为制订政策、计划的依据，作为市场预测的资料，其可靠程度比较高；③普查最适合于了解宏观、中观和微观市场的一些至关重要的基本情况，了解调查总体的特征；④普查的费用比较高，普查对人、财、物力和时间的花费都比较大。

2）市场典型调查。这是在对市场现象总体进行分析的基础上，从市场调查对象中选择具有代表性的部分单位作为典型，进行深入、系统的调查，并通过对典型单位的调查结果来认识同类市场现象的本质及其规律性。

典型调查的优点是，可以节省人力、物力和财力；调查内容可以做到深入、全面、细致地研究市场现象的本质和规律性；典型调查在时间上也比较节省，可以迅速地取得调查结果，反映市场情况变动比较灵敏。

典型调查不足的是，在选择典型单位时是根据调查者的主观判断，难以完全避免主观随意性；对于调查结论的适用范围，只能根据调查者的经验判断，无法用科学的手段作出准确测定；利用典型调查往往难以对市场现象总体进行定量研究。

3）市场重点调查。这是从市场调查对象总体中选择少数重点单位进行调查，并用对重点单位的调查结果反映市场总体的基本情况。这里所说的重点单位是指，其单位数在总体中占的比重不大，而其某一数量标志值在总体标志总量中占的比重却比较大，通过对这些重点单位的调查，就可以了解总体某一数量的基本情况。主要特点是：①调查的目的是通过重点调查，掌握和了解总体的基本数量状况；②重点调查在人、财、物力和时间上都比较节省；③重点调查适用的对象，是总体中确有重点单位存在的市场现象，若总体各单位发展得比较平衡，就无从说哪些单位是重点单位，也就不能采用重点调查法。

4）个案调查。个案调查也称个别调查，它是从总体中选取一个或几个单位对其进行深入研究。其主要作用在于深入细致地反映某一个或几个单位的具体情况，而并不是想通过个案调查来推断总体。因此，个案调查在选择调查单位时，并不注重它对总体是否具有代表性。在对市场进行调查时，个案调查在某些时候具有重要的作用，如新产品上市初期，可以对少数购买者进行个案调查，以便了解产品的使用情况；对于一些特殊购买行为也可采用个案调查，对其购买心理等进行深入研究。个案调查是市场调查初期经常采用的方式，它实际上是对市场现象某一"点"的研究，个案调查往往可以与抽样调查及普查等方式结合应用，相互取长补短，发挥其应有的作用。

## 1.4.2 市场预测的类型

市场预测的种类很多，可以按市场预测时间的长短进行分类，按市场预测的范围进行分类，按市场预测的商品内容进行分类，按市场预测的方法进行分类等。

(1) 按市场预测时间的长短分类　按市场预测时间的长短分类，市场预测可以分为短期市场预测、近期市场预测、中期市场预测和长期市场预测。

短期市场预测，一般是以周、旬为预测的时间单位，根据市场变化的观察期，结合市场当前和未来变化的实际情况，对市场未来一个季度内的发展变化作出估计。短期市场预测的结果可以用来编制月份或季度的各种生产或营销计划。短期市场预测结果一般必须做到及时、准确，对市场的各种变化要有敏感反应，使商品生产和营销企业能够及时地了解市场的发展变化，以便适当安排商品生产任务和组织市场营销活动。

近期市场预测一般是以月为时间单位，根据对市场变化的实际观察资料，结合当前市场变化的情况，对市场未来一年内的发展变化情况作出预测，通常是对年度的市场情况作出预测。近期市场预测的结果可以用来制订生产企业购进原材计划及生产计划，制订营销企业组织货源和销售计划等，它是企业制订各种年计划的重要依据之一。

中期市场预测一般是指三五年之内的市场预测。中期市场预测的结果可以为生产和营销企业制订三五年的经济发展计划提供重要依据。同时，中期市场预测还经常用于长期影响市场的各种因素的预测，如对影响市场的经济、技术、政治和社会等重要因素的预测，用来分析、研究市场未来的发展趋势，研究市场发展变化的规律等。

长期市场预测一般是指五年以上的市场预测，是为制订社会和国民经济发展的长期规划而专门进行的市场预测。长期市场预测主要是对市场未来的发展变化趋势，为社会和国民经济按客观规律健康地发展，为统筹安排国民经济长期的生产、分配、交换和消费提供重要依据。

不同时间的各种市场预测之间，不是互相孤立的，而是相互联系的。如长期预测可以参照中期预测的结果。

(2) 按市场预测的范围进行分类　按市场预测的范围进行分类，市场预测可分为宏观市场预测、中观市场预测及微观市场预测。

宏观市场预测是统观整体市场需求的发展变化及趋势，其内容涉及国民经济全局的市场预测，其空间范围往往是全国性市场预测。宏观市场预测，以安排国民经济综合平衡中各种合理的比例关系、合理配置各种资源等为主要目的，为国民经济宏观决策提供必要的、可靠的依据。

中观市场预测是涉及国民经济各行业的市场预测，从空间范围来看，是以省（直辖市、自治区）或经济区为总体的市场预测。如预测国民经济中某一行业可向市场提供的产品总量或某类产品数量，与其需求量对比分析，研究供给与需求之间是否适应，预测某省（自治区、直辖市）的购买力总量的发展变化情况等。这些都可看作是中观市场预测，它主要是用以满足地区或行业组织生产与市场营销决策的需要。

微观市场预测一般是指企业所进行的市场预测，从空间范围上看，表现为当地市场或企业产品所涉及地区市场的预测。微观市场预测的范围比较小，其预测的过程及其内容可以比较具体、细致，它可以具体地预测市场商品需求的数量、品种、规格及质量等，为企业根据市场变化合理安排生产和营销活动提供准确、具体的市场信息。

不同空间的市场预测之间不是孤立的，而是互相联系的。微观预测与宏观预测的结论应是一致的。

（3）按市场预测的商品内容分类　按市场预测的商品内容分类，市场预测可分为单项商品预测、分类别商品预测和商品总量预测。

单项商品市场预测是指对某种具体商品生产或需求数量的预测，以致对这种商品的具体规格、牌号、质量及其生产量或需求量进行预测。单项商品市场预测的特点在于预测内容具体化，有极强的针对性。

分类别商品市场预测是按商品类别预测其需求量或生产量等。如对食品类、日用品类、文娱用品类、医疗保健类、衣着类及通信类等商品做生产量或需求量的预测。分类别商品市场预测主要是为了分析研究商品需求的结构，以便合理地组织各类商品生产和营销活动。除了按产品本身的类别分别进行市场预测外，还可按商品消费对象的不同进行市场预测，也可按企业的市场细分结果来分类。

商品总量预测是指对生产总量或消费需求总量所做的市场预测。它常常表现为一定的时间、地点和条件下的购买力总量预测、国内生产总值预测等。产品总量市场预测可为从宏观和中观视角管理和研究市场供求平衡提供重要的依据。

不同商品内容的市场预测是相互联系的，只是具体化程度不同，在实践中各有用途。

（4）按市场预测的方法不同分类　按市场预测的方法不同，市场预测可分为定性市场预测和定量市场预测。

定性市场预测，是应用定性预测法所进行的市场预测。这类市场预测是依据预测者对市场有关情况的了解和分析，结合对市场未来发展变化的估计，由预测者根据实践经验和主观判断做出的市场预测。它既可以对市场未来的供给量和需求量进行预测，也可对市场未来发展变化的特点和趋势等作出判断预测。

定量市场预测，是指根据定量预测方法进行的市场预测。定量市场预测根据所定数量的不同又可分为时间序列预测法和相关回归预测法。定量市场预测的特点，是以大量的历史观察值为主要依据，适当的数学模型为预测模型，推断或估计市场未来的供给量和需求量等。其具体方法将在以后章节中介绍。

总之，市场预测是多种多样的，在市场预测研究实际问题时，要根据被研究对象的主要特点和市场预测目的的需要，选择适当的市场预测类型，以满足决策者研究问题的需要。前面所做的对市场预测的各种不同分类，每一种都不是孤立存在的，而是相互联系的。在每一项市场预测实际工作中，预测者都必须确定预测的时间长短、预测的范围大小、预测的产品内容及预测的具体方法，实际上必须对市场预测的各种分类综合考虑，才能进行一次具体的市场预测。

【延伸阅读1-7】

## 汽车产品演化趋势

**1. EV将更加强调电动化带来的独特性**

第一代电动车要么来自油改电，要么出于对用户审美认知惯性的"敬畏"，大部分量产车型并未做出太过激进的变化。接下来，随着电动车市场拐点的全面确立，EV若要充分释放自身潜能，就需要在产品概念和设计语言上与燃油车形成明显差异。当然，这种特征需要符合电动车的基本逻辑，也就是要把电动化带来的利益优势释放出来。

**2. 智能座舱的屏幕布局方案将趋于收敛**

可以说最近10年汽车内饰设计都在围绕屏幕演化，因为屏幕是整个交互的中心。前几年随着实体按键在更大范围内被屏幕取代，加之用户对屏幕尺寸和数量在口头表达层面的强烈偏爱，上一代产品在座舱方案上几乎尝试了现有技术和成本可接受范围内所有可能的方案。当然，这也给车企自身的HMI（Human Machine Interface，人机界面）设计和用户体验管理带来了各种问题。也正是因为经历了上一轮尝试，大家对屏幕交互与价值打造方向的理解也逐渐找到更多共识。比如，从前年开始，新车上就基本取消了单独的空调控制屏，类似特斯拉Model 3+仪表或HUD（Head Up Display，抬头显示）的方案逐步成为新的主流。比如极氪001就是最大限度复刻了特斯拉的中控布局。

**3. 硬件预埋越来越成为共识**

硬件预埋关键是成本和用户体验如何平衡。硬件预埋不仅考验车企对产品技术的规划和前瞻能力，还依赖于客户对该品牌的信任度，即在后续软件升级中能按照车企的市场预期付费升级，从而后期提高硬件利润率。软件定义汽车已经被大家喊了很多年，如果要由软件定义汽车，就需要给软件发挥价值创造更多可能。这就需要把硬件视为软件的资源。

当然，如果要让软件有充足的施展空间，没有充分的硬件预埋是不太可能的。比如今天的智能电动车，至少座椅能电动的地方全都电动化了，这才有了那些"迎送宾"之类的动作。但这还远远不够。接下来车企都会面临的一个巨大挑战，就是硬件预埋的逻辑体系梳理问题，如何从旧有的配置思维切换到功能和体验思维，以及如何将硬件解构为若干标准化的原子级功能（服务），再去寻找最高效率的硬件结构等。

**4. 第三空间场景仍将被进一步拓展和深挖**

如果从使用场景角度审视电动车和燃油车，两者最大的区别就是电动车在第三空间场景下有超乎想象的可玩性。因为在静止状态下，电动车上的所有功能电器均可正常运转，没有一氧化碳中毒的风险。于是电动车既可以成为白领的午睡场所，也可以作为露营基地，更可以成为影音室和游戏机房。

从2021年开始，打造第三空间场景已经成为几乎所有头部电动车企的共识，但也意识到，其实没有哪部汽车从一开始就是为了第三空间而设计的。比如座椅，基本上没有哪部车的座椅在放倒时可以做到足够舒适，车内的交互设计更加没有充分考虑用户躺在那里的操作需求。因此接下来这些地方都是可以充分创新的机会。

**5. 对加速和风阻的极限追求不再有意义**

从实际使用角度来看，百公里加速时间进入5s区间，其实对于绝大部分用户来说已经没有太大价值了，因为电动车要想进入这个区间基本上没有什么壁垒。这也意味着下一阶段车企能够炫技，或者炫技还有价值的地方基本不会是加速性这个方面了。如果不追求极限加速能力，过去两年很多产品对风阻系数近乎疯狂的追求也就没有太大意义，毕竟获得超低风阻的代价并不是大多数细分市场的用户乐于接受的。

#### 6. 车内氛围营造的新方向

带有更强居家属性的科技面料将会成为内饰主流，但关键还是车内氛围的营造。从 Model X 酷似直升机的座舱开始，超大前风窗以及全景天幕所带来的通透感就是一个非常有价值的设计方向。如今，随着更多科技材料的出现，结合更具轻薄感、更强功能价值和可变性的座椅设计，正在把用户偏好带到完全有别于传统"豪华"概念的另一个方向上：通透、环保、自然、活力……这些主题正在成为车内氛围营造的新方向。

#### 7. 用车步骤的化繁为简

用车步骤的化繁为简将会在更大范围内赢得共识。前两年判断一部车是否智能有两个简单粗暴的标准，一是看这部车有无统一的软件版本号，二是看这部车还有没有起动按键。前者指向车企内部的管理流程，后者则指向电动车的设计理念问题。

用户永远是"懒惰"的，在实现同等目标的前提下，用户的操作越少越容易形成新的使用习惯。就像起动按键这种东西，即便传统车企有无数个理由保留它，也无法改变开惯了特斯拉（或者小鹏、理想、蔚来）的用户一旦回到这些传统汽车上大概率会忘了熄火的事实。接下来如何更加合理地化繁为简一定会成为更多产品的共识。

#### 8. 全场景语音交互体验即将触及瓶颈

过去两年语音交互确实取得了非常明显的进步，尤其是小鹏和理想，绝对堪称这一领域的标杆。站在用户长期使用体验的角度看，能够让用户高频使用，并最终形成使用习惯的语音交互场景和功能并不多，所以这个赛道至少在短期会触及瓶颈。

#### 9. 车主 App 的优化即将加速

与其定义车辆的创新功能，不如先把车主 App 设计好。以手机控制车辆仍有巨大的挖掘潜力，当然这更加需要场景思维，否则产品设计人员可能会天马行空。

#### 10. 自动驾驶正在从评级和炫技转向务实

这两年单纯讨论自动驾驶级别的产品已经越来越少了。与此同时，高级辅助驾驶却正在被越来越多的普通用户体验到，这样的市场环境和不断提升的用户认知，也会推动车企的开发重点从自动驾驶技术转向更加务实的方向。忽略笼统的级别概念，转而强调辅助驾驶可以发挥作用的场景，以及能够给用户带来的核心利益才是正道。

### 1.4.3 市场调查与预测的原则

#### 1. 时效性原则

获得市场信息是市场调查的目的之一，而市场信息总是存在一定的时效性。由于市场总是在动态地变化，过去的信息可能不适用于当前的市场。

时效性原则要求从调查开始到得出调查结论的时间间隔要适中。例如，2023 年 2 月，某企业拟通过市场调查了解其主营产品的新包装是否满足目标消费者的审美标准，那么市场调查必须在当年完成，否则到 2024 年，消费者的审美标准受社会时尚的影响可能发生变化。

时效性原则并不意味着市场调查要一味追求最新的现时信息，或者放弃历史信息的获取。现时信息是反映企业、行业和市场的当前状况的资料总和，时效性最强，为营销决策提供了直接依据。作为对过去的市场状态和企业生产经营状况的记录，历史信息可用于探索市场变化的趋势，或者用于两个不同时期的对比分析。

**2. 经济性原则**

从投入产出角度来看市场调查，投入是资金、人力和时间，产出是市场信息。经济性原则意味着市场调查的投入与产出的比例要恰当，即市场调查工作要以尽可能少的成本投入取得价值较高的信息产出。

经济性原则要求我们注重调查方式和调查数据分析方法的选择。一般来说，能够使用抽样调查来完成任务，就不要使用全面市场调查。例如在顾客满意度调查中，全面市场调查针对全体客户展开，每个客户做一次调查。这虽然保证了信息的全面性和完整性，但势必耗费过长的时间而违背时效性原则，也将付出大量的时间、人力和资金成本，降低了市场调查工作的价值。抽样调查只针对全体客户中的部分客户，能够在给定的时间内完成调查工作，依托统计理论保证调查结论的科学性和精确性。

如果能够运用基础性的数据分析方法来提炼信息，就不要使用复杂的数据分析方法。复杂的数据分析耗时长，人力成本高。基础性的数据分析快速简单，对人力的投入要求低。市场调查中应当重视信息的价值含量，不要一味地追求数据分析的复杂性，以免得不偿失。

**3. 客观性原则**

市场调查所收集到的市场信息以各种资料为载体呈现，例如调查报告、访谈记录、现场录像和回收的问卷等。客观性原则意味着各种调查资料要如实地反映市场现象和描述市场活动，在调查实施过程中尽量减少人为干扰和错误。

客观性原则要求注重市场调查方法的选择和具体市场调查手段的运用。例如在访谈时，调查人员应当客观地描述问题，等待调查对象给出答案，而不应当试图去左右调查对象的回答。在市场调查开始之前，市场调查人员和管理决策者对市场状况会形成一种预期，期望调查得到的市场资料能够佐证他们的市场预期。当最终的调查资料不符合最初的期望时，调查人员要正视事实，客观地接受市场调查结果。

**4. 科学性原则**

经过长期的发展，市场调查已经演变成一项结构化的工作，具有规范的流程。这个工作流程的必要性已经得到市场调查理论界的确认，并在实践中被反复证实其合理性。科学性原则要求市场调查工作必须遵循相应的流程化步骤。

流程化步骤是市场调查实践的经验总结，体现了科学研究活动的逻辑顺序。从市场调查活动本身的评估来看，规范的流程便于对市场调查活动是否合规、科学进行衡量。从经济性原则来看，流程化的市场调查工作步骤往往意味着较高的投入产出比，能节约资金和人力成本。从时效性原则来看，流程化步骤也能够保障较为合理的调查时间。

**5. 系统性原则**

市场调查要收集的信息总是来自某个市场（例如中国市场）或者某类市场（例如汽车市场），或者区域性市场（例如广东汽车市场）。系统性原则要求调查人员将市场视作一个完整的系统，既要收集消费者的信息和企业自身的信息，也要收集社会环境的信息，还要收集竞争对手的信息。

系统性原则能够保障所收集的市场信息对于要解决的问题而言是全面和完整的。市场调查人员总是面临收集哪些信息的问题的困扰。收集的信息过多，会出现冗余信息，不符合经济性原则；收集的信息不足，会导致决策质量下降，不符合客观性原则。

市场调查人员在运用系统性原则确定信息来源时，要考虑内部信息和外部信息。内部信息来自企业内部环境，外部信息来自企业外部的市场环境。市场调查所获取的信息应当是内部信息和外部信息的综合。内部信息和外部信息的比例结构应结合具体的市场调查工作和所要解决的特定营销问题而定，同时要参考经济性原则和时效性原则。内部信息便于收集，数据分析简单；外部信息的收集和数据分析需要耗费较长的时间和较多的资金。

**6. 准确性原则**

市场调查数据是市场信息的主要载体，往往来自对市场现象的度量和调查资料的汇总分析。准确性原则要求市场调查的主体单位、调查时间、调查地点准确无误，调查数据的计量范围、计量单位可靠，调查资料的分析过程稳健，绝对不人为造假，更不虚构数据，绝不为迎合某些额外的要求而虚拟调查结论。

如果市场调查违背了客观性原则，必然会导致违背准确性原则。即使市场调查人员较好地遵守了客观性原则，也可能会在不知情的情况下违背准确性原则。准确性原则并不是要求市场调查百分之百准确无误，任何具体的市场调查工作都会存在误差。调查误差的来源广泛，表现形式多样。准确性原则真正的含义是在市场调查工作中尽可能地减少调查误差，并掌握调查误差的范围。

**7. 保密性原则**

市场调查信息反映了市场状况和企业运营状况，具有商业价值，也可能涉及个人和客户的隐私。保密性原则要求在没有获得授权的情况下为委托方保密，在没有获得许可的情况下为被调查者保密。

违背保密性原则不仅会破坏该项市场调查，而且会危害整个市场调查业。市场调查获取的企业信息如果没有保密，为企业的竞争者得到，将导致企业的生存危机。市场调查获取的消费者个人信息如果泄露，有可能影响消费者的个人生活。更进一步，个案违背保密性原则，会导致外界对市场调查业不信任，对市场调查产生排斥感，加大市场调查的难度。

### 1.4.4 市场调查的流程

如图1-4所示，市场调查的流程分为五步，后续各个章节将围绕这五个步骤针对市场调查的每个环节、操作程序及涉及的调查技术展开详细的介绍。

图1-4 市场调查的流程

**1. 市场调查主题的确定**

市场调查主题明确了市场调查活动的总目标和中心任务，以项目建议书的书面形式呈现，是市场调查流程的第一步。

（1）受托方和委托方  当企业、机构、决策者、个人等为解决某个特定的营销问题、解释某种具体的营销现象而产生市场调查需求时，他们就成为市场调查的委托方。市场调查人员与委托方联系，接收到委托方的调查意向后，就成为受托方。受托方应当与委托方取得联系，多次接洽，直到面谈。

（2）受托方与委托方的沟通和交流  受托方需要了解委托方的基本情况，或者其生产、运营的基本状况，把握委托方的调查目的，研判委托方存在的营销问题，找出委托方重点关注的营销现象。这一环节需要受托方和委托方在调查需求和调查目的上达成共识，这是一个反复沟通、交流的过程，对确保市场调查工作的成功具有决定性的作用。

（3）可行性分析  一旦和委托方达成共识，明确调查意向，受托方需要围绕调查项目进行技术可行性和经济合理性的分析论证。这一环节是基于经济性原则对调查项目的投入产出做预算，需要明确调查项目预计能获得的资源支持，以及是否能够调动相关资源启动调查项目等，尤其需要考虑调查项目是否存在中途终止的可能性。

（4）项目建议书  项目建议书是市场调查主题的书面呈现，是受托方就调查项目给出的框架性构思，它描绘了调查项目的蓝图。项目建议书对调查项目实施的必要性、调查工作的总体思路、调查方案的运用、调查数据的分析手段、调查的时间和资金预算等进行初步论证。项目建议书是委托方和受托方之间的第一份书面协议，为后续的正式协议打下了基础。

项目建议书包含的内容根据具体的调查项目而定，主要是调查时间、调查费用和调查内容，至少要包含调查目标、调查范围、调查对象、调查期限、调查样本数量、项目完成时间、项目组织结构、知识产权等内容。项目建议书是商定调查项目的书面文档，是正式的调查项目协议书或者合同的基础，也是委托方和受托方通过沟通、谈判解决争议的具体调查细节所在。在实际操作中，项目建议书可以和后面的调查计划书合并，也可以先以项目建议书的形式给出初步的调查工作总体框架，在调查项目商定后，扩充细节形成市场调查计划书。

**2. 市场调查方案的设计**

市场调查流程的第二步是选择一个最优的调查方案，并以书面的调查计划书形式呈现。市场调查方案的策划与设计是对调研工作各个方面和全部过程的通盘考虑。

（1）初步调查  初步调查是在委托方和受托方就调查项目达成初步意向后，受托方所实施的第一步工作。它是以定性调查为主的一种探索性调查，主要收集调查项目的基本信息，分析和判定调查项目的可行性，并对委托方所面临的营销现象和问题进行判断。初步调查给出了调查项目的具体可行性，一旦初步调查的结果表明调查项目实际上是不可行的，或者调查项目后续实施的成本不能为委托方所承受，调查项目将在这一步终止。

（2）商定调查项目  如果调查项目较大，那么可能需要委托方和受托方依托项目建议书开展谈判，解决在调查时间、调查费用、调查内容上的一些争议，然后签订市场调查服务合同。如果调查项目较少，委托方和受托方可以口头沟通，就调查项目的细节进行讨论，达成一致后签订调查协议。委托方和受托方商定调查项目完毕后，需要一份正式的文件来规定双方在调查项目实施期间的责任、权利和义务，这也是双方解决在此期间可能出现的争议和

分歧的重要参考文档。

（3）**市场调查计划**　市场调查计划是在既定的市场调查主题下所拟定的市场调查方案、拟采用的调查方式和方法，是针对整个调查活动的实施所做出的整体安排。

市场调查计划是重要的书面文档，它对调查的目的和任务、调查对象和调查单位、样本数量、调查内容、调查问卷、调查时间、调查方法、调查方式、数据处理、调查进度、调查经费预算、调查的实施及管理、调查报告的形式做出具体的规定。

如果调查项目比较大，市场调查计划书需要明确地分解市场调查内容，确定各个子调查项目的内容，至少要包括子项目的实施期限、地点、样本量、调查方法、负责人员。每个子项目要有一份相应的工作说明书，具体落实子项目的工作内容。

**3. 调查技术及现场工作**

（1）**调查技术**　受托方依据市场调查计划，对市场调查项目中用到的抽样、问卷、量表技术进行设计和规范；就市场调查过程中使用到的各种信息采集工具和设备列出详细的清单，例如标明录音录像设备的数量和使用规范等。

（2）**现场工作**　现场工作是实地采集市场调查数据的途径。访问员通过直接或者间接接触受访者完成访问和信息收集工作。现场工作的重点是保证数据采集的准确性，因此，需要安排督导员，对访问员的工作进行指导和监控，以确保访问员能够按照调查计划按时、按量完成工作。督导员通常要与一定比例（行业默认是15%）的受访者联系，以便确认访问员是否真正进行了访问，调查过程是否按照规定的程序展开。

**4. 资料整理及数据分析**

资料整理及数据分析，即对所收集的资料进行去粗取精、去伪存真、由此及彼、由表及里的处理。

（1）**项目数据库**　现场工作结束后，调查项目组首先要对原始资料实施有效性检查，对原始资料的完整性和准确性进行考核，删除不准确、错误的资料，对有遗漏的资料尽可能实施补充调查。技术人员按照规定的编码将数据录入调查项目数据库。如果是小型或者简单的调查项目，数据库可能是一个Excel表格或者一份CSV文件；如果是大型或者专业的调查项目，数据库可能会以专业数据库形式存在，如MYSQL等。

（2）**汇总分析**　技术人员需要对调查项目数据库中的数据进行校对和再检查，然后开展汇总分析。汇总分析是指运用统计工具将一条条调查数据汇总，用统计图、统计表、综合指标对数据所含的信息进行综合反映。常用的统计工具有Excel、SPSS、SAS和R语言。

（3）**数据分析**　数据分析是指运用统计学、数学等工具对调查数据展开研究。调查收集的数据、资料通常是分散的、非结构化的。为反映研究现象总体的数量特征，必须对调查资料进行整理，包括编码、录入、制表等。在此基础上，运用统计方法和营销决策模型，展开相关分析、回归分析和预测分析，揭示调查对象的情况，找出影响营销决策的各种因素，给出调查数据的结论，预测未来的趋势，最终提出切实可行的对策。

**5. 调查报告的撰写和沟通**

（1）**撰写调查报告**　调查报告以书面或者口头形式展示市场调查和预测活动的成果和结论，其目的是为营销决策提供依据，已提交的调查报告可以作为下一次同类调查的二手资料。调查报告通常具有一定的格式要求和行文规范，不同性质的调查项目和不同类型的委托方会对调查报告提出不同的要求。调查报告在形式上可能会因为委托方的要求不同而不同，但内容上至少包括两点：一是本次市场调查的方法和过程，二是本次市场调查的结果和结论。

（2）与委托方沟通　整个调查项目从开始到结束离不开受托方与委托方的沟通交流。无论调查项目的规模如何，受托方都应当向委托方提交正式的市场调查报告。受托方以调查成果展示会、调查项目结题会、调查专题研讨会的形式与委托方展开一次正式的交流，重点向委托方解释、说明调查数据的来源和调查结论的价值，与委托方进行现场互动，回答委托方提出的问题。交流的最终目标是让委托方理解调查结论具有的价值。受托方要避免简单地罗列调查数据，将重心放在阐述市场调查的主要发现和核心结论上。

（3）补充调查　项目的成功结题和报告的提交并不意味着本次市场调查项目的完结。许多情况下，委托方会对调查报告的一些方面和调查结论的某些含义产生持续的兴趣，因而会提出过一段时间再次实施调查以获取新信息、增加某些调查内容，或者扩大调查范围的要求。在这种情况下，受托方应当尽可能地帮助委托方展开补充调查。另外，市场调查的目的并不局限于获取市场信息，其终极价值体现在参与营销决策上。因此，受托方要定期回访委托方，了解委托方运用市场调查成果的情况及其对营销决策质量的贡献，了解委托方是否采纳了市场调查结论。

【延伸阅读1-8】

## 全国汽车流通信息统计调查制度

### 1. 调查目的

为全面了解和反映全国汽车市场流通状况，逐步完善汽车市场中新车销售与二手车交易信息统计平台，为政府有关部门制定相关政策，为汽车生产、流通企业的发展规划、新产品开发及营销资源的合理配置提供可靠依据，特制定《全国汽车流通信息统计调查制度》（以下简称"本制度"）。

### 2. 调查对象和范围

全国主要汽车生产企业销售部门（销售公司）、全国主要汽车流通企业、全国二手车交易中心（市场）、二手车经销企业等均为统计对象。

### 3. 调查内容

本制度的统计内容为汽车流通企业的月度经营状况，具体包括车辆购销存的总额及数量、区域流向情况、交易方式、用户性质、使用年限等。

### 4. 调查方法

本制度采用重点调查方法。

### 5. 调查组织方式

本制度是汽车流通领域的统计调查制度，由中国物流与采购联合会制定，并经国家统计局审查批准，由中国汽车流通协会负责各项统计工作的具体组织实施。

**6. 数据发布**

本调查制度综合统计数据，汽车流通行业统计结果以新闻信息方式通过中国汽车流通协会网站向全行业公布。

### 1.4.5 市场预测的流程

市场预测的流程是提高市场预测工作效率和质量的重要保证，完整的预测工作一般包含以下五个步骤，如图1-5所示。

**1. 确定预测目标**

确定预测目标即指确定预测什么，达到什么目标或要求。预测目标、期限与数量须用文字说明。由于市场预测的目标、对象、期限、精度、成本和技术力量等不同，市场预测所采用的方法、资料数据收集也有所不同。明确市场预测的具体目标，是为了抓住重点，避免盲目性，提高市场预测工作的效率。例如，预测某种品牌汽车的需求量，就是一个具体的预测目标。确定了这个目标之后，才能为搜集市场商情资料，选择预测方案配备技术力量和预算所需费用指明方向。只有根据企业经营活动的需要，制订预测工作计划，核计预算，调配力量，组织实施，才能以较少费用取得满意的市场预测结果。

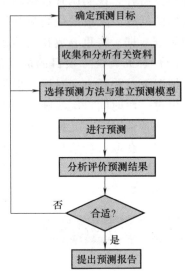

图1-5 市场预测流程

**2. 收集和分析有关资料**

广泛收集影响市场预测对象的一切资料，注意资料的真实性和可靠性，剔除偶然性因素造成的不正常情况，是定量预测模型的基础条件。对收集到的资料要严格审核，要做到数据可靠、可比，计算口径一致，核算方法相同，统计时间与计量单位一致等。

**3. 选择预测方法与建立预测模型**

根据对资料的动态分析来选择合适的预测方法，是预测成功的关键。对同一个预测目标，一般应同时采用两种以上的预测方法，以比较和鉴别预测结果的可信度。定量预测模型应该在满足预测要求的前提下，尽量简单、方便和实用。

**4. 进行预测**

利用已有资料信息，用已选定的方法进行预测，以获得预测结果。

**5. 分析评价预测结果**

分析评价预测结果即分析是否已达到预测目标的要求，预测误差是否在允许范围内，预测结果的合理程度怎样等。若已满足这些要求，可写出正式预测报告，以供决策之用；若不能满足这些要求，就要回到以前的步骤，要么重新确立预测目标，要么重新选择预测方法，然后再进行预测。

## 【延伸阅读1-9】

### 汽车营销趋势

在汽车行业的宏观趋势影响下，未来的汽车营销将由传统的产品价值营销逐步转向直面用户的多维度、多触点及多类型的消费全链路运营。通过与用户的长线、多向沟通，并借由多元化的营销模式形成深度情感连接将是车企未来的破圈关键。

下面针对内容、渠道、受众及形式四大维度，总结出汽车营销的十大趋势：

**1. 内容：国潮化、跨界化及新物种进化成为车企主要发力方向**

成功的营销内容能与消费者达成情感共鸣并带来圈粉效果。通过国潮化、跨界化及新物种进化等特色内容与汽车品牌价值、文化及理念结合，打造能引发用户情感爆发点的独特方案，将成为汽车营销内容创新的正确打开方式。

**(1) 国潮化** 中国消费者在经历中国经济腾飞及国家整体实力增长后，对中国品牌、中国产品、中国制造更加自信与认可。此外，消费者追求的国潮已不仅是古风商品，更是文化、情感及潮流交织而成、具有独特个性的潮玩单品。因此，车企在规划营销内容时，应融合国风文化元素并加入个性化设计，打造特色鲜明、不盲目跟风的国潮产品。

以广汽传祺影豹系列为例，其"引爆中国速度，'豹'款出圈记"的营销内容，结合亚洲飞人苏炳添在奥运会上的杰出表现，强强联手，为"中国速度"做出了最佳诠释。其以"产品+国潮"双主线内容进行了为期10个月的营销预热，并在不同时间节点融入社群营销、赛道营销、跨界联合、明星营销、奥运营销、IP营销等手法，持续引爆话题热点，最后以苏炳添创造亚洲纪录为最大爆点，借势出圈，形成强大的传播声势，也助推影豹在各大汽车垂直平台关注度排行同级前三。

**(2) 跨界化** 在互联网娱乐的大时代背景下，各类文娱内容（如搞笑、旅游、游戏、运动等）蓬勃发展并全面、深度地渗透到消费者的生活环境，因此，消费者对汽车的认知与偏好将受到丰富且碎片化的文娱内容形塑，如何通过跨界合作植入品牌价值理念，潜移默化地影响用户对理想车型的想象，进而影响购车决策，成为内容营销的另一挑战。

小鹏汽车与NBA的跨界合作——"登场，即主场！"即是典型的跨界营销案例，通过成为NBA中国的官方合作伙伴，小鹏将围绕NBA 3X等重要赛事活动推出创新营销方案，并以官方市场合作伙伴的身份深度参与其中。与此同时，小鹏也会将NBA相关元素融入品牌形象展示、市场推广和鹏友体验中，为小鹏汽车和NBA用户送上更多的惊喜和福利。

**(3) 新物种进化** 新技术如汽车"新四化"、虚拟实境、区块链等的普及，将助推汽车在销售新业态、生活新场景或是营销新内容的进化，在这样的大环境下，汽车的形象将大幅颠覆，并形成前所未见的汽车新物种。车企可通过不同技术的交互与结合，在彰显品牌个性与调性的同时，赋予汽车多元身份（如玩伴、家人等）并成为用户投射情感诉求的载体，最终达成与消费者更多的互动交流。

领克与B站合作的毕业季营销方案即是一次亮眼的尝试，B站是Z世代的聚集地，是毕业季声量聚合的高地。领克本身自带赛博朋克属性和中二机甲的跨次元坐骑形象，与B站人设高度匹配，因此能够激起领克潜在车主的意识觉醒。通过汽车和虚拟 UP 主的结合，丰富了品牌与用户的互动方式，并将领克汽车塑造成具有赛博朋克风格、跨次元的"潮酷新物种"。

**2. 渠道：融合趋势显著，多元销售及公私域融合成为两大重点特征**

营销渠道完整覆盖销售转化过程中的关键节点。随着汽车市场的发展进入存量竞争阶段且消费者结构产生显著变化，企业的营销渠道也需进行新的探索与调整。这样的改变并不意味着要抛弃旧有的渠道，而是如何更有效地整合新旧资源，促成更好的消费体验，进而实现更高的销售转化。其中，经销+直销代理及公私域相结合将是头部车企寻求渠道突破的关键举措。

（1）**从经销向多元销售模式升级** 在购车时，新一代消费者对品牌的选择除了性价比，还加入了更多感性元素。举例来说，购车过程中的杀价套路是构成不良购物体验的一大因素，因此，无论是车企还是经销商，都在无所不用其极地寻找提高价格稳定度的方法，以增强用户对销售顾问及品牌的认同及信赖度。此外，在网购高度发达的现在，消费者也渴望尝试更加创新的销售模式，例如有效结合线上线下服务网点，为消费者提供更流畅、更高效的购物体验。

（2）**从公域向公私域结合升级** 互联网生态系中，公域是私域流量的上游，如何有效结合公私域的流量转化并进行精细化运营，构建品牌成长闭环是企业增长的必备能力。反映在汽车营销上，Z 世代更偏好从公域获取车辆信息，然后通过自己信赖的圈层（如某垂类 KOL）推荐进行购物决策，公域+私域操作将成为销售转化关键。

**3. 受众：围绕圈层识别、场景框定及共情培养等持续建立认同**

受众是品牌价值传递的接收方，也是产品与品牌主要服务的对象。只有明确目标受众的行为与偏好后，才能更好地制订精准的营销方案。汽车营销的受众选择呈现更细分、更精准的运营模式，通过圈层识别、场景框定及共情培养等持续建立用户认同，最终达成销售转化及口碑扩散，形成精准营销正向循环。

（1）**圈层** 在汽车营销的受众选择上，车企可瞄准不同圈层如中产阶层、Z 世代、女性等并提供定制化营销活动，并通过圈层的文化与情感影响力促进销售转化并扩散。

以长安马自达的"悦马星空"用户共创计划为例，在圈层营销方面，针对不同圈层如摄影、改装及女性圈层等设计系列主题活动，通过打造与圈层相匹配的品质生活方式，并关联产品价值和态度，引发用户情感共鸣，实现目标圈层的精准深耕。

（2）**场景** 以汽车的使用体验来说，消费者更加注重的是汽车在核心使用场景下（例如出行途中可能遭遇的意外事故）的性能表现。因此，车企可针对特定场景设计营销内容（如技术硬核测试），通过触景生情的方式满足消费者需求并建立其对产品的信心与认可。这样的场景营销方案能有效结合现实生活，让受众更容易理解品牌价值及理念，也有利于帮助消费者与企业拉近距离。

出行安全是车主恒久不变的核心关注点，东风汽车集团旗下首个高端智能电动汽车品牌岚图汽车开创性地挑战"全场景事故叠加"测试，在中汽中心公开直播全球首个电动车涉水后底部碰撞测试，"秀肌肉"的同时强化消费者对岚图技术力及产品力的认可。

（3）**共情** 共情就是从对用户想法的感同身受开始，以品牌与用户共通的价值理念打底，建立跟用户的"统一战线"关系。产品是其中重要的媒介，通过对产品的情感投射能实现购买转化。车企可通过对事件或节日的共同记忆，打造能刺激用户共情的营销方案，在传递品牌深层次的文化内涵的同时，取得用户认同。

比亚迪通过与搜狐董事长兼CEO张朝阳合作，输出真实探秘《张朝阳一天只睡4小时》纪录片，以新中产向往的CEO日常生活作为载体，向潜在受众深度种草⊖2021款唐EV的同时，深化品牌的格调与质感，在品牌传播上力求出圈。

### 4. 形式：以多角度、多样化的呈现方式走近用户

在这个信息爆炸的时代，消费者已不再甘于被动地接收相关信息，相反，他们更在意信息的客观性、来源的多元性与沟通的互动性，而这三大要素也是形成用户黏性的核心与关键。

**（1）多角度** 有别于传统营销内容是以品牌主导生成，未来的内容生成形式将走向共创化：通过品牌与消费者、KOL（明星）共同创造的形式，从原创、二创逐步扩张到多创，以多角度输入形成品牌种草+KOL种草+素人种草的三位一体式营销，引爆话题并实现销量增长。

2021年年初的NIO Day，蔚来以"NIO Day年年办，今年用户说了算"为核心，除新车上市及公司发展战略介绍环节外，从地点选择到表演节目等皆为车主主导，成功演绎"品牌与用户共创"的表现形式。

**（2）多样化** 通过多样化且高质量的内容生成及呈现方式，传递直观易懂、中立客观、感染力强且信息量丰富的内容，潜移默化地影响用户的汽车消费观，并通过持续互动如点赞、留言、发弹幕等，让内容成为用户的社交谈资，进而提高营销活动的网络声量。车企营销内容形式需从单向的广告传播向更具有互动性的形式转变（如直播互动、短视频等），并借此拉近与用户的距离，以形成更高效、高频的互动方式。

汽车营销的下半场已经开始，对于车企而言，如何紧抓趋势风口形成独特的竞争优势，破圈前行，将成为重要的思考课题。

## 本章小结

本章对市场调查与市场预测总体进行了概要性叙述，阐述了市场调查与市场预测的含义、特点、类型、程序、范围及作用。从不同角度介绍了各种类型的市场调查与预测及其相关知识。

本章主要阐述市场调查的基本概念、特征、功能和类型，以及市场调查的基本原则和运作程序，重点是阐述市场调查的基本理论和基本知识。

## 课后习题及技能训练

### 一、重点名词

市场调查　市场预测　市场信息　营销决策　市场调查伦理

---

⊖ 种草，网络流行语，本义即播种草种子或栽植草这一植物的幼苗，现指专门给别人推荐好货以诱人购买的行为。

二、思考题

1. 从营销学的角度看，市场调查与预测的目的是什么？市场调查与预测具有什么作用？
2. 市场调查与预测有哪几项原则？应当遵循什么工作流程？
3. 市场调查中调查工作者、调查委托方和调查对象的责任和义务是什么？

# 第2章　汽车市场调查与预测基础

【学习目标】

1. 素质目标：引导学生树立作为市场调查人员应当实事求是、尊重客户和被调查者意愿，对涉及商业秘密、他人隐私的应遵循保密、保护原则，严格执行国家有关法律法规及有关政策。

2. 知识目标：了解汽车市场调查与预测的基本原理和基础工作，界定调查与预测的问题，掌握汽车市场调查方案的设计与市场调查人员的监督与管理的方法。

3. 能力目标：能够设计高质量的市场调查方案。市场调查的总体方案设计是对调查工作各个方面和全部过程的通盘考虑，包括了整个调查工作过程的全部内容。调查总体方案设计是否科学、可行，是整个调查成败的关键。

【引导案例】

### 福特公司 Edsel 车型的市场调查失败案例

美国在1950年之后，汽车市场有以下几种现象。①每年购买新车的人中，有1/5是由原来的低价位汽车换成中价位汽车。②中位价汽车量从只占1/5市场，稳定成长至1/3。③个人收入中用于汽车消费的由1939年的3.5%，增加到1950年的5.5%~6%，中价位汽车是当时汽车市场的宠儿。

福特公司主事者认为，不能将这有利可图的市场拱手让人，因此 Edsel 中价位汽车系列推出，在市场上必然有利可图。

Edsel 于1957年9月4日推出，首日接获6500辆订单，接着销售情况却急剧下降。10月13日晚上，福特公司在电视推出大量广告，情况也未见好转。到1958年11月，Edsel 系列新车问世，销售量提升稍有转机，1959年10月中旬 Edsel 推出第三个系列产品，没有产生任何有利影响。1959年11月19日，Edsel 生产停止，正式谢幕。

Edsel 虽是经过周详计划，投入大量人力、物力与财力，且有几十年生产和销售经验为后援的系列汽车，最终却一败涂地，原因很多，每一个单独因素虽都不足以致命，但综合起来却使 Edsel 回天乏术。

仅就行销研究有三大错误，主要表现如下：

1）"Edsel 的消费者购买动机调查"虽然提供了新汽车所需的良好形象，但却没有实质帮助。因为在实际运用中，无法将它转变为"实质产品特色"。因为车型设计者调查了现有各型汽车的形状特征，提出建议，最后车形概念却在 800 位车型设计者的同意下产生。将"市场调查结果"束之高阁。Edsel 的车头像一个张开的大嘴巴，这种外表从心理学角度来看不甚美观，且不符合"消费者自我形象"的要求。

2）Edsel 于 1957 年推出，但关于大部分消费者的偏好调查却早在 10 年前就着手进行，而那时正是中价位汽车强势时期，但其间经过许多年，调查者却没有考虑消费者态度与喜好上的改变，这种转变在事实上是调查者应该注意到的。

3）在车子命名的选择方面，调查者收集了大约 2000 个不同名字，在几个大都市的人行道上访问行人，请他们说出每个名字时的自由联想，并询问每个名字的负面联想，但调查结果并没有给出确切的结论。最终调查者提出 Edsel 系列车型名字是 Corsair、Citation、Pacer 和 Ranger。但福特当局却并没有考虑调查者给出的建议，贸然采用了 Edsel——亨利福特的唯一儿子的名字作为该系列汽车的名字。这又是花费大量金钱进行市场调查而无效果的例子，值得读者深思。

问题：
1. 试分析该企业市场调查的失败原因？
2. 该企业市场调查为我们提供了哪些启示？

## 2.1 市场调查预测的原理

### 2.1.1 市场调查预测的基本原理

**1. 可测性原理**

世界上一切事物的运动、变化都是有规律的，因而是可以预测的。如果要预测某一个消费者的购买行为，那是相当困难的，也是无此必要的，因为消费者的行为受到各种经济、社会及心理因素的影响，而且这些因素难以正确测定。但是，大量消费者所表现出来的总购买力，却呈现出一种有规律的现象，因而是可以预测的，这就是市场预测的可测性原理。

**2. 连续性原理**

单个消费者的需求可能因某些特殊因素的影响（正影响或负影响）而发生变化。但是，由于消费者的数量众多，每个消费者需求的变化并不可能对总需求产生明显的影响。同时，一部分消费者的正影响与另一部分消费者的负影响相抵消，从而使总需求量呈现出随时间的推移而连续变化的趋势，这就是市场预测的连续性原理。连续性原理是我们用时间序列方法进行预测的理论基础，但要注意，连续性原理不适合于个人因素起很大作用的情况。

**3. 因果性原理**

市场需求虽然受到多种因素的影响，但是，这些影响不外乎是正影响（使需求增加）或负影响（使需求减少）两种。在大多数情况下，大部分因素的正影响与负影响互相抵消，从而使市场需求明显地呈现出因一个或少数几个因素而变化的规律，这就是市场预测的因果性原理。必须指出，这里所讲的正、负影响与前面连续性原理中所讲的正、负影响是不同的。这里的正、负影响，是指不同因素变化对消费者群体总需求的影响；连续性原理中所讲的正、负影响，是指不同消费者的需求变化对消费者群体总需求的影响。在某些情况下，用因果性原理来指导预测比连续性原理更有效。

#### 4. 类推性原理

类推性原理是指世界上的事物有类似之处，可以根据已出现的某一事件的变化规律来预测即将出现的类似事件的变化规律。在类推预测中，要注意"一叶障目，不见其他"的错误倾向。

#### 5. 系统性原理

任何一个企业的经营活动都是在社会的大系统中进行的，这个社会大系统又可分为很多子系统，对产品的需求影响最大的是经济子系统，其他各子系统又与经济子系统互相联系、互相影响。因此，既要注意经济子系统内各变量对商品市场需求的影响，又要注意其他子系统中变量的变化对商品的市场需求的影响，并据此对预测结果进行调整。这就是预测的系统性原理。

### 2.1.2 营销决策问题

营销决策问题是决策者在市场营销过程中所面临的"是否采取某种行动"的问题，其特征是"行动导向"，"为提高产品销量，是否应当促销"就是一个常见的营销决策问题，企业的目的是"提高产品销量"，可能采取的行动有两个，分别是"促销"和"不促销"。

市场总是在动态变化，企业要维持生存、获得发展就需要不断地做出营销决策以适应变化的市场。企业需要收集信息来做出营销决策，如果手头已有的信息不足以做出科学、有效的决策，那么企业就有动机通过市场调查获取更多的信息。"做什么、不做什么"是营销决策者必须思考的问题，对这一问题的解答也是市场调查活动得以开展的一个主要驱动因素。

### 2.1.3 营销决策问题的结构

#### 1. 期望达成什么目的

市场调查通常是基于做出营销决策的需要，用来解决或应对决策者、管理者或者客户所面临的某个特定的现实营销问题或营销现象等。

1) 企业希望了解某种营销现象（如销售不顺利）背后的原因，以便采取恰当的营销组合策略，但不清楚导致营销现象产生的主导因素是哪一个。

2) 企业准备实施某种营销活动以实现某个营销目标（如通过降价促销提高销售），但只有直觉而缺乏科学依据。

3) 企业运用一个营销组合（如重新设计的 4P 营销组合，即产品、渠道、价格和促销），进入一个新市场，但不能事先了解这个新的营销组合的效果。

#### 2. 可能采取的行动有哪些

一旦明确期望达成的营销目标，就要在多个可能采取的行动中作出选择。这时，决策者

就面临一个营销决策问题。

如果决策者期望通过新产品提升市场占有率,可能采取的行动就有"新产品上市"和"新产品暂不上市"这两种。"新产品是否上市"这个营销决策问题对应两个行动方案:"上市"与"不上市"。做决策意味着作出一个选择,而任何一个选择在现实中都有可能导致失败并带来损失,即所谓的决策风险。降低决策风险的一条重要途径就是通过拥有正确而充分的信息作出决策。

一旦决策者做出选择,必然伴随着两个可能的后果——成功或者失败。例如选择了新产品上市,随后要么上市成功,要么上市失败。当然,如果这两类后果出现的概率(可能性)相等,作出哪种选择就无关紧要。如果这两类后果出现的概率不相等,那么市场调查将有助于探知这一概率,让决策者获知符合其期望的结果出现的可能性,进而做出合理的判断和科学的选择。

### 2.1.4 营销决策问题的来源

**1. 营销环境中出现未预期的变化**

面对营销环境中出现的未预期的变化,企业有动机通过市场调查了解隐藏在变化背后的问题和问题产生的主导因素,以及解决问题的可能方案。

(1) **企业外部环境** 未预期的变化可能来自企业外部环境,包括人口统计特征、经济环境、技术环境、市场竞争环境、政治环境及法律环境。这些外部环境的变化会对营销职能产生显著影响,企业所采取的应对方式在很大程度上决定了这类变化最终演变成企业的问题还是机会。外部环境变化中影响力比较大的有新技术的出现、竞争性新产品的上市,以及目标顾客生活方式的变化。

(2) **企业内部环境** 未预期的变化也可能来自企业内部环境,包括企业资源、企业能力、企业文化、企业的指导思想、经营理念和工作作风等因素。未预期的内部环境变化中影响力比较大的有企业的市场份额下降、销售额没有达到预期、关键推销员或经销商的流失等。

**2. 与企业发展战略相符的有计划的变化**

有计划的变化是企业按照发展战略要求而主动采取一些营销措施所带来的变化,主要意图是通过自我改变来适应市场,或者推动市场变化。典型的有计划的变化是企业基于业务发展的目标,主动通过一系列营销行为来促进企业生存能力提高和业务增长。比较常见的有计划的变化包括推出新产品、改进顾客服务、加强定价及广告策略的效果等所引致的变化。

有计划的变化对应的是企业面向未来,基于自身发展而做出的主动行为。相反,未预期的变化对应的是企业面对当前和过去环境的变迁做出的被动行为。

有计划的变化的核心问题是企业"如何做"才能带来期望的改变,以及改变在多大程度上符合企业的预期。因此,企业有动机通过市场调查来评估各种可供选择的营销行为的可行性和预期效果,从中选择最优营销方案。在营销方案实施后,再次通过市场调查来判定现实效果与预期效果的差异,寻求改进措施。

**3. 基于营销创新的机会识别**

机会是营销实践中实际发生的结果与期望发生的结果之间的差距。它通常表述为:

1）一种有利的情况，如现有市场呈现出需求旺盛的趋势。
2）取得进展的可能，如潜在市场容量达到一定的规模。
3）获得改进的空间，如顾客希望现有产品具有更多的功能。

一旦企业识别出这些机会，就有可能激发营销创新，企业试图利用这些机会创造利润。营销创新可能产生于：

1）企业内部的研发和销售队伍。
2）消费者未被满足或者未能充分满足的需求。
3）顾客对现有产品或者服务的投诉。
4）有计划的变化的结果。

机会识别及其激发的营销创新会伴随新的利润空间，但也有可能受挫带来损失。这样，企业有动力通过市场调查获知营销创新能否为市场接受，或者营销机会能否为企业所利用产生利润。

## 2.1.5 明确营销决策问题的方法

简单地讲，营销决策问题要问的是：什么是决策者要做的？它要回答的即：决策者可以采取的行动有哪些？

可以通过与决策者交流向他们询问下面两个问题：

1）期望达成的营销目标是什么？
2）可以采取的营销行动有哪些？

比如，市场调查工作者与决策者交流后，向他们提出第一个问题，得到决策者期望达成的目标是"挽回渐渐丢失的市场份额"。然后，再向他们提出第二个问题，得到决策者可以采取的行动有：市场细分、向市场推出一种新产品、增加促销支出。最终，市场调查工作者可以将营销决策问题归纳为："是否采取市场细分进行目标市场再定位？""是否向现有市场推出新产品以提升市场竞争力？""是否增加促销支出以刺激市场销售量？"依据经费、时间和人力等资源条件，可以选择其中一两个甚至全部问题作为市场调查的营销决策问题。

【延伸阅读2-1】

### Z世代的汽车消费态度较开放

2023年11月18日，由21世纪经济报道旗下的21世纪新汽车研究院联合尼尔森IQ共同推出的《2023中国汽车消费趋势调查报告》（以下简称《报告》）发布。《报告》除了流通渠道、汽车金融和汽车保险三大主题外，还包括再购群体、新能源汽车和Z世代三个小专题，聚焦中国汽车消费者对车型、能源类别、购车渠道、汽车金融服务等方面的偏好和消费习惯，相关调查结论将为汽车厂家、金融机构制订更加合理的营销策略和金融方案提供有力依据。

在Z世代专题中，《报告》显示，Z世代更喜欢中国品牌，占比为39.3%，而"70后""80后"和"90后"则喜欢合资品牌。Z世代对各动力类型汽车的态度较为开放，但从大类而言，更偏好新能源汽车，占比为53.3%。Z世代和年长用户购车均价皆较去年上升，但

Z世代购车均价最高达到了23.14万元。

购车渠道上，Z世代更喜欢线上购买，线上购车占比达44%，且金融渗透率最高，达到了65%，信贷购车渠道主要是汽车金融公司、银行传统信贷和融资租赁公司，对互联网金融平台的接受度也高于总体。46.1%的Z世代用户会考虑使用换电补能的新能源汽车。

## 2.2 市场调查主题

### 2.2.1 市场调查主题的概念

市场调查主题规定了市场调查项目的总目标和中心任务，是市场调查活动全过程所要解决的核心研究问题，体现了市场调查人员的研究思路。

**1. 总目标**

总目标是市场调查项目要达成的终极目的，它的实现标志着市场项目的成功。一个市场调查项目只能有一个总目标，各项市场调查活动必须围绕总目标展开。否则，市场调查人员会陷入不知道自己在做什么、下一步要做什么的困境。

如果一个市场调查项目有多个总目标，市场调查工作的开展将缺失主导方向，需要获取的信息量不知不觉中被不断扩大，调查时间会随之延长，调查成本也越来越高，最终违背时效性原则和经济性原则。

项目组每一位成员的意见和观点容易不自觉地演变成一个总目标，因此许多市场调查项目的最初讨论总是陷入希望通过一项市场调查活动达成多个总目标的误区。建议项目组在同一个总目标下将单个成员的观点设置成子目标，如果项目规模较大，可以设置成子调查项目。

**2. 中心任务**

市场调查项目的总目标确立后，可以由总目标延伸出中心任务。注意，中心任务可以是一项，也可以是多项，依据调查项目的复杂程度而定。项目组成员的观点或者想法可以是一个子目标的中心任务，但要注意，全体中心任务描述了为达到总目标而需要获取的信息范畴，这些信息要能服务于总目标，而不是局限于完成某一个特定的中心任务。

**3. 研究思路**

通过执行市场调查的中心任务来达到总目标，需要设计研究思路，以获取具体信息和分析调查数据。研究思路需要有一个核心研究问题作为指引，核心研究问题的解答路径通常作为达成总目标的主要手段。换句话说，核心研究问题一旦解决，总目标也就完成得差不多了。

### 2.2.2 市场调查主题的描述

市场调查主题通常表述为一句或者一段陈述性的话，可以精练，也可以详细。例如某大学学生会的一个市场调查主题为："大学生是否超前消费——基于2023年某大学学生消费结构的概率抽样调查"其总目标是了解大学生的超前消费状况，其中心任务是获取学生消费结构的信息，其核心研究问题是大学生是否超前消费，其研究思路是实施概率抽样调查。

市场调查主题和市场调查项目名称非常接近或者相像，但不可以将两者混同。一般情况下，市场调查项目名称直接点明或揭示市场调查主题，但侧重于总目标、中心任务、核心研究问题、研究思路这几者中的某一点或某几点。市场调查项目名称往往体现市场调查的中心任务，因为中心任务通常是具体的，易于为委托方或者第三方理解和接受，体现中心任务的调查项目名称能够引导调查工作聚焦在"获取什么样的信息"上，有利于核心研究问题的最终解决和总目标的达成，但缺乏对总目标、核心研究问题的描述，在某些时候会引致他人产生疑问，需要市场调查工作者给出详细解答。例如，一个市场调查项目名称："2023年某大学学生消费结构调查"就明确规定了调查项目的中心任务是获取学生消费结构的信息，但没有规定具体的调查方法，也没有说明调查要解决什么样的问题。

### 2.2.3 市场调查主题的意义

现实情况中，企业只是就运营中对市场的直接感受而产生市场调查需求，最常见的情形是企业所面对的市场现状与预期不符，企业希望通过市场调查来深入了解市场，试图掌握市场状况以改进营销工作。在这种情况下，企业对于市场调查要完成哪些具体的中心任务，运用什么样的研究思路来实现什么总目标，并不是那么清楚，更不可能明确地提出核心研究问题。

市场调查工作者需要和营销决策者反复沟通，就市场调查的总目标和中心任务达成共识。然后，市场调查工作者在此基础上确定总目标、选定中心任务、提出核心研究问题、设计研究思路。这么做的好处是使得市场调查工作者和营销决策者在市场调查的目的、过程、结果上有共同的预期，避免双方在开展市场调查工作之后出现重大的认识分歧。许多调查项目中途停止的一个重要原因就是，市场调查工作者和营销决策者在市场调查总目标上没有达成共识，营销决策者产生了这样一种认识：市场调查工作者并没有去做有助于解决现实问题的事情。

市场调查工作者所拟定的市场调查主题应当重点回答三个核心问题："调查目的是什么""调查什么""如何调查"。营销决策者并不关心市场调查工作的具体细节，但会关心市场调查工作的宏观整体路线。在一项市场调查活动中，营销决策者和市场调查工作者可以反复就这三个核心问题是否被有效解答进行沟通，进而使营销决策者对市场调查活动能否有效实现总目标建立信心。

### 2.2.4 市场调查主题的内容

市场调查主题可以分解为营销决策问题、具体调查问题和调查研究思路三个方面。营销决策问题对应于总目标，具体调查问题对应于中心任务，调查研究思路对应于核心研究问题及研究思路。

例如，"是否需要利用互联网进行促销"是互联网背景下许多企业面临的一个营销决策问题。但是不同行业的企业、同一行业内采用不同技术的企业，所要考虑的具体市场调查问题是不同的，但其目标顾客接触互联网的频率、对互联网的依赖程度是必须掌握的信息。调查研究思路就是对决策问题解答的设计：如何接触目标顾客，如何向他们发放调查问卷以获取信息，如何对调查数据进行分析，最终得到"利用互联网促销"或者"暂不利用互联网"的调查研究结论。

## 2.2.5 明确市场调查主题的方法

**1. 与管理者、决策者交流**

市场调查为管理者获取市场信息、作出营销决策提供依据，因此，管理者、决策者如何看待营销现象，面临哪些现实而具体的营销问题，他们预期从市场调查中得到些什么，就是市场调查工作者要重点关注的内容。

市场调查主题的书面表述就是项目建议书，是决策者和市场调查工作者展开讨论的基础。另外，调查报告在调查工作结束时必须提交给决策者。因此，市场调查人员与管理者、决策者的交流将有助于增进双方的理解、支持和配合，为市场调查工作的启动和结束奠定良好的基础。

**2. 向专家咨询**

业内专家有丰富的从业经验，对某一类营销现象和营销问题拥有专业的观点。因此，在设定市场调查主题时，主动与业内专家交流，了解他们的见解，尤其是他们看待营销现象的态度和处理营销问题的方式，对于市场调查工作的顺利开展具有重要的意义。另外，资深的基层工作人员和行业从业人员拥有良好的市场感受能力和比较敏锐的市场直觉，向他们咨询有助于更好地认识营销现象，有时还会有意想不到的收获。

**3. 分析二手资料**

二手资料是指不为实现当前市场调查的总目标而收集的资料总和。二手资料能够为了解当前市场调查主题提供富有价值的参考信息，可以通过二手资料了解其他调查项目如何解释类似的营销现象，如何解答类似的营销问题。更重要的是，市场调查工作者可以学习其他调查工作者是如何收集信息和分析调查数据的，进而提高本次调查项目的工作质量。

二手资料通常是企业及所属行业的一些相关历史资料。这些历史资料主要包括市场销售量、市场份额、利润状况、技术水平和人口统计特征等。需要注意的是，对历史资料的考察应当分别从行业层面和企业层面进行，因为同样的问题或者类似的营销现象在企业层面和行业层面出现时，其含义是不同的。

### 实务指南

市场调查活动总是从在所关注的营销现象中确定一个市场调查主题开始。那么，怎样选择一个既具有可行性又富有意义的市场调查主题呢？可以在详细查阅二手资料，向专家咨询和与决策者交流之后，用文字将下列几个方面描述清楚：

1) 市场调查的背景。
2) 市场调查的目的。
3) 市场调查所要解决的问题。
4) 市场调查的价值。
5) 市场调查的可行性。

描述清楚这几方面以后，就有一种初步的认识，能够进一步明确市场调查的中心任务，可以用文字从以下三个方面进行描述：

1）调查范围。
2）调查对象。
3）调查内容。

这三个方面内容的评估构成一个市场调查主题的可行性标准。通常，调查范围越适中越好，调查内容越具体越好。

## 2.3 具体市场调查问题

### 2.3.1 具体市场调查问题的含义

具体市场调查问题是指在给定营销决策问题的前提下，需要什么样的信息作为决策依据的问题。假定某产品代理商面临的营销决策问题是："为提高产品在2024年的销量，是否应当降价促销？"它所对应的具体市场调查问题可能是："2024年某城市的中年女性是否倾向购买该产品？"

营销决策问题之所以成为一个问题，一个主要原因是决策者没有充足的信息作出合理的、科学的抉择。因此界定好营销决策问题后，市场调查工作者就需要确定什么样的信息待收集，向哪些调查对象收集信息，在哪些营销环节获取信息。换句话说，界定营销决策问题之后的工作是界定具体市场调查问题。

### 2.3.2 具体市场调查问题的结构

**1. 调查范围**

调查范围是指在哪个区域、哪个时间段获取信息，即信息的时间和空间。例如，"2024年东北三省"构成一个调查范围。

（1）调查区域　调查区域可以是具体的行政区域，如广东省、北京市等；也可以是某个范围明确的地理区域，如某大学校区、长三角；还可以是某个边界清晰的市场区域，如国际市场、国内市场。

（2）调查时段　调查时段通常是指具有明确的起始时点和结束时点的一段时期，如"2024年第一季度的行业市场占有率调查"明确规定了调查时段是2024年第一季度。

**2. 调查对象**

从微观上讲，调查对象是指具有拟获取信息的某种特征的个体，即拥有调查对象，如35岁的李丽就是某品牌4S店的一名调查对象。从宏观上讲，调查对象是一类群体，是由具有某一种或多种相同特征的个体组成的。如果该品牌4S店希望了解车主需求现状，那么"中年女性"就是调查对象。

最常见的调查对象有目标顾客群体、潜在消费者、门店等，一般来说，调查可以通过人口统计特征、地理特征、心理特征和经验特征来确定：

（1）人口统计特征　人口统计特征是指性别、婚否等特征，如作为调查对象的"已婚女性"。

（2）地理特征　地理特征是指居住地、与商业场所的距离等特征，如作为调查对象的

"距离车站三公里范围内的零售店"。

（3）**心理特征** 心理特征是指与调查主题相关或相近的一种心理行为或心理倾向，如作为调查对象的"想购买某品牌手机的学生"。

（4）**经验特征** 经验特征是指与调查主题有相关或相近的经历和体验，如作为调查对象的"购买了某品牌手机的学生"。

需要注意的是，拥有经验特征的调查对象不一定拥有心理特征，拥有心理特征的调查对象不一定有经验特征。例如，某位学生有购买某品牌手机的心理特征，但不一定发生了购买行为，因此不一定有经验特征。另一位学生可能拥有某品牌手机，但不一定拥有心理特征，因为该品牌手机是家长为其上学准备的礼物。

### 3. 调查内容

调查内容是指调查所针对的具体营销活动，即信息产生的背景。例如"产品购买倾向与产品价格的关系"就是一项调查内容。

需要引起注意的是，虽然整个营销过程的任一环节都可能构成调查内容，但是不应当不分主次地调查每个环节。市场调查工作者要认真地考虑哪些营销环节可以让决策者获得充足的信息去作出判断和抉择。

调查内容通常会围绕以下几个方面：

（1）**市场环境** 市场环境是企业的目标市场和潜在市场所处的各种环境的总和，通常有经济环境、政治环境、社会环境、法律环境、技术环境等。

市场环境中经常受重视的有市场购买力水平、风俗习惯、政策、法规和经济结构等，市场环境是企业不可控制的营销影响因素，因此，具体市场调查问题中需要明确指出哪些市场环境因素对某个特定的委托方有重大影响，针对这些因素设计好调查方法和手段。

（2）**市场需求** 市场需求是指对某产品或服务具有购买能力和购买欲望的消费者的总和。

市场需求因素中比较受重视的因素有消费者数量、消费者收入、消费者偏好、消费结构、消费行为等。满足市场需求是企业得以在市场上生存和发展的重中之重，因此，具体市场调查问题需要收集消费者购买原因、购买内容、购买数量、购买频率、购买时间、购买地点、购买方式、购买习惯、购买偏好及购后评价等市场信息，针对这些市场信息设计好调查对象、调查方式和样本数量。

（3）**市场供给** 市场供给是指对于某产品或服务具有生产能力和生产意愿的生产者的总和。

市场供给中通常重点关注某一产品所对应的生产者数量、产品的市场供应量、各个生产者的情况，以及该产品的质量、功能、品牌等。任何行业内的企业都是该行业市场供给方中的一员，和其他行业内企业之间是竞争又合作的关系。因此，具体市场调查问题需要摸清有哪些竞争者，各自的行业地位如何，各自的优势和劣势是什么等。

（4）**市场营销因素** 市场营销因素是指企业在营销过程中可以控制的因素，主要是产品、价格、渠道和促销这四个因素。

市场营销因素调查主要是了解市场上新产品设计和开发情况、消费者使用情况、消费者的评价、产品生命周期阶段、产品组合情况等。产品价格调查主要是了解消费者对价格的接受情况、对价格策略的反应等。渠道调查主要是了解渠道的结构、中间商的情况、消费者对中间商的满意情况等。促销活动调查主要是了解各种促销活动的效果，如广告实施的效果、人员推销的效果、营业推广的效果和对外宣传的市场反应等。

### 2.3.3 具体市场调查问题的作用

**1. 提供营销决策问题的解答思路**

解答营销决策问题需要获取市场信息以从多个可采取的营销行动中作出选择，借以消除不利的营销现象或者产生有利的营销现象。具体市场调查问题从调查范围、调查对象、调查内容三个方面明确决策者需要什么样的信息来作出科学、合理的选择。这是因为可能采取的营销行动必将发生在某一区域、某个时段，作用于某一类特定的群对某个或多个营销环节产生影响，最终催生有利的营销现象或者消除不利的营销现象。

**2. 规定将要收集的市场信息**

（1）确定信息缺口　信息缺口是现有信息水平和管理者、决策者感觉能够恰当解决问题的期望信息水平之间的差距。正确决策需要的信息与掌握的信息之间的差异即决策的信息缺口，市场调查获取的市场信息将用于弥补这个缺口。

（2）填补信息缺口　具体市场调查问题从调查范围、调查对象和调查内容三个方面明确如何弥补这个差距，从而让决策者知道市场调查工作的重心和范畴。决策者有信心通过市场调查工作的实施来填补信息缺口，解决面临的营销问题。

**3. 划定市场调查工作范围**

具体市场调查问题将市场调查工作的实施限定在适当的范围内，在实践中，这对市场调查的委托方和受托方具有重要的现实意义，因为市场调查所获取的信息是在一定的时间成本和财务费用下形成的。委托方需要的是成本最低、价值最大的信息，而不是成本高昂、价值一般的信息。具体市场调查问题从调查范围、调查对象和调查内容三个方面明确了掌握哪些信息就可以科学、合理地作出决策，避免了无限制地获取信息和扩大信息源的冲动，在事前控制了市场调查工作的投入。

### 2.3.4 具体市场调查问题的确定方法

具体市场调查问题的核心是"需要什么信息"，它要回答的是"谁拥有这些信息""他们在哪里""这些信息存在于营销过程的哪个环节"。市场调查工作者可以通过以下三个问题来确定具体市场调查问题：

**1. 我想调查谁**

这个问题有助于市场调查工作者认真思考调查对象的特征，能够让调查对象被辨别出来。初学者容易以"我想调查市场""我想调查消费者"或者"我想调查生产者"作为回答。不能说这种回答是错误的，但这样的回答对市场调查工作无益，因为现实中不会对市场进行全面调查，也不会调查所有的消费者和生产者。调查对象应当在某些方面（如人口统计特征）明显不同于非调查对象，调查对象的界定应当使得调查人员无障碍地发现调查对象。例如："我想调查中年、已婚、男性消费者"就是一个比"我想调查消费者"更好的

回答。

**2. 我在调查中想得到什么**

这个问题有助于市场调查人员明确调查内容。从理论上来说，整个营销活动过程都属于调查内容，但调查整个营销活动过程势必然耗费大量的人力、物力和时间，使得调查结果不具有时效性和经济性。通常，初学者期望从一次调查中得到全部市场信息，因此大都会回答"我在调查中想得到市场信息"，同样，这不是一个错误的答案。但如果仅拥有一部分市场信息就能解答市场营销决策问题，为什么还要获取冗余的信息呢？相比而言"我在调查中想得到消费者对服务质量满意度的信息"这一调查要求回答相对好些，因为"消费者满意度"是一个信息缺口。

**3. 谁想知道我的调查结果**

这个问题有助于市场调查工作者划定调查范围。以国内市场为目标市场的现有市场和潜在市场的企业不太会关注国际市场，在一个区域市场进行激烈竞争的企业不太会想知道百年之前的消费者需求。

补充说明一点，调查范围从多方面规定了信息的数据格式。例如，在某一年份对各个门店进行调查得到的是截面数据，对同一门店在不同年份进行调查得到的是时间序列数据，对各个门店在不同年份进行调查得到的是面板数据。

【延伸阅读2-2】

### 神州租车关于消费者体验调查的七个关键问题

神州租车在我国设有服务网点，几乎覆盖了全部一二线城市、主要旅游城市及头部三四线城市，车队规模近11万辆，服务客户超千万，市场占比约23%。

在高度竞争的汽车出租行业中，神州租车致力于持续提供高品质的客户服务，不断寻找进一步提高顾客体验的途径。由于出租车行业的顾客转移到竞争者处相对容易，所以保持现有客户和建立品牌忠诚对企业的成功至关重要。

对神州租车来说，营销决策问题是如何迅速识别对公司服务不满意的客户，并及时消除他们的担忧。公司设立了专门的客户服务管理团队，现行的客户满意活动重点关注车型和服务两个维度，它构成了客户满意和绩效管理的核心部分。

**（1）车型维度方面** 如今高品质的租车消费已成为消费刚需，汽车消费已趋于多元化，消费者用车不再只追求品牌和口碑效应，而是更加看重汽车的年轻化和智能化程度，尝试驾驶和乘坐更多标新立异的车型。租车行业作为洞察汽车产品消费趋势的一个窗口，其提供的车型也是汽车消费的晴雨表。神州租车提供的车型种类多样且不断更新换代，除提供一些传统的热门车型之外，还会根据消费者的实际使用场景产生的多元化用车需求去提供多种车型，丰富车型选择，如在市区地段出行，纯电或混动车型用车成本就比燃油车更低；如果多人同时出发去户外活动如露营，空间宽敞的SUV或MPV车型就更适合。

**（2）服务维度方面** 神州租车提供满足消费者需求的高品质租车服务，包括门店交通便利、环境干净整洁、工作人员服务态度良好、收费清晰透明、保险服务完善齐全有效等。

神州租车提供的车型和服务可谓高品质，给用户带来了难以替代的用车体验。

具体市场调查问题是为了了解顾客体验，它被分解为如下七个关键问题：

① 当您租车时，我们的服务是否快捷周到？
② 当您还车时，我们的服务是否快捷周到？
③ 我们的员工衣着是否整洁，态度是否热情？
④ 您租到的汽车是否清洁？
⑤ 您租到的汽车性能是否良好？
⑥ 您租到的汽车保险服务是否齐全有效？
⑦ 您还会从神州租车吗？

这七个问题连同分支机构的代码，以及可添加的评价被整合进一张调查表，印在一张便笺，挂在每辆车的后视镜上。

## 2.4 调查研究思路

### 2.4.1 营销现象

**1. 营销现象与营销指标的联系**

营销现象是营销活动中表现出来的，能被营销决策者、营销工作者和市场调查者等认识、观察到的各种情况、事件的总和。

通常用营销指标来刻画和反映营销现象，每个营销指标都有自身的定义和计算公式。常见的营销指标有市场销售量、市场占有率、顾客满意度等。例如，2023年某品牌汽车的市场销售量相比2022年有所上升就是一个能为该品牌汽车厂商观察到的现象。

**2. 营销现象及其背后的原因**

相比营销现象本身，更应关注营销现象背后的原因。如果说营销现象是"结果"，那市场调查人员的任务就是帮助营销决策者找出背后的"原因"。

某一类营销现象的产生，可能是由多种因素综合在一起所导致的。例如，某产品销售不畅这一类营销现象，背后可能的影响因素包括：销售人员对组织的认同度不高、顾客忠诚度太低、渠道激励不足、竞争对手推出新产品、产品的环保标准没有达到市场期望等。决策者希望市场调查人员找出是哪几个因素主要导致产品销售不畅，或者去探寻决策者忽略的其他重要影响因素。

营销决策者通常重点关注采取哪种营销行动能够消除不利的营销现象，或者促使有利的营销现象出现。例如，为使企业在市场中生存和发展，决策者想知道采取什么样的营销组合能够提高企业竞争优势。又如新产品开发出来后，决策者想知道采取什么促销方式能够避免旧产品被市场淘汰，而新产品又能够被市场迅速接受。

**3. 营销现象的性质**

营销现象的"好"和"坏"，取决于观察者的视角。同一种营销现象对于不同的观察者来说，并不一定具有相同的性质。例如，2023年某品牌汽车的市场销售量上升对一线销售部门来说是非常好的营销现象，因为销售部门在2023年付出了努力，但对于高层管理部门

来说，这可能是一个正常的营销现象，因为2023年汽车市场的销售总量在上升，该品牌汽车的销售量上升在情理之中，不上升反而不正常。

**4. 营销现象与营销决策问题的关系**

营销现象是营销决策问题的重要来源，由于市场总是在变化，各类营销现象相继出现、消失，促使决策者不得不被动或者主动地跟随市场的变化作出决策。同一营销现象被不同的主体观察到后，会形成不同的解释，提出不同的营销行动方案。决策者需要通过市场调查来确定哪一类解释最符合市场事实，哪一个营销方案最有利于实现企业目标。

## 2.4.2 构念

**1. 构念的含义**

构念是一种特殊的概念，即用一个名词对营销现象给出的归纳和解释。营销人员在日常工作中不知不觉地使用各种构念来描述市场上经常产生的营销现象。例如，某位顾客在10次购买活动中重复购买某一品牌9次，营销人员将这种具体的购买现象归纳为"品牌忠诚"。当消费者看到一则产品广告而产生"我打算买新产品"的念头时，营销人员就将这种现象解释为"购买倾向"。

**2. 构念和营销变量**

如果从营销现象中提取的构念可以定量地测量，就称为营销变量或变量。营销变量之间的关系构成营销理论，用于解释营销现象。

例如，"顾客满意度"构念描述了顾客在使用某种产品或接受某项服务之后形成的满意或不满意的态度。可以对不同时间段的产品与服务的总体购买和消费情况进行定量测量，得到顾客满意度指标，它可以用于对企业过去、现在、未来的业绩进行评价。不同的顾客会表现出不同的态度。此时，顾客满意度在不同的顾客身上取不同的值，因此成为一个变量。

关于顾客满意度有一个滞后效应理论，它是说 $t$ 时刻和 $t+1$ 时刻顾客满意度之间的关联度不强，意味着顾客满意度的提高需要付出长期的营销努力，单纯地依靠短期行为是不够的。瑞典顾客满意度调查得出的测评指数显示，$t$ 时刻顾客满意度每变化1%，$t+1$ 时刻顾客满意度将变化0.44%。这表明当前时刻提高的顾客满意度，到下一时刻只保留了40%左右。

**3. 构念的解析**

（1）构造出来的概念  构念的一种理解是"构造出来的概念"。用专业术语来描述，构念是从具体的相关事件中提炼出的抽象的想法，目的是用一个名词来概括一个现象以便于展开讨论和研究。按这种理解，构念是对营销事实的归纳，指的是一系列营销事件，它本身是一种客观存在。

（2）构想出来的概念  构念的另一种理解是"构想出来的概念"。虽然市场调查人员用构念来归纳、描述营销现象，但构念本身可能并不是一种客观存在。例如，对一个品牌的态度和购买行为之间的关系可以构想为"顾客忠诚"。那么顾客身上到底有没有"顾客忠诚"这种性质呢？有些人认为有，有些人认为没有。

（3）构建出来的概念  构念还可以理解成"为构建理论而提出的概念"，因此构念本身是不存在的。例如，"顾客忠诚"是为了研究消费者行为而提出的概念，背景是服务业在国民经济中的比重不断加大。

#### 4. 构念的特征

（1）构念不可直接观测　不能说"顾客"是一个构念，因为这个概念是具体的：购买东西的人或要求服务的对象，可以通过现场观察来对顾客进行计数。但"忠诚"是一个构念，它是对顾客购买倾向、购买频率等诸多营销信息的综合，并且不能直接观察"顾客忠诚"，只能观察到消费者购买行为。

（2）构念是营销理论的基石　构念被大量用于构建营销理论和营销模型，目的是解释或者预测营销现象。例如"顾客满意"构念解释了顾客在购买产品或者享受服务过程中的心理过程。如果"顾客满意"不能用于解释或者预测顾客的心理感受，这个构念不具备多大的价值。

（3）构念的界定明确　构念应当是范围清晰、定义明确的。例如"消费者需求"指消费者具有货币支付能力的实际需要。消费者需求的定义很明确：一是消费者可以得到的需要，二是消费者愿意并有能力支付货币。

### 2.4.3 测量

测量就是根据法则给客体或事件指派数字。例如"温度"描述了气温的状况，但是温度无法直接观测。人们在水银温度计上标记水银柱的不同高度，不同的高度被指派不同的数字，如0、+10、-3，水银柱的读数就是对温度的测量。注意，"温度"是一个不可直接观测的构念，水银温度计是一个可以直接获取读数的测量工具。

当为一个构念指派数字时，就是对这个构念的测量。通常，一个构念存在多种测量方法，它们在某种程度上都可以作为这个构念的表示，称为这个构念的指标或者度量。例如"市场竞争力"构念反映了某个企业在其所属行业的竞争力，"市场占有率"和"市场覆盖率"就是"市场竞争力"构念的两个度量指标。

表 2-1 为"顾客满意度"构念指派数字作为顾客满意度的度量表。

表 2-1　顾客满意度的度量

| 等级 | 非常不满意 | 有点不满意 | 中立 | 比较满意 | 非常满意 |
|---|---|---|---|---|---|
| 评分 | 1 | 2 | 3 | 4 | 5 |

表 2-1 就是一份量表。量表是市场调查中重要的测量工具，它是通过一套事先拟订的用语、记号和数目，测定人们心理活动的工具。量表是测量的一个补充，是试图确定主观的（有时是抽象的）、概念的定量测量工具，它可以对所要调查的构念进行量化。

### 2.4.4 调查对象

#### 1. 目标总体

目标总体是指所有调查对象形成的集合，或者是希望从中获取信息的所有调查对象形成的集合。组成目标总体的单个调查对象被称作目标总体单位。

假定营销工作者对"某个新产品的潜在顾客群是否购买新产品"这个问题感兴趣、计划获取潜在顾客群的信息，此时，新产品的潜在顾客群就是市场调查的目标总体。新产品的

生产商和经销商其实不是对潜在顾客群本身有兴趣，而是对潜在顾客群的平均家庭收入、受教育水平，对新产品创新的接受能力并继而是否对新产品产生购买动机感兴趣。这些目标总体的特征直接关系到生产商和经销商能否成功地推出新产品。

目标总体还可以是调查结果可以被应用到的所有个体的集合，在这个意义上，目标总体不那么容易确定下来。假定有一项调查希望明确哪些因素导致消费者倾向于选择网购平台。对于某个网购平台来说，它对于所有消费者对其平台的看法感兴趣，此时，目标总体是全体消费者。如果对于任一消费者对任一个网购平台的看法感兴趣，目标总体就不那么明确了。若是考察一个典型顾客对所有网购平台的看法，目标总体就是所有网购平台。若是考察按行业、业态分类的网购平台，每个具体的行业、业态就是目标总体。在这种背景下，目标总体取决于调查项目的结论应用到哪个范围。

**2. 调查总体**

调查总体是目标总体具体化后形成的可操作对象，也就是给目标总体下一个具有明确范围的定义。在规划调查项目之初，调查人员必须事先给定目标总体，然后确定调查总体。假设给定目标总体是中年消费者，那么"中年"是指40岁还是40~49岁？还是调查实施时恰好40岁？因此，仅给定目标总体是中年消费者还不够，市场调查人员还需要明确界定在一次具体的市场调查中"中年"的含义。

调查总体还会受到调查方法的影响。假定调查人员面向30岁的消费者发放了问卷，回收了70%的问卷，实际的调查总体是回复问卷的消费者，而不是全部消费者。

在研究网购平台设计和顾客满意度之间的关系时，许多初学者喜欢选择知名度很高的网购平台来获取消费者的看法。不知不觉中，调查总体就界定为"知名度高的网购平台"。此时就会出现每个消费者对网购平台设计打最高分，对满意度也打最高分的情况。于是，网购平台变量和顾客满意度变量就演变成常量。常量与常量之间不存在统计关系，因而无法验证网购平台设计和顾客满意度之间的关系。

## 2.4.5 假设

**1. 假设的含义**

假设是依据不充足的信息而对"需要采取什么营销行动"这类营销决策问题的初步回答，或者是对产生营销现象的最可能原因的推测。用专业术语表述，假设是指假定某些条件存在，营销决策问题中各个备选方案付诸实施之后得到的反应或者结果，或者是研究人员所感兴趣的某个要素或现象的未经证实的论述或推测。

当营销工作者开会讨论市场份额下降的营销现象时，大家推测现有产品不适应市场需求是一个原因，这个推测就形成了第一个假设；再进一步，大家一致同意采取新产品开发的营销行动，这个建议就形成了第二个假设。这两个假设可以陈述为："开发出来的新产品能适应市场需求进而提高市场份额"。请注意，虽然是依据现有的信息来做出这个判断的，但它只是一个假设，因为没有进一步的信息来证实这个假设是否成立。市场调查的主要任务是获取充分的信息来验证该假设能否被接受。

**2. 假设的书写方式**

假设的书写方式多种多样，在不同的学科领域有不同的书写方式。市场调查领域经常使用的书写方式有三种类型。

令 A 和 B 是出现在假设中的构念：

（1）**条件式假设**　条件式假设的格式为：如果 A 则 B。例如，如果广告指出增加，则产品销售量增加。

（2）**差异式假设**　差异式假设的格式为：A 不同则 B 不同。例如，如果对不同区域投入不同的广告支出，则不同领域会出现不同的产品销售量增加幅度。

（3）**函数式假设**　函数式假设的格式为：B 是 A 的函数。例如，产品销售量是广告支出的函数。

**3. 假设与构念**

假设是能够通过实证数据进行检验的两个或多个构念之间关系的一种推测性陈述，基于目前可获得的信息，它被认为是合理的。例如，如果广告支出增加，则市场份额相应地增加，这个陈述就是对"广告支出"和"市场份额"两个构念之间存在正相关的一个假设，但要注意，假设不等于现实，需要通过市场调查获取信息来验证。

构念经常用于提出营销问题，例如"为什么顾客的购买倾向有所下降？"假设不同于营销问题，它是声明式的，营销问题是询问式的。假设可以经由实证检验，营销问题可以经由实证来提出。一个好的假设要求将如何检验变量间的关系表述得非常清晰，一个好的问题要求能够揭示导致某一现象产生的最可能的原因。当营销问题以构念为关键词提出时，依据现有不充分的信息做出的初步回答就是假设。

**4. 假设在市场调查中的作用**

（1）**定义调查目的**　假设提供了营销决策问题的直觉式回答，或者对营销现象的经验式解释。市场调查的目的是验证这个直觉式回答是否得到了市场数据的支撑，这个经验式解释是否得到了市场信息的支持。市场调查是服务于营销决策问题的，而不是为了调查而调查。因此，当我们清晰地针对营销决策问题构建出假设时，也就清楚地定义了调查目的。

（2）**为调查设计包含的营销变量提供参考**　在调查设计之初，具体市场调查问题必须回答"需要什么信息"。可以初步回答出现在假设陈述中的各个营销变量的信息，然后可以深入考察能够在哪些调查对象身上获取这些营销变量的信息，这些营销变量的信息以何种形式出现。

（3）**为调查数据分析提供指引**　对假设的验证构成调查数据分析的一个重要目的。尽管调查数据本身具有极高的分析价值，但分析调查数据的根本目的在于用数据说话，对假设进行检验，从定量的角度判定决策者对营销决策问题的回答在多大程度上符合市场情况。

## 2.4.6　模型

模型是指用来表示实际系统或过程的整体或局部的一组营销变量及其相互关系。在一个具体的模型中，"变量"和"变量之间的关系"是考察模型的两个重要方面。营销组合模型就是市场营销过程中企业所能控制的产品价格、新产品开发、渠道和促销这四个变量及它们的组合。

模型是对假设的高级表达，或研究性质的重述。模型在假设成立的前提下，明确地告知将要出现的结果。在广告支出增加则产品销售量增加这一假设成立的前提下，向现市场增加广告投入，决策者预期产品销售量能够随之增加。如果一段时间的广告投入后，产品销售量没有达到预期，那么决策者会通过市场调查来弄清楚是该假设不符合现实，还是市场营销的哪个环节出现了问题。

模型通常以"如果……那么"形式出现。在预测顾客有多大可能会继续购买公司产品时，可以运用顾客满意度和保留率之间的关系："如果满意度高，那么顾客极有可能成为回头客或者向别人宣传企业的好处；如果满意度低，那么顾客极有可能不再光顾或者向潜在顾客传递企业的负面评价。"

模型有不同的形式，最常见的有文字模型、图示模型和数学模型三种。

**1. 文字模型**

文字模型是通过文字形式表述各个变量及它们之间的关系。这种模型可能仅仅是对某个营销理论的一些主要原则的复述。比如"消费市场细分模型"，它是指依据消费者需求的差异性对消费者进行细分，并明确在市场细分过程中，地理变量、人口统计变量、心理变量是消费者需求差异的原因，行为变量是消费者需求差异的表现。

**2. 图示模型**

图示模型是可视化的模型，用来区分各个变量，说明变量之间的关系。从逻辑上说，图示模型是建立数学模型的基础。例如，美国营销学者奥立佛于1980年提出了"期望-实绩"模型（见图2-1）。自1965年Cardozo将"顾客满意"的概念引入营销后，陆续出现了多种顾客满意的测量模型，应用最广泛的就是期望-实绩模型。

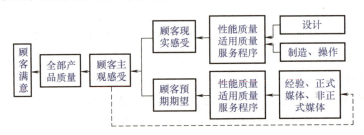

图2-1 顾客满意的期望-实绩模型

期望-实绩模型又称期望不一致模型，它的基本假设是：顾客必须有购买前的期望。这个模型解释了顾客满意形成的心理过程：顾客在购买产品或者享受服务之前的期望与感受到的产品或服务的实际绩效进行比较，如果实际绩效达到或者超过期望，顾客就会满意，否则就会感到不满意。

**3. 数学模型**

数学模型用于详细说明变量之间的关系，通常是用方程的形式。例如，令 $x$ 表示广告支出，$y$ 表示销售额，下面的模型说明广告支出与销售额之间存在一种正相关关系：

$$Y = a + bx \quad a, b > 0$$

上式表明，当广告支出等于零时（$x=0$），销售额等于 $a$，当广告支出增加时，销售额也随之增长。

又如，消费者需求理论表明：

$$Q = f(P, Ps, I, E)$$

式中　$P$——消费者实际想要的商品价格；
　　　$P_s$——替代商品的价格；
　　　$I$——消费者的实际收入水平；
　　　$E$——消费者的支付心理。

## 2.5　调查计划书

### 2.5.1　调查计划书的含义

调查计划书是市场调查方案设计的书面表达形式，它根据调查方案的类型、调查目的及调查对象的性质，在实施调查工作之前，对调查工作的各个方面和全部过程进行通盘考虑和安排，提出具体的调查步骤和工作程序。

**1. 横向设计**

横向设计是对调查工作各个方面所进行的设计，设计内容主要是各项相互关联的调查任务及它们之间的并行关系。调查人员要考虑到某项具体调查任务可能涉及的子调查项目，要从整体上考虑某项具体调查任务的范围，避免调查内容出现重复和遗漏。例如，汽车营销组合调查项目可以分解为四个子调查项目，分别是汽车产品调查、汽车价格调查、汽车渠道调查和汽车促销调查，这四个子调查项目之间既有区别又有联系。

**2. 纵向设计**

纵向设计是对调查工作的全过程所进行的设计，设计内容主要是完成调查目标的各个阶段及它们之间的先后顺序。一个调查项目从启动到结束会经历多个阶段和环节，比如调查主题的确定、调查方案的设计、资料的收集、资料的整理和调查数据的统计等，只有对这些工作事先作出统筹规划和安排，才能保证调查工作顺利开展，提高调查质量。

### 2.5.2　调查计划书的作用

**1. 委托方和受托方之间的协议**

调查计划书是调查项目的委托方与受托方之间的协议，或者直接就是一份调查合同。由于一些重要的决定已明确写入计划书，例如调查目的、范围、方法等，使得有关各方能有一致的看法，有利于减少或避免后期出现误解的可能性。

**2. 竞争调查项目时的重要参考资料**

在争取项目经费，或是与其他调查机构竞争某个调查项目，或是投标说服招标者时，计划书质量的高低可能直接影响到项目能否被批准或中标。

**3. 调查实施的蓝图**

调查计划书能够让调查人员对整个项目进行系统的思考，在实施调查工作时，不会偏离调查目标。通过撰写调查计划书，可以把整个调查项目的各项任务明确下来，有利于清晰地认识项目本身存在的一些问题，避免无意识地扩大调查内容和范围。

### 2.5.3 调查计划书的结构和内容

一般来说、调查计划书应该包括前置、主体和附录三个部分，如果是一个小型调查项目，可能只有主体部分，而没有前置和附录部分。

**1. 前置**

（1）封面　通常，调查计划书以调查合同的附件形式存在。它是一种规范的文本，封面要求显著标明调查计划书的标题，而且应当遵循委托方的规定采用相应的规范和版式。

封面的元素至少包括标题、计划书的提交日期和项目负责人。封面列出的人员或机构必须相应注明名称、地址、电话、电子邮箱、联系人。

一般来说，调查计划书的标题要将调查主题明确具体地表示出来，可采用主、副标题形式。可以用主标题来说明市场营销决策问题，副标题来说明具体调查问题。副标题一般设在主标题之后，前面加上破折号或冒号，例如《××产品上市调查计划书——××区城市的消费者购买倾向》。

"标题"也称题目，每个含有具体内容的对象（如报告、作文等）都有这一部分。标题有一定的格式，即对主标题和副标题的要求，不同体裁的作品对标题格式有不同的要求。例如，记叙文的标题通常由时间、地点、人物组成，如《桃花源记》；议论文的标题要求直接揭示论点或内容，如《典论·论文》和《论持久战》；公文的标题通常由发文单位、收文单位、事由、文种等几部分组成，如《中共中央关于全面深化改革若干重大问题的决定》。

调查计划书本质上是一种特定的应用文，标题通常融合了记叙文、议论文和公文的特色。例如《2023××新能源汽车女性用户市场调查计划书》，标题指明其文种是调查计划书，"新能源汽车市场"指明调查范围，"女性用户"指明调查者，"2023年"说明调查时间，"××"说明调查经费的支持单位，如果要补充说明调查项目的来源，则可以加上副标题。《2023××新能源汽车女性用户市场调查计划书——××学校的社会实践活动》。

（2）摘要　摘要以简洁的文字对调查计划书全文加以说明，至少包括三个方面：项目概述、问题的描述和问题的处理。

项目概述部分主要描述项目背景。它首先阐释市场调查主题的来源，明确营销决策问题，描述决策者需要采取什么样的营销活动，其次明确具体市场调查问题，描述市场调查人员需要获取哪些信息，最后界定调查目的，即指明在调查中要解决哪些问题，为何要调查，通过调查取得什么样的资料，取得这些资料有什么用途。

问题的描述指出拟调查对象、调查时间、调查范围、调查地点、调查重点和拟解决的问题。

问题的处理指出拟采用的调查方法，获取调查数据后拟采用的分析方法，并简要说明选用这些方法的原因。

（3）目录　目录是对调查计划书内容和结构的说明，它应当列出调查计划书各主要部分的标题和目次，目录的层次结构应当清晰、分明，包含并体现主要内容，列出各部分的标题及其对应的页码、通常，目录部分只需包含至二级标题。目录的详细程度取决于计划书的长度，目录中的第1页通常是指正文的第1页。

**2. 主体**

（1）前言　前言出现在计划书正文的开头，简明扼要地向委托方说明其余各部分的要点，概括整个调查计划。

前言的内容和摘要的内容有许多重复的地方，但是前言的内容更详细。摘要的阅读者一般是高层管理人员，他们仅需要对整个调查项目有一个概括性的了解。前言的阅读者一般是与调查项目相关的管理人员，他们希望通过阅读前言掌握整个项目的核心要素及其细节。

因此，前言除了要说明营销决策问题的定义、具体市场调查问题的内容、运用的调查方案、信息收集技术、调查数据分析方法等，至少应当详细说明下列内容：

1）子调查项目名称。子调查项目一般就是被调查者的各个标志的名称，它是调查单位将要被调查的主要内容，标志可分为品质标志和数量标志。品质标志说明事物质的特征，只能用文字表示，例如性别。数量标志说明事物量的特征，可以用数量表示，例如收入。确定子调查项目就是要明确向被调查者了解哪些问题，它应当是对本次调查拟解决的核心问题的直接界定与描述。例如，在消费者调查中，消费者的性别、民族、文化程度、年龄、收入等就是子调查项目。

2）委托方和受托方背景。简短地描述受托方和委托方各自的组织名称、组织结构、主营业务、发展历程和主要成就等。

3）调查目标。依次说明本次调查项目的调查目标、调查重点、调查范围。调查目标要突出待解决的营销决策问题，调查重点要突出待收集的信息，调查范围要突出在哪个营销环节收集信息。重点是描述清楚通过调查解决什么问题，研究哪些内容，用于哪个营销决策。

4）调查对象。调查对象是指接受调查、提供自身情况的组织或个人，它是调查人员今后要走访的对象和获取调查信息的来源。常见的调查对象是消费者、各类组织机构或者商家。如果本次调查活动涉及多个调查对象，在前言中要一一列出。

5）调查区域。调查区域是指调查对象的地理分布范围或隶属范围，应得到明确定义。调查活动所覆盖的可以是地理范围，或者是行政区域范围，或者是由营销决策问题划定的市场范围，地理范围如长三角、珠三角，行政区域范围如广东省、湖南省，市场范围如男鞋市场。

6）信息时段。信息时段是指调查收集信息的时间范围，任何市场因素和调查对象的活动都是随着时间的推移而不断变化的，信息时段不同，调查得到的数据也不同，因此必须明确本次调查活动将要收集的信息的时间跨度。此外，任何调查活动所产生的数据必须注明其包含的时间段，时间段分为时点和时期，例如，2024年1月1日是时点，2024年1月1日到1月11日是时期。

（2）背景　背景部分刻画了委托方产生调查需求的环境，要突出营销现象为什么会引起委托方的关注，必须包括委托方背景。背景的内容通常是二手资料分析的结果。

1）人口环境。人口环境对市场规模和市场结构具有重要影响。需要了解清楚其调查范围内的总人口、人口地理分布、家庭数量及构成、民族构成、年龄构成、性别构成等。

2）经济环境。经济环境的介绍可以从生产和消费两个方面进行，生产方面主要包括

能源和资源状况、交通运输条件、经济增长速度及趋势、产业结构、国民生产总值、通货膨胀率、失业率,消费方面主要包括国民收入、消费水平、消费结构、价格水平和物价指数。

3)政治环境。政治环境主要是交代清楚对市场有重大影响和制约的国内外政治形势以及相关的方针政策。对于国际市场,情况比较复杂,一般需要展开专项调查,对一次具体的调查活动,要关注影响营销问题的各种政策、法律、经济法规和条例,比如:关税、经济合同法、商标法、税收管理制度、产品技术质量检验标准等。

4)社会环境。社会环境在很大程度上决定着人们的价值观和购买行为,它影响着消费者购买产品的动机、种类、时间、方式以及地点。内容包括语言文字、宗教信仰、价值观、审美观、风俗习惯、受教育程度等。

5)市场微观环境背景。市场微观环境背景主要包括消费者背景和竞争者背景,某些情况下还涉及经销商背景。消费者背景主要包括消费者需求和目标消费者的现状。竞争者背景包括行业竞争状况、主要竞争对手和行业先进企业的状况。经销商背景指经销商所在区域、经销商规模、库存规模和销售情况等。

6)委托方背景。委托方背景主要指委托方的市场营销活动的历史和现状。如果委托方是一个企业,就需要介绍这个企业的成立时间、主营业务范畴、企业在行业内的地位、企业的战略目标等。通常,市场调查项目是由委托方面临的营销决策问题推动的,因此委托方背景最好重点描述导致委托方现状发生的营销现象。

(3)调查问题的界定 调查问题的界定用于描述市场调查主题的营销决策问题和具体市场调查问题,这一部分要突出调查目的。如果此次市场调查有一个明确的主题,那么应当陈述清楚营销决问题和具体市场调查问题之间的关系,如果此次市场调查是一项探索性调查,用于确定市场调查主题,那么应当明确说明调查项目的目的。

1)确定调查目的。调查目的应明确调查所要解决的问题,为什么要调查?调查能取得什么样的资料?调查资料有什么用途?调查结果能产生什么实际效益或者理论上的价值?

2)确定调查内容。调查内容由调查目的决定,常见的调查内容包括目标市场的容量、竞争态势、产品格局,目标顾客的需求、态度和认知,营销组合中产品、价格、渠道、促销的优劣势,企业自身和竞争对手的市场份额、未来发展趋势,以及企业内部的技术、生产、管理、销售、人力资源等内容。

3)确定子调查项目。子调查项目是调查内容的具体化,它明确了向被调查者提出的问题,是量表设计、问卷设计和抽样设计的前期工作。子调查项目的确定既要满足调查目的的要求,又要能够获取调查数据。通常,无法获取数据的调查项目应当舍去。应尽可能做到子调查项目之间相互关联,可获取的资料相互对照,以便了解营销现象发生变化的原因、条件和后果,检查量表测量和问卷答案的准确性。子调查项目的含义要明确,必要时可以附上子调查项目的相关解释。

4)确定调查时间。调查时间是指调查资料所属的时间,它是调查总体所处的时间范围。如果所要调查的是时期现象,就要明确规定资料所反映的是调查对象从何时起到何时止的资料,如果所要调查的是时点现象,就要明确规定统一的标准调查时点。

5)确定调查期限。调查期限规定了调查工作的开始时间和结束时间,包括从调查方案设计到提交调查报告的整个工作时间。

6) 确定调查地点。调查地点是调查总体所处的空间范围。调查地点与调查单位可能一致,也可能不一致。不一致时,必须清楚规定调查地点。

(4) 调查问题的研究方法　调查问题的研究方法用于在回顾学术和行业文献的基础上描述市场调查主题的研究思路,主要涉及营销现象、构念、假设、模型以及测量背后的理论,这一部分的简略形式是对这些理论进行文献回顾。

(5) 调查设计　调查设计确定了本次市场调查项目采用的是探索性调查、描述性调查还是因果性调查,或者是综合运用这三种调查方案。内容包括:

1) 需要获取的信息类型。信息类型依据来源不同,可分为本次调查产生的一手信息和非本次调查获取的已经存在的二手信息。依据时间顺序,可分为由探索性调查主要来收集的历史信息、描述性调查主要来收集的当前信息和因果性调查主要来收集的未来信息。

2) 量表技术及调查方法。量表是一种测量营销变量的调查技术,主要用于获取不易于直接观测到的信息,例如消费者对降价促销产品的购买倾向。调查设计部分要说明是否运用了量表技术,如果运用量表技术,用于测量哪些变量,使用什么调查方法。

3) 问卷技术及调查方法。问卷是一种通过提问方式获取信息的调查技术,主要用于获取调查工作者感兴趣的一些信息。如果运用问卷技术,要说明问卷计划问些什么问题,采用什么调查方法。

4) 抽样技术和样本规模。抽样是一种从所有调查对象中获取一部分个体的调查技术,这部分个体称作样本。抽样的实质是用样本信息代表总体信息,其中样本规模对样本信息的代表性具有关键作用,如果运用抽样技术,要说明如何进行抽样,调查多少个样本。

(6) 资料收集　调查计划书应当说清楚由谁来收集资料、如何收集资料及如何保证资料的质量。

1) 资料收集人员。需要详细说明给每位工作人员分配的具体任务,由谁负责在哪个地点、哪段时间、向哪些调查对象收集资料,由谁来审核收集的资料,由谁来监督资料收集工作。

2) 资料收集途径。需要一一说明收集到资料的形式和类型,例如影像、音频、电话录音、电子邮件等,使用什么设备和器材收集、由谁负责保管,由谁来使用。

3) 资料质量保证措施。需要说清楚资料的归档方法和专门负责人员,由谁来整理资料,由谁来保管资料,由谁来检查资料内容的完整性和准确性。

(7) 资料分析

1) 定性分析。定性分析是对事物的质的规定性进行分析研究的方法,即根据科学的观点、逻辑判断和推理,从非量化的资料中得出对事物的本质、发展变化规律的认识。定性分析可以确定事物的质的界限,是区分事物和认识事物的基础,但不能从量的关系上精确把握事物的整体,如果使用定性分析,对营销现象、性质的判断等需要给出依据。

2) 定量分析。定量分析是从事物的数量特征入手,运用一定的统计或数学分析方法进行数量分析,从而挖掘事物本身的特性及规律。定量分析中最常用的方法是统计方法。根据研究目的的不同,可以把统计分析分为描述性统计和推断性统计;根据设计量的多少,可以把统计分析分为单变量统计分析和双变量统计分析。如果使用定量分析,具体的分析技术和如何解释结果应当有所说明。

（8）报告　在调查计划书中应当说明是否提交中期报告，如果提交，在什么阶段提交，最终调查报告提交的形式是什么，是否要求正式汇报调查结果。

（9）成本

1）费用。调查费用因调查种类的不同而异，应遵循节约的原则，在有限的预算条件下尽可能地实现目标，或者在某一目标下实现预算的最小消耗。不要忽视市场调查人力和物力的组织和配备。应根据工作量的大小和对调查人员的要求，确定人员的规模及人选，确定人选后进行分工和配备，形成组织体系。物力的准备视具体项目不同而不同，比如问卷的印制、礼品等。

2）时间。时间是调查项目的另一重要成本，必须在保证满足项目完工日程要求的前提下，充分考虑各项工作的逻辑顺序，各项工作的难易程度、使用调查力量的可能性。

（10）调查进度　调查进度表对调查过程每一阶段需要完成的任务作出规定，避免重复劳动和拖延时间，确定调查进度，一方面可以指导和把握计划完成的进度，另一方面可以控制调查成本。

市场调查的进度一般可分为如下几个阶段：

1）策划、确立调查目标。

2）搜寻文字资料。

3）进行实地调查。

4）资料汇总、整理、统计、核对及分析。

5）市场调查报告初稿。

6）修订、定稿。

7）提交。

**3. 附录**

用于对不宜出现在调查计划书正文中的一些内容进行介绍，例如，复杂的调查技术的说明、研究所涉及的参考文献等。

## 本章小结

市场调查问题的确定是市场调查方案设计中的一项关键性工作。调查问题的确定应该建立在运用适当调查方法的基础上，对所想要调查的问题范畴进行详细的背景分析，从而确定相应的市场调查问题和市场调查的具体项目。一份完整的调查方案是指导调查研究活动的大纲，是调查计划和流程的概况及说明。

## 课后习题及技能训练

一、重点名词

市场调查主题　信息缺口　营销现象　构念　假设　目标总体　调查总体

二、思考题

1. 明确市场调查主题的方法是什么？

2. 什么是营销决策问题?什么是具体市场调查问题?两者之间的关系是什么?
3. 什么是构念?什么是假设?构念和假设的关系是什么?
4. 什么是目标总体?什么是调查总体?目标总体和调查总体的关系是什么?

**在线自测**

# 第3章 抽样技术

【学习目标】

1. 素质目标：引导学生用求真务实的态度解决问题，提升社会责任感和使命感，培养学生乐于奉献、实事求是、不出假数、严守秘密、公正透明、服务社会的职业道德规范，践行社会主义核心价值观。

2. 知识目标：了解抽样调查的概念、特点及抽样方案设计的步骤，掌握概率抽样与非概率抽样常用的技术方法，明确影响抽样误差的因素及样本量的确定方法。

3. 能力目标：培养学生根据调研目的选择合适的市场调查组织。

【引导案例】

天津市汽车和新能源汽车市场需求情况调查方案

1. 调查目的

根据《天津市产业链高质量发展三年行动方案（2021—2023年）》中关于汽车和新能源汽车产业链的发展规划，围绕天津市汽车和新能源汽车的发展方向和市场需求，了解未来天津市汽车和新能源汽车产业的市场规模、限制因素、消费者偏好等，为天津市汽车和新能源汽车行业安排研发和投产提供合理化建议。

2. 调查内容

天津市常住居民的购车需求、偏好、影响因素等。

3. 调查对象及范围

调查对象为天津市辖区内18~60岁常住居民，计划调查有效样本1100个。

4. 调查方法

抽样调查，以网络调查为主，对于配额不满足的区采取电话调查辅助的方式。

5. 数据发布

调查数据供本部门（天津市统计局）使用，如需要公开，按具体要求执行。

第3章 抽样技术

**天津市汽车和新能源汽车市场需求情况调查**

为了解天津市常住居民的购车需求、偏好、影响因素，为天津市汽车和新能源汽车行业安排研发和投产提供合理化建议，天津市统计局社情民意调查中心开展了天津市汽车和新能源汽车市场需求情况调查。

请问您准备购买的目标车型是：
① 两厢轿车。
② 三厢轿车。
③ SUV。
④ MPV（商务车）。
⑤ 面包车。
⑥ 其他车型。

## 3.1 抽样技术的概述及基本概念

随着数理统计理论的发展和现代计算机技术的普及，抽样调查是现代市场调查中普遍采用的科学调查方式。

根据样本抽取方法的不同，抽样调查可分为概率抽样和非概率抽样两类。概率抽样调查是指完全按照随机原则抽取样本的调查，即在抽样框中抽取抽样单元时，抽样单元的抽出不受市场调查人员主观因素和其他系统性因素的影响，使得抽样框中的每个抽样单元被抽中的机会都相等，某个抽样单元抽取与否纯粹是一个偶然事件。随机原则是随机抽样必须遵循的基本原则。等概率原则，一方面可使抽出来的调查单位的分布有较大可能性接近总体分布状况（如年龄、文化程度、职业等）；另一方面有助于调查者准确地计算抽样误差，从而提高调查结果的可靠性。

非概率抽样不遵守随机原则，它是从方便、快捷的原则出发或者根据调查者主观意愿、判断来有目的地选择调查对象的。非概率抽样无法估计抽样误差，使得样本值推论总体情况时缺乏数学依据。但是非概率抽样简单易行，尤其适用于作定性式的探索性研究。

### 3.1.1 总体

总体是全及总体的简称，是指研究者根据一定研究目的而规定的所要调查对象的全体。总体可能是无限的，但是在每次抽样调查时是有限的。例如，当说到"大学生"时，大学生包括过去、现在和将来在高等学校学习的学生，可能是无限的，但是每次研究的目的和方位则要对总体加以限定。"天津市大学生目前消费趋势"就限定了"天津市大学生"和"目前"，这个总体是有限的。如果调查者的具体研究目标是"天津大学的学生关于方便面需求的状况"，就把总体限定在"天津大学学生"的方位内了。这种限定，实际上就为以后调查结果的应用范围做出了明确的限定。因而，总体是抽样调查的母体，是研究者限定的最大研究范围。

### 3.1.2 抽样框

**1. 抽样框的定义**

抽样框是一份列表清单,是供抽样所用的所有调查对象的名单。常用的抽样框有企业名录、电话簿、人员名册和地图等。

将调查对象编号和排序,得到一张涵盖所有调查对象的清单的工作叫作建立抽样框。这份清单包括代表每个调查对象的独特编码,由于进行了排序,因此能够唯一地识别出每个调查对象。常见的编码有学生的学生证号码、店铺的门牌号码、居民的身份证号码。

**2. 抽样框的形式**

抽样框有三种具体形式:

(1) **名单抽样框** 名单抽样框以名单一览表的形式列出所有的调查单位。例如某城市超市零售业态现状调查,该城市全部超市的地址就是一个名单抽样框。当然,该城市全部超市的电话号码也是一个名单抽样框。

(2) **区域抽样框** 区域抽样框是按自然地理区域排列出所有的调查单位。通常的做法是将全部调查对象所在的地理区域范围确定下来,然后将其划分为若干个小区域。例如某城市超市零售业态现状调查,该城市的街道一级行政区域就是一个区域抽样框。当然,该城市的县区一级行政区域也可以构成一个区域抽样框。

(3) **时间表抽样框** 时间表抽样框是按时间先后顺序排列所有调查单位。市场调查人员可以将全部调查对象按时间排序,把调查对象的时间过程分为若干个小的时间单位来得到一个时间表抽样框。例如某城市超市零售业态现状调查,为了解某超市的客流,可以将该超市的营业时间8:00到22:00平均分成14个时间段,这就是一个时间表抽样框。

**3. 抽样框的特点**

对于抽样调查来说,样本代表性如何,首先取决于抽样框的质量,抽样框应符合以下3个特点:

(1) **完整性** 这是指总体中的每一分子都有被选中的机会。许多抽样框没有包括完整的总体,遗漏一部分甚至几部分的情况时有发生,必须引起足够重视。例如,以电话号码簿之类的登记性清单为抽样框会存在抽样框不完整的情况。

(2) **统一性** 这是指总体中每一个分子都有相等的被选中的机会。许多抽样框中每一个分子可能有不同的被选中的机会。例如:当在某大医院以一年中的取药单为抽样框时,就会使得多次看病拿药的患者具有较高的被抽中的概率。当然,在这类抽样调查中,可以不要求每一个调查单位具有完全相等的被抽中概率。但是,研究者必须知道每个已被抽中的调查单位所具有的被抽中概率。这可以通过仔细检查被抽中人的名单等方式做到。如果做不到这一点,即不能得到被选中的人的概率是多少,那就不能精确地计算样本值与总体值之间的关系,也就失去了概率抽样的意义。

(3) **有效性** 这是指抽样框不包括调查者不想调查的部分,也就是说抽样框不会大于或者超过总体界定的范围。当然一般来说,这种情况可以在调查时对那些非调查目标对象给予排除。例如,为了获取老年人的情况,可以排除那些不符合年龄要求的用户。

总之,抽样调查的一切结论都是以抽样框为基础的,调查实施者必须首先认真检查抽样框的性质,并在报告结束时告诉读者在该抽样框中哪些人具有何种被抽中的概率,哪些人被排除或者遗漏了,以及哪些人被抽中的概率是不清楚的,这才是鉴定样本代表性的科学方法。

### 3.1.3 样本

样本是从抽样框中抽出来的调查对象所形成的集合,它被用来代表目标总体。构成样本的个体称作样本单位,通常用小写的 $n$ 表示样本数量,称为样本量。在所有抽样设计中,最常出现的一个重要问题就是抽选多少个调查对象,即样本容量问题,它关系到相互制约的关键问题。通常,当样本由 30(也有的说 100)或 30 以上被调查分子组成时称为大样本,小于 30 个时称为小样本。

样本的信息可以作为调查总体信息的替代,通过对样本数据的分析能够揭示调查总体的特征,因此实质上是借由样本来推测调查总体。所以,对调查样本有两个方面的基本要求:一是要有足够的数量,二是要具有代表性。

例如某大学调查该校在籍学生的消费水平,调查对象是在籍学生,调查内容是在籍学生的消费水平。该校在籍学生构成目标总体,在籍学生的学号通过编号、排序构成抽样框,从抽样框中抽出 100 名学生就构成了本次调查项目的样本。这 100 名学生的消费水平可以用来代表该大学全体学生的消费水平。

### 3.1.4 抽样单元

将抽样框划分为若干个不重叠的部分,每个部分就是一个抽样单元。如对某个省的饮料市场进行抽样,依据该省的行政区划建立区域抽样框,可以以地市级作为一级抽样单元,再进一步以县市级作为二级抽样单元,甚至可以依此类推直至每个家庭或个人。

抽样单元是从样本框抽取出样本这一过程中的单位形式。但是,抽样单元不必然等同于样本单位,从抽样单元中抽出的构成样本的那些个体才是样本单位。例如调查某市连锁店的分布情况,按商业街道来抽样,抽样单元就是商业街道,但样本单位是商业上的单个连锁店。

## 3.2 市场调查方式

### 3.2.1 全面市场调查

**1. 全面市场调查的含义**

全面市场调查是针对调查总体的每个单元进行的调查,又称为市场普查。它是为了收集全面、精确的调查资料,对全体调查对象进行的逐一的、无遗漏的专门调查。通常,只要是对调查对象全部单位逐个进行调查的,就可以称为全面市场调查。

**2. 全面市场调查的方法**

对企事业单位的全面市场调查是向调查总体包含的所有个体分发调查表或调查问卷,由对方根据自身的现有资料,按规定时间填报。

对居民家庭和个人的全面市场调查,由调查人员按调查项目的要求,对调查对象直接进

行访问、观察和登记。

**3. 全面市场调查的特点**

（1）调查资料的准确性和标准化程度较高　由于是直接调查每个调查对象，因此可以有针对性地依据待收集的信息设计调查问卷或量表，由访问员准确记录每个调查对象的信息。

（2）适合了解市场的基本情况和调查总体的全面特征　全面市场调查意味着对组成市场的每一个个体都进行调查，所收集的信息汇总后等价于全面的市场信息，对其加以分析，就能准确地把握市场的特征。

（3）工作量大、耗时长、费用高，属于一次性调查　直接与每个调查对象接触展开全面市场调查，势必需要调用大量的访问员开展长时间的调查工作，时间成本和财务成本都比较高，因此不太可能经常组织实施。通常情况下，在一定的时间周期内只做一次全面市场调查，用于摸清市场基本情况。

### 3.2.2　抽样调查

**1. 抽样调查的含义**

抽样调查是针对从总体中抽取的样本进行的市场调查。由于抽样调查是针对一部分个体进行的调查，因此又称为非全面市场调查。

抽样调查的核心是如何从总体中抽取样本，总体是所有个体组成的整体，样本是整体中的一部分个体。

一个认识误区是认为全面市场调查的数据质量优于抽样调查。其实不然，一是任何调查都会存在误差，例如被调查者错误地回答问题、调查者错误地提出问题；二是全面市场调查涉及的调查人员很多，在培训调查员及调查手段上存在一定的局限性。抽样调查有条件选择高质量的调查员进行技术培训，采用先进的调查手段，督导人员可以对现场调查进行监控，这些因素大大提高了抽样调查的原始数据的质量。

**2. 抽样调查的特点**

（1）不需要逐一调查总体的所有个体，所以经济性好　一般情况下没有必要实施全面市场调查，因为全面市场调查费用高、周期长、时效慢。现实情况中，调查费用是有预算约束的，全面市场调查难以满足经济性原则，对调查对象进行全面的、逐一的调查在现实中根本行不通。

（2）通过调查样本得出结论，所以时效性强　许多调查项目要求在一定时间段内完成，而全面市场调查针对所有个体展开，规模大、耗时长，难以满足时效性原则，不太可能及时向市场调查需求方提供调查结果。

（3）不论什么性质的市场调查项目都可以运用，所以适应面广　大多数调查项目有其自身的具体情况和具体问题，特别是某些调查项目根本不可能接触到每一个调查对象，而抽样调查仅调查部分对象，在现实中具备可行性。

### 3.2.3　典型市场调查

典型市场调查是指选择具有典型意义的个体进行的专门调查。"典型"是指该个体具有代表性，总体中的其余个体在一定程度上可以被视作该个体的复制。典型市场调查是在对全体调查对象作全面分析比较的基础上，调查人员有意识地选择少数具有代表性的样本作为典型，对其进行比较系统、深入的调查。

典型市场调查有两种类型：一种是对调查总体中有典型意义的少数样本进行调查；另一种是按一定标准将调查总体划分成若干类型，再从各类别中选取部分具有典型意义的样本进行调查。

典型市场调查的优点是便于将调查和研究相结合，调查范围小，调查样本少，能够节约成本。正确选择典型单位是保证典型市场调查科学性的关键。典型单位是指对总体具有代表性的单位。但在选择典型单位时是根据调查者的主观判断，用部分调查样本的调查结果来判断调查总体的特征，缺乏有力的科学依据，难以对总体进行定量研究。在调查对象的各个样本差异较小，所选典型市场调查样本具有较大代表性的前提下，用典型市场调查获得的资料来推断调查对象（总体）的情况，能获得较满意的结果。

### 3.2.4 重点市场调查

重点市场调查是指在调查总体中，针对选取的一部分重点样本进行调查。重点样本是指在调查对象（总体）中占绝大比重的那些样本。重点样本在数量上不具有代表性，但在结构上具有重要意义。重点市场调查的目的是对调查对象的基本情况做出估计，一般情况下不能用重点市场调查的综合指标来推断调查对象（总体），但在需求预测和销售预测的调查中，可以利用重点市场调查所得的资料对总体调查进行粗略的估计。

重点市场调查适用于只要求掌握调查总体的基本情况，调查标志比较单一，在数量上集中于少数样本的调查任务。例如，要调查某区域农副产品集市贸易价格的变动情况，只需要了解该区域几个主要批发市场的价格趋势即可。

## 3.3 概率抽样

概率抽样调查是按照等概率原则抽取样本，即在总体中抽取单位时，完全排除了人的主观因素的影响，使每一个单位都有同等被抽中的可能性。遵守随机原则，一方面，可以使抽选出来的部分单位的分布情况最大限度地接近总体的分布情况，从而使根据样本所作出的结论对总体具有充分的代表性；另一方面，遵守随机原则，有助于调查人员准确计算抽样误差，并有效地加以控制，从而提高调查的精度。

根据调查对象的性质和研究目的的不同，概率抽样技术又有四种：单纯概率抽样、等距离抽样、分层抽样和整群抽样。

### 3.3.1 单纯概率抽样

单纯概率抽样也称为简单概率抽样、纯概率抽样，是所有抽样方法的基础。其原理是对总体进行任何分组、排列，完全客观地凭借偶然的机会从中抽取调查单位加以调查，这样，每一个单位都以相同的概率进入样本。例如，对现阶段某高校在校大学生的名牌消费状况调查，可以将该校的所有在校大学生，通过随机抽取学号的方法进行选择，对于这个学校的所有同学而言，他们进入样本的概率是相同的。

单纯概率抽样是基本的抽样方法，适用范围最广，也是理论上最符合随机原则的抽样方法。抽样时，总体中的每一个个体都相对独立，具有同等被抽中的概率。最常采用的是抽签法和随机号码表法。

**1. 抽签法**

抽签法是给总体中的每一个个体编上序号，然后从这些序号中随机抽取，被抽中的号码所代表的样本就是随机样本。当总体较小时，一般用抽签法；当总体较大且方便获得一个有序号的清单时，可采用随机号码表法。当总体数量较少，并且有现成的可用于抽取的材料时，可选用抽签法。如上述对某校的学生进行抽样调查，由于每个学生均有学号，因此，可以由计算机产生10个或者20个不重复的随机数进入样本。此外，每个学生都有学籍卡，也可以将学籍卡的顺序打乱，随意从中抽出若干张作为调查样本等。但是，如果调查所涉及的总体数量很大，例如，对全国100万户家庭进行某项调查，则不能直接采用抽签法。一般要先划分出不同的阶段，减少所涉及的单位数，然后才有可能在某阶段中采用抽签法。例如，首先在全国的每一个省、市、自治区和直辖市中确定有代表性的城市，在选定城市的每一个市区中，随意抽取若干个街道办事处。在这项调查的某个或者某些阶段中，在总体数量较少的情况下，可采用抽签法。

**2. 随机号码表法**

随机号码表又称为乱数表、随机数表，由专门的摇码器或计算机生成，这个表内任何号码都有同等被抽中的概率。通常要求生成的随机数数量比样本规模多。

使用随机数表要事先确定按照行还是列使用，然后再确定从第几行或者第几列开始使用。从上面排列看，两个号码为一组，平行相邻的两个大小为一大组，但是使用时不受任何限制，可组成两位数或者4位数的号码，也可组成3位数或者5位数的号码。

例如，某居民区有620户居民，拟抽取15户调查其家庭收入情况。首先需要将居民根据其门牌号码重新编号为1~620，然后确定从随机数表的第二排第三列的数组开始自上而下、自左而右取样，则按顺序取得的15个样本号为：421、281、266、435、574、520、926、498、789、921、578、643、567、642、345，由于926、789、921、642、643等都超过了620，所以，必须舍弃；再按顺序抽取090、715、149、754、284，而715、754又大于620，故舍弃；再依次抽取206、043，这样，15个样本才最后产生。为了节省时间，也可以用下列方法进行调整。假如需要抽选的最大数字为620，则：

1）当抽选的数字小于或者等于620时，予以保留。

2）当抽选的数字大于620，但是小于或者等于1240时，则用该数减去620，用其差作为抽选的有效数字。如上述926可调整为306，789可调整为169等。

3）当抽选的数字大于1240时，必须予以舍弃。

单纯概率抽样的优点：单纯概率抽样法一般不直接使用，而是与其他抽样方法结合适用。一般用于调研对象不明，无法分组，单位差异小的情况下。

### 3.3.2 等距离抽样

等距离抽样也称为系统抽样或者机械抽样，它首先将总体中每一个个体按照一定的顺序排列，再根据样本量的要求确定抽样间隔，然后随机确定起点，每隔一定的距离抽取一个单元,这些单元就是抽取的样本。

在将总体各单位按照某一标志排队时有两种方法:一是按照与所调查的项目无关的标志排队。例如,抽样调查的目的是了解职工家庭的收支结构情况,而对总体各单位——每户家庭按照门牌号或者户主姓氏笔画来进行排序,然后每隔若干个号码或者笔画抽选一户进行调查;另一种是按照与所调查的项目有关的标志排队。例如,对职工家庭收支结构的调查,可以按照家庭总收入的多少由高到低排队,再进行抽选。在排队的基础上,还要计算抽选距离(间隔),可以由总体单位数除以样本单位数得到,即:

$$抽选距离 = \frac{N}{n}$$

确定抽选距离后,可以采用单纯概率抽样的方式,从第一段距离中抽取第一个样本单位,然后按照相等的间距抽选下去,直到抽够预先规定的样本单位数为止。例如,从600名大学生中抽选50名大学生进行调查,可以利用学校现有的学籍卡按照顺序标号排队,从第1号编到第600号,计算抽选距离为12人(600/50)。如从第一个12人中用单纯概率抽样法抽取的第一个样本单位是8号,则以12为间隔,抽取的第二个样本单位应该是20号,依此类推的样本单位是32号、4号、56号等。

等距离抽样由于是在各单位大小顺序排队的基础上,再按照某种规划依一定间隔取样,保证了所取得的样本单位比较均匀地分布在总体的各部分,所以有较好的代表性。尤其是当被研究对象的标志变异程度较大,而在实际工作中,又不可能抽选更多的样本单位时,这种方式较为有效。因此,等距离抽样成为市场调查应用广泛的一种抽样方式,但是,也存在一些局限性。首先,运用等距离抽样的前提是要有全及总体每个单位的有关资料,特别是按照无关标志排队时,就需要有更详细的资料,这是一项很复杂和细致的工作;其次,无论按照什么标志排队,都应该注意因抽样间隔与事物本身的周期性相重合而引起的系统误差问题。如对商业企业销售量及其变化规律的调查,如果抽选间距是7天,第一段距离中抽取的是星期六,则其他抽取的所有样本单位也都是星期六,而星期六具有较大的销售量,其最终的调查结果就必然缺乏代表性,产生较大的系统性偏差。

### 3.3.3 分层抽样

**1. 分层抽样概述**

分层抽样也称为类型抽样法或者分类抽样法,是指将调查的市场母体划分成若干个具有不同特征的次母体,这些次母体一般叫作层(或者叫作组),再从各层的单位中随机抽取样本(可以是单纯概率抽样)。

例如,调查某地区百货商店的商品资金周转情况,先按照其经营规模分为大型百货商店、中型百货商店和小型百货商店三种类型(次母体),然后再从三种类型中分别随机抽取样本。按照此程序抽取样本的方法,便是分层概率抽样法。分层概率抽样的具体方法有:分层比例抽样法、分层最佳抽样法、最低成本抽样法和多次分层抽样法等。

分层抽样是为了弥补单纯概率抽样的不足而发展起来的一种概率抽样。它的优点在于可以把差异程度比较大的整体单位,按照性质、属性、特征等比较近似的原则划分为若干层次(类型),使得层次内的各个单位差异程度小于层次之间的差异程度。然后在各个层次内分别进行样本的抽取。这样抽取的样本的分布和母体更加接近,可以保证抽样工作的质量。在

实践中甚至采用多次分层抽样法。多次分层抽样法是指对调查母体进行分层以后,再进行一次或者多次分层,最后仍然用单纯概率抽样法抽出样本。

**2. 等比例分层抽样法**

等比例分层抽样法是指样本数量按照各层中的单位数量占总体单位数量的比例分配。各层之间的差异大致接近。

每层抽取的样本数的计算公式是:

$$n_i = n \frac{N_i}{N} \tag{3-1}$$

式中　$N$——总体单位数;

　　　$N_i$——第 $i$ 层的单位数;

　　　$n$——样本总数;

　　　$n_i$——第 $i$ 层的样本数目。

**3. 不等比例分层抽样法**

不等比例分层抽样法是指根据各层的标准差的大小来调整各层样本的数目。各层抽取的样本数的计算公式是:

$$n_i = n \frac{N_i S_i}{\sum N_i S_i} \tag{3-2}$$

式中　$N_i$——第 $i$ 层的单位数;

　　　$n$——样本总数;

　　　$n_i$——第 $i$ 层的样本数目;

　　　$S_i$——第 $i$ 层的标准差。

例题:某公司要调研某地家用电器商品的潜在用户,这种商品的消费与居民收入水平有关,因此以家庭收入为分层基础,具体分层情况见表3-1和表3-2。

总体单位数:20000 户,样本总数:200 户。

表3-1　不等比例分层抽样法

| 层(收入) | 各层单位数 $N_i$ | 标准差 $S_i$ | 乘积 $N_i S_i$ | 样本数 |
|---|---|---|---|---|
| 高 | 2000 | 300 | 600000 | 50 |
| 中 | 6000 | 200 | 1200000 | 100 |
| 低 | 12000 | 50 | 600000 | 50 |
| $\sum N_i S_i$ | — | — | 2400000 | 200 |

表3-2　等比例分层抽样法和不等比例分层抽样法的比较

| 层(收入) | 不等比例分层抽样法 | 等比例分层抽样法 |
|---|---|---|
| 高 | 50 | 20 |
| 中 | 100 | 60 |
| 低 | 50 | 120 |

1）等比例分层抽样法和不等比例分层抽样法的比较。据表 3-1 和表 3-2 可知，等比例分层抽样法与不等比例分层抽样法相比较，高收入的家庭样本增加了 30 户，中收入的家庭样本增加了 40 户。由于家用电器商品消费与家庭收入水平是正相关关系，收入水平高的家庭，相对于收入水平低的家庭，对于家用电器的购买影响更大。因此，增加高、中等收入层的样本数，相应减少低收入层的样本数，有利于提高抽样调查的准确性。

2）不等比例分层抽样法是一种可以通过调整各层样本标准差的大小进而调整各层样本数目的抽样方法。该方法既考虑了各层在总体中比重的大小，又考虑了各层标准差的差异程度。

3）如果存在调查对象的各层差异过于悬殊，或某些层的重要性大于其他层等情况，采用不等比例抽样有利于降低各层的差异，提高调查结果的可信程度。因此，不等比例分层抽样法被称为是"最佳抽样方法"。

### 3.3.4 整群抽样

整群抽样就是先将调查总体分为若干群，然后从这些群当中随机抽取一些群。抽样直接针对群进行，被抽中的群中的所有单位构成样本。应用整群抽样时，要求各群有较好的代表性，即群内的差异要大，群间差异要小。

分层抽样要求各层之间的差异很大，层内个体或单元的差异小，而整群抽样要求群与群之间的差异比较小，群内个体或单元的差异大；分层抽样的样本由从每个层抽取的若干单元或个体构成，而整群抽样要么是整群抽取，要么是整群不被抽取。

例如，当对某城市住户消费状况进行抽样调查时，就可在该城市中先选出街道，然后再从选中的街道中再选出居委会，最后在选中的居委会中再确定调查的住户。

整群抽样在大规模的市场调查中应用很广泛，特别是在不可能直接得到拟调查的样本单位的抽样框时，或者说抽样框是分阶段才能最终组建起来时，整群抽样优点最明显，它可以使研究者得到一个随机的调查样本。

整群抽样过程可以分为以下几个步骤：
1）确定分群的标准，如年级、区域等。
2）将总体分成若干互不重叠的部分，每个部分为一个群。
3）根据样本量确定该抽出的群的数量。
4）采用概率抽样或系统抽样的方法，从各群中抽取一定数量的群。

## 3.4 非概率抽样

非概率抽样也称非随机抽样，是指抽样时不遵循一定的规律，按照调查人员主观的判断或标准抽选样本，其特点是省时、省力、省钱，抽样过程较为简单。不足之处是，调查对象被抽中的概率未知，样本的代表性差，抽样误差大，调查结果的科学性和准确性不高。

**1. 偶遇抽样**

偶遇抽样也称为任意抽样或便利抽样，是指调查人员通过最方便的途径选择样本。常见

的街头随访、拦截式访问、邮寄式调查、杂志内附问卷调查等都属于偶遇抽样。例如调查外地居民对本市的感受，机场、火车站都是可供进行便利抽样的地点。

偶遇抽样的优点是花费小，抽样个体容易接近并访问，抽样方式可行性大，相对方便。这种抽样方式最适合时间紧、缺乏专业调查经验的项目，通过调查获得的数据通常是真实数据的近似值。对于一些只需要了解调查对象的主观看法、一般看法的调查来说，它是一种比较有效的方法。

偶遇抽样的缺点是抽样误差大，缺乏代表性，其研究结果通常不能充分代表调查总体。

### 2. 判断抽样

判断抽样是指市场调查人员根据自己的经验从研究对象中选取最适合达到研究目的的样本，或者由专家确定样本。

判断抽样基于调查人员或专家的经验，受主观因素的影响较大，通常适用于调查人员根据实际的调查需要来确定样本的情况。样本的质量取决于挑选人员的经验、专业知识和对调查主题的了解程度。

判断抽样中最重要的是选定样本单位。实践中常用的方法有两种：一是选择平均型样本，二是选择特殊型样本。平均型样本是指在调查总体中反映总体平均水平的样本。例如，我们认为"大学生书籍拥有量"调查中大二和大三学生的书籍拥有量大致是大学生整体平均水平，因此选定大二和大三学生作为样本。特殊型样本是指在调查总体中反映总体差异水平的样本。例如，我们在"大学生书籍拥有量"调查中判断大一和大四学生在书籍拥有量上有很大差异，因此选定大一和大四学生作为样本。

### 3. 配额抽样

配额抽样也称定额抽样，它依据调查总体的一定特征对总体分层或分类后，从各层或各类中主观选取一定比例的样本。

配额抽样与分层抽样事先都需要对调查总体按某种标准进行分层。在配额抽样中，样本的抽取不是依据随机原则进行的，调查人员可以根据主观判断或者方便原则抽取样本。在分层抽样中，样本的抽取是按随机原则在层中进行的。

配额抽样的优点是保证了在特征方面样本组成与总体组成的一致性。由于这一优点，所以配额抽样的可靠性和准确性属于非概率抽样中最好的，因此被广泛应用，小规模的调查大都采用这一抽样方法。

配额抽样法认为，特征相同的调查对象，如同一类别的消费者，即相同的年龄、性别、收入，其要求、反应大致相同，误差不大，因此不必按照概率抽样的方法获取样本。

【延伸阅读3-1】

## 抽样方法的选择

如果不知道自己的客户是哪些人，就不能采用概率抽样，因为不可能从总体中进行抽样形成样本。这种情况下通常采用配额抽样法。

如果知道自己的客户是哪些人，就可以且应该进行概率抽样，样本越小，风险越大。总体样本至少应达到200人，单独分析的每组样本至少为50人。

#### 4. 滚雪球抽样

滚雪球抽样是指随机选择一些调查对象，对这些对象进行调查后，再请它们提供一部分属于目标总体的调查对象，根据这些线索选择之后的调查对象。其优点是花费小，能够省去确定调查总体所需的费用；缺点是由于样本与样本相互关联，它们之间会有很大的相似性，从而造成调查的偏差。

【延伸阅读3-2】

### 抽样方法的讨论

一般认为只有概率抽样才能取得具有代表性的样本，其实概率抽样是成本不菲且很难实现的抽样方式，主要是因为需要满足三个基本条件：独立、互斥、抽中机会均等。如果拥有完整的调查总体清单，即抽样框，那么保证抽中机会均等是容易的。互斥就是不重复抽样，即每个被抽中的样本最多只会被抽到一次。独立的意思是每个样本是否被抽中与其他被抽中的样本无关。独立样本是指两个样本之间彼此独立没有任何关联，两个独立样本各自接受相同的测量，研究者的主要目的是了解两个样本之间是否有显著的差异存在。比如生产同一类产品的不同国家的厂商，若彼此之间在生产链条上无任何相关性，则其生产产品的抽取样本即构成了独立样本。

分发问卷时，表面看来很随意，没有任何预先挑选的对象类型，但可能在不知不觉中选择了那些友好且较愿意填写问卷的行人。于是，所选取样本与样本之间就发生了关系，这意味着样本之间并不独立。

事实上，通常不能掌握总体清单，也不能满足这三个条件，所以需要通过抽样设计来尽可能趋近它们。假定需要对某个商圈的消费者进行抽样，期待尽可能满足独立、互斥和机会均等这三个原则。假定不同类型的消费者会因为个人条件的限制而在不同的时间段来这个商圈，例如平常与周末，上午、中午、下午、傍晚和夜晚。平常和周末各5个时段，则有10个时段。根据每个时段的平均商圈消费者比例进行比例抽样，就可以抽取到不同类型消费者的样本。此时假定不同消费者会在不同时段来商圈，可以在商圈里找几家有代表性的商铺，在时段起点购买一瓶水，在时段结束时再购买一瓶水，计算两张小票上的序号差，便得到一家商铺的该时段的人流量数据。

## 3.5 抽样设计流程

### 3.5.1 确定调查总体

调查总体需要根据调查主题来确定，虽然抽样仅针对调查总体中的部分调查对象，但市场调查的最终目的并不是获得样本的信息资料，而是根据样本所显示的特征来推出其所属调

查总体的特征，研究目标总体的规律。

在确定调查总体时，应该视情况排除一些人员，例如，调查对象为家庭时，规定以下成员不能成为样本：①住宿学校的学生；②连续离家三个月以上、在外工作的家庭成员；③从事广告或其他与营销和调查等相关行业的专业人士，这些人具有非常丰富的行业背景和专业能力，对于调查提出的问题知根知底，他们的回答对于研究没有意义。

### 3.5.2 确定调查方法

确定信息收集的方法就是选择资料收集的方法，或者通常所说的选定执行调查的方法。信息收集方法是决定样本量大小的重要因素，所以应根据不同的调查内容、调查对象、调查环境等来确定。一般比较常用的方法有：入户访问、电话访问、街头拦截访问、网络访问或电子邮件访问等。各种方法各有其特点，应当根据调查的实际情况选择最有效的方法。

### 3.5.3 选择抽样框

确定抽样框是进行抽样的前提，为了保证抽样的科学性和有效性，需要把调查总体中所有样本单元列出一份清单，一般以姓名、电话、地址或其他档案形式来表示。确定了抽样框后，才可以按照一定的方法抽出样本。

抽样框的作用是可以按照一定的随机程序对次级单元进行抽样。例如，对某个城市大学生网络使用情况进行调查，首先以学校为第一级样本单元，进行第一次分层，将在该市的全部大学罗列出来；然后根据每所大学学生的年级进行第二次分层，每个年级作为一层；最后根据每个同学的学号或名单进行第三次分层，这些学号或名单就构成了调查的抽样框。

### 3.5.4 确定抽样方法

一项调查究竟采用什么样的抽样方法，应该综合考虑各种因素，主要包括目标总体的规模和特点、调查的性质、抽样框的资料、研究经费及对调查精度的要求等。

一般情况下，规模较大的调查多采用分层抽样方法。当抽样框难以确定时，采用非概率抽样较为合适；当调查费用紧张时，采用非概率抽样较为合适；当对调查精度的要求比较高时，采用概率抽样比较合适。

### 3.5.5 确定样本量

样本的数量称为样本量，它关系到样本能否全面地反映调查总体的关键问题，样本量的确定是抽样设计中的一项重要内容。由于抽样方法以及调查目的不同，需要选择不同的方法来确定样本量。

确定样本量的方法通常有两种：一种是经验法，另一种是用公式计算。在市场营销领域，经验法表明样本量不能少于 200 个。

在样本量的确定中，总体的变异程度是一个重要的影响因素，它又称为总体的异质程度。例如居民消费情况调查中，食盐消费差异小，高档奢侈品消费差异大，这两种情况需要在抽样时分别对待。总体内部各构成单位之间在某些特征方面的差异，即异质程度在很大程度上决定了样本量。一般来说,异质程度越高,样本量越大;异质程度越低,样本量越小;如果总体中各单位没有任何差异,则异质度为零。当异质度为零时,仅需调查一个个体就能满足要求。

确定样本量是一项复杂的工作,需要对影响样本量的因素进行分析。影响样本量的因素主要有:

(1) 调查的精度 指用样本数据对总体进行估计时可以接受的误差水平。要求的精度越高,所需要的样本量越大。

(2) 总体的变异程度 在其他条件相同的情况下,总体的变异程度越大,所需要的样本量也越大。

(3) 无回答情况 无回答减少了有效样本量,在无回答率较高的调查项目中,样本量要大一些,以减少无回答带来的影响。

(4) 可操作性 指的是样本量的确定要考虑实际调查中的操作性,通常涉及调查经费和时间限制的问题。一般来说,样本量越大,经费要求越多,时间也越长。

### 3.5.6 执行抽样计划

在抽样计划实施前,需要制订一个操作性强的样本选择计划。在定义好调查总体之后,掌握了调查总体的有关信息,如人员名单、电话簿,就可以直接进行样本的设计。此时,调查项目组要权衡样本选择计划、数据收集成本和样本大小之间的关系。样本选择计划主要是让调查人员知道在具体的操作过程中怎样选取他们的访问对象,同时对调查人员何时该做何事进行规定。从样本中获得信息是抽样计划实施过程的最后一个环节,计划的执行由调查人员通过现场工作来完成。因此,在计划实施前应对调查人员进行系统的培训,避免计划实施出现问题。

## 本章小结

抽样调查是按照一定程序,从总体中抽取一部分个体作为样本进行调查,并据以对总体做出估计和推断的一种调查方式。它具有科学性、准确性、经济性、时效性的特点。抽样调查方案设计一般包括六个步骤:①确定调查总体。②建立抽样框。③选择抽样方法。④规定精度。⑤确定抽样数目。⑥经费核算。

抽样方法可分为概率抽样和非概率抽样两大类。其中概率抽样主要包括单纯概率抽样、等距离抽样、分层抽样、整群抽样;非概率抽样主要包括偶遇抽样、判断抽样、配额抽样、滚雪球抽样。概率抽样调查会产生抽样误差。确定恰当的样本数目是控制概率抽样误差的有效手段,可以通过点估计和区间估计来推断总体。

## 课后习题及技能训练

一、重点名词

样本  抽样单元  抽样框  概率抽样  非概率抽样  分层抽样  整群抽样

二、思考题

1. 什么是抽样框?它有哪些形式?

2. 什么是概率抽样？它有哪些类型？
3. 什么是非概率抽样？它有哪些类型？
4. 请谈谈你对概率抽样的理解。

**在线自测**

# 第4章 问卷技术和量表技术

【学习目标】

1. 素质目标：调查问卷中问题的措辞要符合中国人的思维，符合中国人的用词用语习惯，版面布局要符合中国人的阅读习惯，树立中华文化自信，塑造社会主义核心价值观。

2. 知识目标：了解调查问卷的相关概念，掌握问句的类型及在设计中应注意的问题，明确问卷设计的基本程序及设计技术。

3. 能力目标：培养全面思考问题、善于把握问题本质从而合理设计和编排问卷的能力。能够运用问卷设计知识独立完成调查问卷。

【引导案例】

### 漳州市关于"网约车安全出行"的问卷调查

1. 您的职业是什么？
○ 学生
○ 上班族
○ 自由职业者
○ 退休人士
○ 其他

2. 您觉得在网约车安全中，以下哪几项最重要？（最多选三项）
□ 加强与警方合作，审查确认司机无犯罪记录
□ 安全功能/措施齐全有效
□ 定期对司机进行充分的安全教育或培训
□ 严格遵守防疫要求落实防疫举措
□ 交通事故/安全事件紧急响应
□ 系统科学安排司机出车时长，避免疲劳驾驶

3. 您使用网约车的原因是什么？

  ○ 消费新形式
  ○ 网上支付方便、快速
  ○ 优惠力度大
  ○ 网约车的出现，使得出行可提前预约、有弹性
4. 网约车平台中，最让您有安全感的举措是什么？
  ○ 紧急联系人
  ○ 行程分享
  ○ 车内录音录像
  ○ 110报警
  ○ 安全提醒播报
5. 近期乘坐网约车，您遇到过哪几项不安全经历？（最多选三项）
  □ 平台显示车辆司机信息与实际不符
  □ 司机存在不安全驾驶情况（超速/分心/疲劳驾驶等）
  □ 司机不熟悉路线或故意绕远路
  □ 司机私下要求加价
  □ 司机服务态度差到让人不安
  □ 都没有碰到过
6. 您认为网约车新政的实施会对您的出行造成什么样的影响？
  ○ 网约车数量大量减少，等待接单时间加长，车费升高
  ○ 出行安全保障得到提高
  ○ 交通堵塞现象得到缓解
  ○ 不会有什么影响

## 4.1 问卷技术的概述及基本概念

### 4.1.1 问卷的含义

  问卷是调查者根据调查目的和要求所设计的，由一系列问题、备选答案、说明及代码组成的书面文件，是用来收集所需资料和信息的一种调查工具。通俗地说，问卷就是针对市场调查主题所设计的一整套问题，问题的答案构成市场调查所需收集的信息的来源。

  现代问卷调查始于20世纪30年代美国盖洛普公司运用问卷预测美国总统选举的结果。我国在20世纪80年代引入这一技术，目前它在市场营销、管理学及社会科学研究中得到了广泛应用。

### 4.1.2 问卷的特点

  问卷作为提问、记录和编码的工具来获得一手市场信息，它使得整个信息收集的过程统一化。

**1. 统一化的提问程序**

面向调查对象的问题应统一设计。在调查现场的一对一访谈中，问题的口语表达可能会因不同的调查对象、不同的访问员而产生变化，这有可能导致不同的受访者所回答的是不同的问题。另外，问卷设计并排版后，各个问题的顺序被固定下来，不会因为具体环境不同而临时调整各个问题的前后顺序，这可使不同的受访者都身处相同的询问语境中。

**2. 统一化的记录程序**

在问卷调查中，每个受访者看到的都是相同的问题和相同的可供选择的答案。每个访问员用完全相同的问题向受访者提问，这样做能够最大限度地保证记录的资料是需要调查的信息。访问员在记录受访者的答案时，遵循问卷各个问题的固定顺序，可以将精力集中于调查工作本身，最大限度地减少外来干扰。

**3. 统一化的编码程序**

调查工作所收集的信息都需要经过编码，将信息转换为数据，方能开展后续的统计分析工作。问卷通过设计一整套结构化的问题，能够让每个问题的答案方便地转换为数据并进行存储以便于后续的数据分析工作，通过实施标准化的编码，数据的准确性和完整性得到了保证。

## 4.1.3 问卷的功能

**1. 过滤出适当的调查对象**

在给定的目标总体下，基于收集信息的目的进行问卷调查时，访问员事实上不能事先判断受访者是否属于本次调查的对象。例如，当对"中等收入"人群的啤酒消费的品牌选择因素进行调查时，调查工作者并不知道哪些人属于"中等收入"。调查项目给出"中等收入"概念的组成性定义是一个区域的收入水平处于中间位置的收入，操作性定义的是月收入水平处于当地收入中间位置的收入。此时，将问卷的第一个问题设计成"你的月收入是多少"，调查1000个消费者，对他们的回答按照收入高低排序，收入水平落在中间的500份就可以作为中等收入者的问卷。

**2. 保障收集信息的质量**

一致性是调查质量的一个重要的衡量标准，它要求针对全体被调查者的提问及他们的回答都是稳定的。"稳定"的含义是同一个访问员的同一个提问在不同情境下保持不变，同一个受访者对同一个问题的回答在不同情境下保持不变。每个问题应当得到全体被调查者的一致理解，即使各个被调查者对同一个问题的理解因某些文化因素、教育背景而存在差异，其差异也不会大到被不同的被调查者视为不同的问题。设计的答案应当穷尽被调查者的回答范畴，即用较恰当的分类包括所有可能的答案以供被调查者作出抉择。"穷尽"意味着每个问题所收集的信息范畴被限定在解决营销决策问题所需要的信息内。

**3. 作为调查工作的原始记录存档**

市场调查工作的一项重点是收集和分析信息。信息收集的过程是否符合规定，收集信息的质量是否符合要求，这些都是高质量的信息分析的前提。问卷提供了事前收集、事中检查和事后核对的调查记录，并成为调查结论的支撑材料。调查项目组应当安排专人负责问卷的

分类、保存工作，当调查结束时，问卷应存档备用。当实施类似的其他调查项目时，本次问卷就成为二手资料，具有参考价值。

需求不同，对问卷的要求不同

很多管理人员都知道问卷是用来收集信息的。管理人员，无论是一家餐饮店的店长，还是一家航空公司的总裁，都希望对客户有更多、更深入的了解。通常，营销实践中设计问卷的主要目的是获取客户的性别、年龄、职业、收入、家庭结构等基本信息。当前消费者的需求被精密地细分：就餐时有不同主题的餐厅，乘机时有不同类型的舱位，以基本信息为导向的问卷调查不太适合当前以细分市场为主的营销时代。在市场的分时代，同样一个家庭会因为不同的需求选择不同的餐厅就餐，会因为不同的需求选择不同类型的舱位乘机。因此，问卷的重心必须由基本信息逐渐过渡到与消费动机相关联的信息上来。

### 4.1.4　问卷的类型

问卷的设计必须满足具体的调查目的和任务的要求，需要针对不同的调查目的、调查对象、调查内容、调查方法设计不同类型的问卷。

**1. 根据使用问卷的方法分类**

根据使用问卷的方法可分为自填式问卷和访问式问卷两类。

（1）**自填式问卷**　自填式问卷是指调查者把问卷发给被调查者，由被调查者自己填写问卷。大多数情况下，被调查者在回答此类问卷时，由于不能与调查者面对面交流，缺乏填答问卷的现场指导，因而从被调查者角度考虑，设计自填式问卷时应尽可能使问卷简单明了、方便填答，无论是问题的表述还是备选答案的表述，都必须能够使被调查者易于准确理解，以确保填答质量。

（2）**访问式问卷**　访问式问卷是由调查者在各种方式的访问中所使用的一种问卷。访问方式包括入户面访、街头拦截访问、小组座谈访问、深层访谈、电话访问等。在访问调查中，由于被调查者与调查者能够面对面交流，有机会获得填答问卷的现场指导，所以访问式问卷较自填式问卷可以设计的稍微复杂一些，以便能够搜集更深层次的数据。但电话访问只是调查者与被调查者的一种语言交流，被调查者不能见到问卷，而且受到时间限制，所以电话访问中的问卷一般比较简单，不能使用比较复杂的问卷。访问式问卷根据需要，可以由调查者向被调查者提问，调查者记录被调查的回答，也可以由被调查者自行填写。

**2. 根据问卷发放的形式分类**

根据问卷发放的形式不同，可分为现场发放式问卷、报刊式问卷、邮寄式问卷、电话访问式问卷、网络问卷。

（1）**现场发放式问卷**　现场发放式问卷是指在调查现场由调查者将调查问卷直接发给选定好的目标群体，待回答完问题后再进行统一收回，如各类面访问卷。其特点是有确定的传播途径，回收率高，回收时间短，但费用也高。

（2）**报刊式问卷** 报刊式问卷是指把问卷刊登在报刊上，随报刊发送到各地，当读者看到报刊后在报刊上填写问卷，然后寄回报刊编辑部。其特点是有稳定的传播途径，保密性好，费用低，但回收时间长且回收率不高。

（3）**邮寄式问卷** 邮寄式问卷是指通过邮局把问卷邮寄给相应的人员，待答完问题后再通过邮局将问卷统一回收。此类问卷适合于特定群体的调查。其特点是有确定的传播途径，保密性好，费用低，但回收时间较长且回收率较低。

（4）**电话访问式问卷** 电话访问式问卷是通过互通电话的形式，向被调查者提问，调查者根据被调查者在电话中的回答情况进行填写。

（5）**网络问卷** 网络问卷是当前较为普遍的一种形式，是将问卷在网络上发布。其特点是保密措施好，有相对稳定的传播途径，不受时间和空间的限制，可以获得更多的信息。

**3. 根据问卷标准化程度分类**

根据问卷标准化程度不同可分为封闭式问卷和开放式问卷。

（1）**封闭式问卷** 封闭式问卷是指问卷中事先拟定了问题的备选答案，由被调查者进行选择性回答。封闭式问卷的标准化程度高，提问的方式与备选的答案都是统一的，有利于对调查数据进行统计处理。在调查活动中，若偏重搜集定量数据或可以量化的数据，则提倡采用封闭式问卷。

（2）**开放式问卷** 开放式问卷是指问卷中只是提出了问题而没有提供备选的答案，完全由被调查者根据自己的理解或感受进行填答。开放式问卷由于未提供统一的备选答案，因而其标准化程度低，不便于对调查结果进行统计处理。开放式问卷广泛应用于定性的探索性研究。

## 4.1.5 问卷的一般结构

一份完整的问卷通常由标题、问候语、填写说明、甄别条件、问卷编号、正文、背景、结束语等几部分内容组成。有些特殊的调查问卷可能还包括情景刺激物，如调查中必须向被调查者展示的图片等，可以作为问卷调查的辅助工具。

**1. 开头**

（1）**标题** 问卷的标题应该用中性词语陈述调查内容，例如，"2023年某高校学生食堂就餐厅满意度调查""2023年某品牌消费现状调查"。标题的长度最好不要超过15个字，一定不要超过21个字，标题不要使用带有敏感性或者倾向性的词汇，这样会影响被调查者的态度，例如，"2023年是否购买国产新能源汽车的调查"就具有明显的倾向性，建议修改成"2023年国产新能源汽车市场调查"。

（2）**问候语** 问候语，也称开场白、说明信或者卷首语，是指写在问卷开头的一段话。调查者通过问候语向被调查者说明调查的目的、意义以及有关回答问卷的要求，调查者的身份并表示感谢。例如：

××女士/先生：

您好！我是××调查公司的访问员，我们公司正在进行一次关于新能源汽车的市场调查，您是我们的调查对象之一，感谢您的合作。我们的调查不会涉及您的隐私，您所提供的个人情况只用于研究工作，不会提供给任何单位或个人。您的意见无所谓对错，只希望您真实地

反映客观情况。我们只需要占用您 10min 的时间。调查结束后，将赠送您一小瓶洗发水，以示感谢。

（3）填写说明　填写说明介绍问卷的填写方式，帮助被调查者对问卷进行规范的回答。这部分内容包括填表要求、调查项目的含义、调查时间和被调查者应注意的事项，问卷应在什么时间寄回，或者什么时间由调查人员上门回收等。填写说明可以集中放在问卷的前面，也可以分散到各相关问题的前面。对于自填写问卷，填写说明一定要介绍得清晰、具体，格式位置一定要醒目，否则即使被调查者理解了题意，也有可能回答错误，引起偏差或误差。

（4）甄别条件　甄别也称过滤，是指在开始提问之前对被调查者进行甄别，筛选掉不符合要求的被调查者或者不必要的问题，然后针对那些特定的被调查者进行调查。甄别条件包括常规甄别条件和特殊甄别条件。常规甄别条件是指所有项目都必须有的甄别条件，一般说来有七类人是不能作为调查对象的：

1）在有关媒介机构（广告公司、市场研究公司、报社杂志社、电台、电视台）工作的人，避免行业内的专业知识影响调查结果，避免保密信息的遗漏。

2）在与研究项目有关的专业机构工作的人。

3）在一定时期内接受过类似访问的人，避免上一次的访问影响到本次调查的结果。

4）曾听说过相同访问的人。

5）非本地居民/非家庭常住户。

6）间接的受访者，非直接的受访者会由于信息传递而导致访问偏差。

7）盲、聋、哑、痴呆、残疾者。

特殊甄别条件则是该项目特殊需要的甄别条件，比如年龄、是否购买过某产品等。

例如，若只希望调查车站商圈附近 3km 范围内的居民，第一个问题可以设置成："您的住所离车站是否超过 3km？"如果被调查者回答"是"，那么此次问卷调查应中止。

（5）问卷编号　对问卷编号是为了处理后续的问题，如检查错误、归类整理、进行计算机统计处理和分析等。

**2. 主体**

主体是问卷的核心内容，由一系列问题及相应的备选答案（或给自由回答预留的空白）组成。

（1）正文　正文内容包括各种问题和答案，是调查问卷中最重要的部分。所有要调查的相关内容都可以转化为经过精心设计的问题和答案，在问卷中有逻辑顺序地排列。通常不要将敏感性问题、具有难度的问题排在前面，避免被调查者产生反感而中止回答。这部分问题设计的优劣，直接影响到整个调查项目任务的完成和目标的实现。表 4-1 列出了调查问卷主体部分问题的类别。

表 4-1　调查问卷主体部分问题的类别

| 问题的类别 | 调查对象 |
| --- | --- |
| 事实性问题 | 对被调查者的个人实际情况进行的调查 |
| 行为性问题 | 对被调查者的行为特征或由被调查者所了解并反映出来的其他人行为的调查 |
| 动机性问题 | 对被调查者本人的某种行为动机或由此反映出来的其他人行为动机的调查 |
| 态度性问题 | 对被调查者对某一问题和事物的态度、意见、感觉和偏好等的调查 |

（2）背景　背景即被调查者的基本情况，主要是指被调查者的一些主要特征，它们能够方便对调查资料进行分类和分析。背景资料可根据调查主题的不同而设计不同的内容。当被调查者是个人时，可以考虑个人的年龄、性别、文化程度、职业、收入、教育背景、婚姻状况、家庭情况等；当被调查者是企业时，可以考虑企业名称、单位代码、行政区划、企业地址、企业规模、企业所属行业等。这部分问题往往是被调查者比较敏感且不太愿意回答的，因此通常放在问卷的后面。如果被调查者不同意回答，不应勉强其作答。

问卷的背景体现了三个方面的目的。第一，背景资料提供的数据能检查有代表性的样本，从而对总体提供粗略的描述。第二，通过小样本的分析，可以得出具有不同特点的小样本在作答上的差异，如不同年龄、层次的人对同一问题的不同反应。第三，可以获得可辨认的资料，例如，调查对象的住址和电话号码等。

### 3. 结束语

结束语位于问卷的最后，主要包括致谢和礼品签收，有的问卷可以省略。结束语要简短明了，用来对被调查者的合作表示感谢。也可以设置开放式题目，征询被调查者的意见、感受或作其他补充说明等，为以后的调查提供更好的建议。结束部分必须填好调查者的姓名或编号、访问日期、时间、对被调查者回答的评价等。

一份正式调查问卷的开头部分、主体部分、结束语部分，在结构上要合理，主体部分应占整个问卷的 2/3 或 4/5，开头和背景部分只需占很小的比例即可。

### 4. 问卷范例

【延伸阅读4-2】

#### 中国汽车企业家信心指数项目调研问卷

为了向中国汽车行业2023年第一季度的发展方向提供参考，现诚邀各位专家参与本次信心指数项目问卷调研，即基于当前汽车产业发展环境与状态，对一季度行业发展形势进行预断。

本次问卷调研共有41道题目，其中包含单选/多选/填空等题型，带星号的选择题为必答题，填空题为非必答题。请各位专家根据自己的判断进行答卷即可，谢谢您的耐心作答。

＊1：您的姓名：_____　＊2：您的联系电话：_____　＊3：您的工作单位名称：_____

＊4：【单选】请问您主要负责的业务是什么？
□a. 战略规划　　　　□b. 政府事务　　　　□c. 生产经营
□d. 市场销售　　　　□e. 产品研发

＊A1.1：【单选】您认为下季度国家产业政策对汽车行业产生的影响是什么？
□a. 利好，趋向宽松　□b. 与上季度持平　　□c. 利空，趋向加严

＊A1.2：【单选】您认为下季度地方政策对汽车行业产生的影响是什么？
□a. 利好，趋向宽松　□b. 与上季度持平　　□c. 利空，趋向加严

＊A2：【单选】您对于下季度国家经济走势持有的态度是什么？

☐a. 乐观　　　　　　　☐b. 持平　　　　　　　　☐c. 悲观

*A3.1：【单选】您认为下季度上游供应链成本与当期相比变化如何？
☐a. 下降　　　　　　　☐b. 持平　　　　　　　　☐c. 上升

*A3.2：【单选】您认为下季度上游供应链交付周期与当期相比变化如何？
☐a. 缩短　　　　　　　☐b. 持平　　　　　　　　☐c. 延迟

*A4：【单选】您认为下季度汽车市场整体竞争环境与当期相比变化如何？
☐a. 转好　　　　　　　☐b. 持平　　　　　　　　☐c. 恶劣

A4：【填空】您对汽车市场整体竞争环境变化判断的主要依据是什么？_____
_____

A4：【填空】您对市场竞争环境变化有何对策建议？_____
_____

*B1.1：【单选】您认为下季度生产成本与当期相比变化如何？
☐a. 下降　　　　　　　☐b. 持平　　　　　　　　☐c. 上升

B1.1：【填空】您对生产成本变化判断的主要依据是什么？_____
_____

B1.1：【填空】您对生产成本变化有何对策建议？_____
_____

*B1.2：【单选】您认为下季度营业收入与当期相比变化如何？
☐a. 上升　　　　　　　☐b. 持平　　　　　　　　☐c. 下降

*B1.3：【单选】您认为下季度利润与当期相比变化如何？
☐a. 上升　　　　　　　☐b. 持平　　　　　　　　☐c. 下降

B1.3：【填空】您对公司利润变化判断的主要依据是什么？_____
_____

*B2.1：【单选】您认为下一季度公司的固定资产投资与当期相比变化如何？
☐a. 扩张　　　　　　　☐b. 持平　　　　　　　　☐c. 收缩

B2.2：【填空】您对公司产业投资变化判断的主要依据是什么？_____
_____

*B2.2：【单选】您认为下一季度公司的股权投资与当期相比变化如何？
☐a. 扩张　　　　　　　☐b. 持平　　　　　　　　☐c. 收缩

*B2.3：【单选】您认为下一季度公司的融资情况与当期相比变化如何？
☐a. 提升　　　　　　　☐b. 持平　　　　　　　　☐c. 降低

*B3.1：【单选】您认为下一季度公司的研发项目数量与当期相比变化如何？
☐a. 增加　　　　　　　☐b. 持平　　　　　　　　☐c. 减少

B3.1：【填空】您对研发项目数量变化判断的主要依据是什么？_____

*B3.2：【单选】您认为下一季度公司的研发人员规模与当期相比变化如何？
☐a. 增加　　　　　　　☐b. 持平　　　　　　　　☐c. 减少

*B4.1：【单选】您认为下一季度公司自身的产能规模与当期相比变化如何？
☐a. 增加　　　　　　　☐b. 持平　　　　　　　　☐c. 减少

*B4.2：【单选】您认为下一季度公司自身的产能利用率与当期相比变化如何？
□a. 提升　　　　　　　□b. 持平　　　　　　　□c. 降低

C1.1：【单选】您认为下一季度行业总体新车销售规模与当期相比变化如何？
□a. 增加　　　　　　　□b. 持平　　　　　　　□c. 减少

C1.1：【填空】您对行业总体新车销售规模变化判断的主要依据是什么？_____
_____

C1.1：【填空】您对行业总体新车销售规模变化有何对策建议？_____
_____

*C1.2：【单选】您认为下一季度行业总体新车库存量与当期相比变化如何？
□a. 减少　　　　　　　□b. 持平　　　　　　　□c. 增加

C1.2：【填空】您对行业总体新车库存量变化判断的主要依据是什么？_____
_____

C1.2：【填空】您对行业总体新车库存量变化有何对策建议？_____
_____

*C2.1：【单选】您认为下一季度公司自身的销售渠道数量与当期相比变化如何？
□a. 增加　　　　　　　□b. 持平　　　　　　　□c. 减少

*C2.2：【单选】您认为下一季度公司自身的品牌/营销宣传费用与当期相比变化如何？
□a. 增加　　　　　　　□b. 持平　　　　　　　□c. 减少

*C3.1：【单选】您认为下一季度公司自身的订单数量与当期相比变化如何？
□a. 增加　　　　　　　□b. 持平　　　　　　　□c. 减少

*C3.2：【单选】您认为下一季度公司自身的产品售价与当期相比变化如何？
□a. 提升　　　　　　　□b. 持平　　　　　　　□c. 下跌

*C3.3：【单选】您认为下一季度公司自身的销量与当期相比变化如何？
□a. 提升　　　　　　　□b. 持平　　　　　　　□c. 降低

*C4.1：【单选】您认为下季度消费者对汽车的消费意愿与当期相比变化如何？
□a. 增强　　　　　　　□b. 持平　　　　　　　□c. 减弱

C4.1：【填空】您对消费者购车意愿变化判断的主要依据是什么？_____
_____

*C4.2：【单选】您认为下季度消费者的消费水平与当期相比变化如何？
□a. 提升　　　　　　　□b. 持平　　　　　　　□c. 下降

*C4.3：【单选】您认为下季度消费者满意度与当期相比变化如何？
□a. 提升　　　　　　　□b. 持平　　　　　　　□c. 下降

*D1：【多选】您认为当期汽车产业面临最大的挑战有什么？
□a. 经济环境再恶化　　□b. 全球新冠疫情的不确定性　　□c. 宏观政策调控
□d. 资源价格大幅波动　□e. 供应链中断风险　　　　　　□f. 劳动力成本上升
□g. 产能过剩　　　　　□h. 其他

*D2：【多选】您认为当期整体市场面临最大的挑战有什么？
□a. 经济环境再恶化　　□b. 新冠疫情影响消费者购买力　□c. 出口继续萎缩

　　□d. 竞争环境红海化　　　□e. 补贴推广政策变化　　　□f. 整体销量降低
　　□g. 消费者信心不足　　　□h. 其他
　*D3：【多选】您认为当期企业经营面临最大的挑战有什么？
　　□a. 经济环境再恶化　　　□b. 新冠疫情影响企业正常运转　□c. 法规政策加严
　　□d. 资源价格大幅波动　　□e. 劳动力成本上升　　　　　　□f. 产能过剩
　　□g. 库存量高　　　　　　□h. 产品经济性差　　　　　　　□i. 其他
　问卷结束，感谢您的作答与贡献！

中国汽车行业及企业家信心指数项目组

## 4.2　问卷设计技术

　　问卷设计在很大程度上决定着问卷调查回收率、回收效率、回答的真实性，以至于整个调查研究的成败。问卷调查的质量取决于问卷设计的质量。因此，科学地设计问卷，在问卷调查中具有重要的意义。问卷设计的核心内容是问卷中变量的设计、问题表述的设计、问句的设计与问题答案的设计。

### 4.2.1　问卷中变量的设计

　　问卷中变量的设计是问题设计的基础。需要调查的变量设计好了，就可以将这些调查变量转换成问卷中一个个问题。

　　调查变量的设计实际上是一个不断将抽象的调查课题降低抽象层次，使之实现操作化的过程。所以，调查变量的设计离不开对调查课题的理解与研究。

**1. 理解、调查研究课题**

　　调查课题与研究假设是紧密联系的两个范畴。调查课题是市场调查要说明或研究的主题，也就是调查研究的任务。调查课题往往会涉及一系列概念以及概念与概念间的关系，研究假设是对调查任务的一种具体描述，往往由概念或变量及其关系的命题所构成，研究假设所涉及概念的抽象层次比调查课题要低一些。概念的抽象层次越低，概念越容易被测度。

　　(1) 课题操作化主要是概念的操作化与命题的操作化　概念是科学认识活动最基本的工具，是人们抽象思维活动的产物与基本单位，其实质是综合概况同一类事物或现象的抽象名词，概念一般只能用抽象思维去把握与理解，很难直接加以测度。在市场调查中，通过对抽象概念的定义来确定调查变量，将抽象的概念转化为可测度的变量的过程称为概念的操作化。概念操作化是通过对概念进行界定而实现的。

　　(2) 对概念进行界定有两种方法　即真实界定法与名义界定法。

　　1) 真实界定法。真实界定法就是给概念下抽象定义，是用文字来概况说明一个概念的内涵与外延，对某一事物的本质做出陈述。事物的本质是被发现的，而不是人们所赋予的。抽象定义还只是抽象层次上对概念进行界定，而没有说明与概念相对应的各种具体现象，因而不能直接被测度。例如，购买动机是指为了满足一定的需要而引起人们购买行为的愿望或意念。这个概念并没有说明具体的购买对象，也没有说明愿望或意愿的具体内涵。所以，购买动机仍然是一个抽象的概念，不能直接被测度。

2）名义界定法。名义界定法就是给概念下操作定义。所谓操作定义是依据抽象定义所界定的概念内涵与外延提出一些可测度的变量来说明如何度量一个概念，这样就把概念与可测度的特征连接起来。例如购买动机的操作性定义可以概括为：理性动机+感情动机。然后，根据理性动机与感情动机的类型，提出需要测度的具体动机，如求实动机、求新动机、求异动机、从众动机等。有了这种操作性定义，就能够使调研者设计出具体的调查变量。

通过操作性定义对概念进行界定，可以提高市场调查的客观性，有助于对市场现象进行精确客观的描述、比较与分析。例如，可以通过消费者的收入水平、受教育程度、职业三项可以测度的变量描述和比较不同消费者的"社会地位"这个抽象的概念。操作性定义将抽象概念与经验事实联系起来，使调研者可以对其进行经验研究。有了操作性定义，不但可以提高市场调查的可比性，而且可以对调查结论进行客观检验。

对概念进行了名义界定，给出其操作定义后，就可以选择或设计调查变量了。调查变量是概念内涵中某一方面的指示标志，其表现的是经验层次的现象。所以，一个概念的操作定义可以分解为几个调查变量，对同一个概念也可以采用不同的调查变量进行测度。

**2. 设计调查变量的三种方法**

1）采用客观存在的具体事物或数量标准作为概念的调查变量。例如，在测度"企业规模"这个概念时，可以将企业产值、固定资产原值、职工人数、生产能力等这些客观存在的指标作为调查变量，来衡量或判断企业规模。

2）采用可观测的市场现象或行为作为概念的调查变量。例如，在测度"消费者偏好"这个概念时，由于该概念比较抽象，可以将其分解为品牌选择偏好、购买场所偏好、支付方式偏好等具体的调查变量，来度量消费者的偏好特征。

3）对于难以用具体客观标准和市场现象来界定的概念，可以采用主观评价的方法设计调查变量。例如，在测度"消费者维权意识"这个概念时，由于没有具体客观的标准变量，也没有相应的能够直接度量的维权意识变量，则只能根据被调查者对一些维权方面的法律法规或规范性文件的了解程度来测量消费者维权意识的强弱程度。

需要指出的是，上述三种方法并不是相互排斥的，对于同一个概念，可同时采用几种方法设计调查变量。

**3. 研究假设的操作化**

完成概念操作化后，就可以再进行研究假设的操作化。研究假设是对抽象概念之间关系所做的一种尝试性的陈述，虽然假设中所使用的概念大多数是结果界定了的，但它们一般还不能与经验事实相联系，还需要进一步地界定和操作化，将抽象假设转为具体假设。假设的操作化可以通过用调查变量替换假设中概念的方法进行。例如在"汽车用户的期望越高满意度越低"这个研究假设中，用户期望与满意度这两个概念都可以分解为具体的调查变量。如满意度可以分解为汽车总体满意度、功能满意度、价格满意度、售后服务满意度等调查变量。

问卷中变量设计完成后，需要将变量以提问的方式形成问卷中的问题，即要进行问题设计。

## 4.2.2 问卷中问题表述的设计

问卷中问题表述的设计，就是将调查变量具体地转换成问卷中一个个问题的过程。这一过程主要是根据调查变量的属性与特点，运用合适的方式进行问题的表述。问句的表述可以采用问句的形式，也可以采用陈述句的形式。

**1. 问题表述的基本原则**

问题的表述，既要考虑调查变量的属性与特点，也要考虑被调查者的理解能力、回答兴趣与回答心理。设计问卷时需要遵循下列基本原则：

**(1) 准确性原则** 准确性原则是指问题的表述能够准确地表达所要调查的内容。调查研究课题确定了调查的内容，围绕调查研究的课题而设计的一系列调查变量又将调查内容进一步具体化，问题的表述将调查变量转换成一个个问题。如果问题的表述不能准确地表达调查的内容，所搜集的数据偏离调查研究课题，就会失去调查意义，达不到调查研究的目的。

将调查变量转换成调查问卷中的问题，可能会存在两种情形：一种情形是一个调查变量对应一个问题，另一种情形是一个调查变量对应一组问题。如果使用一个问题能够测度所要调查的某个变量，就采用第一种情形，否则采用第二种情形。

**例 4.1** 调查的变量是"汽车广告的传达效果"，对应的问题表述为：

您是否认为××广告具有较好的效果？

① 是

② 否

针对广告传达效果，这个问题的表述就不准确。首先，变量是要测度广告传达效果，而问题的表述中则将其抽象化为广告的效果。其次，广告的传达效果需要通过到达度、注意率、记忆率、理解度、喜爱程度等几个方面来进行评价，而上述问题的表述中没能将广告传达效果具体化。所以，针对广告传达效果这个变量，就可以根据上述 5 个测评指标至少提出 5 个问题，只有这样才能准确地测评广告的传达效果。

**(2) 清晰性原则** 清晰性原则是指问题的表述要清晰明了，便于理解，不致使被调查者对问题产生歧义。问卷是要给被调查者阅读与回答的，如果问题表述不清、意思模棱两可，容易导致被调查者误解，且易造成回答困难。

**例 4.2** 您是否认为色彩鲜艳的广告会给人带来积极的视觉效应？

上述表述中的"积极的视觉效应"可能使很多调查者难以理解。这样的问题表述就不符合清晰性原则的要求。

**(3) 客观性原则** 客观性原则是指问题的表达还应该使用中性词，避免引导和提示，不能体现设计者自己的主观意思。

**例 4.3** 人们都认为××车载冰箱的制冷效果不错，您觉得呢？

该问题的表述明显带有诱导性，可能有不少被调查者会被问题诱导，以人们普遍认为的观点作为自己的回答结果，然而这种回答并不一定是自己真实的观点，从而破坏了数据的真实性。

上述原则是问题表述中应遵循的最基本的原则。问句的设计还有许多应该注意的具体细节问题，将在后续内容中介绍。

**2. 问题表述的一般方式**

问题的表述有两类方式，即直接表述法与间接表述法。直接表述法也称为直接提问法，就将调查意图与所要调查的内容直接用文字表述出来，被调查者能够清楚地了解所要调查的真实意图与内容。直接表述法有许多具体方法，如简单询问法、简单陈述法、释疑法、假定法。间接表述法也称为间接提问法，就是将调查的真实意图与所要调查的内容采用隐含性文字或图表表述出来，被调查者并不清楚所要调查的真实意图，在此情形下，被调查者更可能就调查的问题给予真实的回答。直接表述法适合于非敏感性问题，而间接表述法则适合于敏感性问题。这是因为对被调查者来说，敏感性问题往往具有隐私性、恐惧性、难堪性等特性，如果采取直接表述的方式，他们往往不愿意给出真实的回答。

（1）直接表述法

1）简单询问法。简单询问法就是将调查内容用一句简短的疑问句直接表述出来。该表述方法是问句设计中最常见的一种问题表述方式。

例4.4　您在购买汽车时考虑的最主要的因素是什么？

① 价格
② 品牌口碑
③ 用途
④ 安全配置
⑤ 燃油类型
⑥ 售后服务

此类表述方式就是简单询问法。简单询问法的表述方式简单明了，被调查者容易理解题意，设计也比较简单。但这种表述方式只适合于比较简单的问题，对于比较复杂的问题效果并不好。

2）简单陈述法。简单陈述法就是将调查内容用简短的陈述句形式表述出来。该表述方法也是问句设计中一种常见的问题表述方式。

例4.5　请您阅读下列表格中关于本酒店服务的陈述句，根据您自己的感知经历做出判断（在相应的格子中画"√"）：

| 汽车售后服务评价陈述 | 态度 | | | | |
|---|---|---|---|---|---|
| | 非常同意 | 同意 | 无评价 | 不同意 | 很不同意 |
| 服务态度 | | | | | |
| 专业知识 | | | | | |
| 问题处理能力 | | | | | |
| 沟通技巧 | | | | | |
| 工作效率 | | | | | |
| 客户满意度 | | | | | |
| 持续改进 | | | | | |

简单陈述的表述方式也比较简单明了，具有简单询问法的特点，但要比简单询问法具有更高的效率。在测度被调查者的主观态度时，如果测度的项目较多，而测度的量表相同，采用该种表述方式就比较合适，既能节省问卷篇幅，也能方便被调查者阅读与回答。

3）释疑法。释疑法就是在问题的主题之前加上一段解释性的文字，对被调查者可能不太熟悉的专业词汇进行解释，帮助其准确理解题意，或消除被调查者的回答顾虑，促使其表露自己真实的想法或态度。

**例 4.6** 随着社会的进步,有越来越多的男士使用化妆品,您(男士)使用过男士化妆品吗?

① 使用过

② 未使用过

有部分男士认为自己使用化妆品是一件不好意思的事情,在询问其是否使用过化妆品时,即便有使用经历也可能不如实回答。此时,在问题前面加上一句解释性文字,有助于消除男士的回答顾虑,以便获得真实回答。所以,如果设计者认为所提的问题可能带有一定的敏感性,就可以考虑使用释疑法来表述问句。但在问卷设计中,这种表述方法不宜过多使用,否则会增加问卷篇幅和被调查者的阅读量,不利于被调查者的回答。

4)假定法。假定法就是用一个假言判断作为问题的前提,然后再询问被调查者的看法。常用于意愿调查,常用格式是:"假如……您是否会……""如果……您将会……?"等。

**例 4.7** 如果有以下工作,您将会选择哪一项?

① 月薪 5000 元,每天工作 8 小时

② 月薪 7000 元,每天工作 10 小时

③ 月薪 9000 元,每天工作 12 小时

采用假定法来了解被调查者的意愿和行为倾向是比较有效的,但不宜多用。假定条件毕竟不是事实,被调查者有时也很难把握自己,当假设成为现实时,其态度与行为可能会发生改变。所以,此时所搜集的数据不一定十分可靠。

**(2)间接表述法**

1)转移法。转移法是指由他人直接回答问题,然后再请被调查者对他人的回答做出评价。采用这样的表述方法可以降低问题的敏感性和减轻对被调查者的威胁性。比如,在家庭产品测试中,需要征询用户对产品的评价意见,由于产品是免费试用的,用户往往不好意思对产品给予差评、可能会做出比较中性的评价。此时,若运用转移法提问,可能效果会好些。

**例 4.8** 对于您试用的这款产品,有的用户认为使用方便,有的用户认为使用不方便,您同意哪种看法?

① 同意第一种看法

② 同意第二种看法

转移法虽然降低了问题的敏感性,但问题的陈述中一般不能表述出他人过多的观点和比较细致的看法,所以搜集到的数据往往计量层次较低。

2)情景法。情景法是指设计一个情景,让被调查者设身处地地表露自己的看法或意向。这种方法利于了解被调查者的真实想法。情景法与假定法既有相同之处,也存在不同特点。两者都是从假定出发,要求被调查者在假设条件的前提下回答问题。两者的区别在于,情景法要设计一个与调查内容相关的情景,而且调查的意图往往隐藏在问题本身之中,被调查者不易察觉设计者的真实意图。

**例 4.9** 某女工因企业实行的优化组合管理方式失去了工作,您能猜猜是什么原因使她失去了工作吗?

① 人际关系不好

② 工作不努力
③ 技术水平不高
④ 身体不好，经常请假
⑤ 没有什么特殊原因，只因她是女性

情景法将被调查者置于某种情景之中，容易使被调查者将该情景与现实情况联系起来，且不知不觉地根据自己的真实看法或现实生活中的真实感受做出选择，其所选择的答案往往是其内心的真实想法。如果直接询问被调查者，在企业的优化组合中是否存在性别歧视，他们往往会按照社会共同价值观而不是根据自己的真实想法来回答问题，选择的答案可能是不存在性别歧视，而其内心深处往往不这么认为。

## 4.2.3 问卷中问句的设计

问卷中的问句是给被调查者阅读的，因此这就必须站在被调查者的角度来设计问句。设计问句时除了要遵循前述的基本原则外，在用词造句、表述习惯与表述规范方面还要注意以下问题，以便使被调查者能够准确理解所要调查的内容，并给予准确的回答。

**1. 问句设计中的遣词造句**

问句设计中的遣词造句是有讲究的，设计者不可以随心所欲地表述问题。问句遣词造句最基本的要求就是，被调查者既要能够准确理解问句的含义，也要能够给出尽可能准确的回答。问句设计中的遣词造句需要注意以下几个方面的问题。

（1）**问句要通俗易懂**　设计问句时，要考虑调查对象的特征，问句的表述不能超过被调查者的理解能力。如果所设计的问卷是用于大规模调查，被调查者的文化程度可能参差不齐，问句设计的原则只能是"就低不就高"，也就是问句的表述应尽可能使文化水平较低的被调查者能够准确理解其意义。这就要求在问句的表述中尽可能使用通俗的、一般的词语，避免使用专有名词和专业性术语。例如，如果要调查居民对物价变动的感受，问题表述为"您认为CPI是否真实地反映了物价水平的综合变动？"，该问句中的"CPI"是居民消费价格指数的英文缩写，是一个专有名词，有些被调查者可能不了解其含义，这个问句就不符合通俗易懂的要求。此时，可以将问句改为"您感觉目前的物价水平怎么样？"，这样提问就能够使大多数被调查者理解问句的含义。

（2）**问句要精练简洁**　一般而言，被调查者是不乐意阅读表述过长的问句的。表述过长的问句会增加被调查者的阅读量，增加其接受调查的时间，同时也可能造成理解难度，进而影响被调查者的情绪，这对搜集调查数据都是不利的。所以，在意思能够表达清楚的前提下，问句越短越好、越简单越好。例如，"奢侈品消费在一些群体中已成为一种时尚，您是否考虑在适当的时候加入奢侈品消费群体的可能性？"，该问句不仅啰嗦冗长，而且语义不清，不便理解。如果改为"您最近半年是否有购买奢侈品的愿望？"，此时问句就显得简洁明了，易于理解。

（3）**问句要清楚明了**　问题的表述不能包含概念不清、含义模糊的词语。否则，被调查者难以准确理解问题的含义，或者难以进行准确的回答。例如，"您经常在超市购物吗？"这一问句中，使用了"经常"这个意义比较含糊不清的词语，被调查者很难把握"经常"究竟是指什么频率，不同的被调查者对"经常"的理解或感知是不一样的。两个对此问题

回答"是"的被调查者,可能每月到超市购物的次数相差甚远,这样就难以准确度量人们到超市购物的频率。避免问:"您每月在超市购物的频率是多少?"而应当问:"您每月到超市购物有多少次?",这样提问既便于被调查者准确理解问题的含义,也能使其给予比较准确的回答。又如,在调查对象大部分缺乏高等教育的情况下,避免问:"您觉得××软饮料的分销充分吗?"而应当问:"您想喝××饮料的时候可以方便地买到吗?"又如"您春节是出门旅游,还是休息?"这个问句的概念表述就不清晰,被调查者很难回答。该问句中似乎将出门旅游与休息两个概念对立起来,其实这是两个有关联意义的概念,出门旅游也是休息的一种形式。如果将此问句改为"您春节是出门旅游,还是在家休息?"就不存在概念不清的问题了,被调查者也能方便作答。

**(4) 问句要一题一问** 每个问句应当只有一个提问内容,不要将几个提问放在同一个问句中,例如,"你外出时住哪种类型的宾馆?"这类提问实质上包含了几个提问内容,因为"外出"有许多类型,包括商务旅行、假期旅行、探亲访友等。"住"也有许多类型,包括途中休息或过夜,目的地休息或过夜等,比较之下,"你商务旅行时到达目的地过夜住哪种类型的宾馆?"就满足一个问句只提问一个内容的要求。

**(5) 问句应当是简单句** 简单句的特征是句子较短,它只有一个主语和谓语,宾语和状语尽可能少,与简单句对应的概念是复合句,这种句子较长,有多个主语、谓语、宾语和状语等,问句应当避免复合句,越长的句子越容易导致被调查者理解困难,严重时会导致被调查者回答出错,按照此标准,可以将"你商务旅行时到达目的地过夜住哪种类型的宾馆?"修改为"你商务旅行时,到达目的地后,在哪种类型的宾馆过夜?"这一修改通过使用多个短句来表达问句的本意。

**(6) 问句要尽量避免否定形式提问** 被调查者阅读问卷时往往一扫而过,一般不会去仔细阅读,这样容易把句子中的否定词看漏,误将否定句看成肯定句,造成答案错乱。例如,"您平时对广告不感兴趣吗?"与"您是否赞成电视节目之间不插播广告?"这两个问句采用了否定式提问。有研究表明,被调查者对否定式提问一是感觉别扭,二是容易忽视否定句,从而给出不准确的答案。而且,采用否定式提问也存在一定的诱导倾向,容易造成被调查者朝着诱导方向回答问题。上述两个问句分别改为"您平时对广告感兴趣吗?"与"您是否赞成电视节目直接插播广告?",这样被调查者在阅读时既不感到别扭,也不会被诱导,从而会给出准确的回答。

**(7) 问句要尽量避免敏感性问题** 敏感性问题是指涉及被调查者隐私、被调查者回答可能感到难堪或威胁的一类问题。对于敏感性问题,被调查者是不愿意或不敢给出真实回答的。如果问句中涉及敏感性问题,一般难以获得真实的回答。例如,"您公司有过偷税的行为吗?"这一问句,就涉及敏感性问题,被调查者是不愿意或不敢做出真实回答的。

**(8) 问句要考虑时间性** 在调查某些具有时间属性的变量时,不可避免地会采用时间限定词。设计问句时,需要考虑时间限定的合理性。如果时间限定周期太长,容易造成被调查者回忆与回答的难度,从而影响回答结果的准确性。例如,"您去年家庭生活费支出是多少?"这个问句,时间限定周期较长,被调查者是难以进行回忆与准确回答的,如果缩短时间限定周期,改为"您上月家庭生活费支出是多少?"被调查者的回忆难度就会大大降低,给出比较准确答案的可能性就会提高。问卷设计者在设计问句时,应该根据调查变量的特点选定合适的时间限定周期。如果问卷设计者认为,问句中所设定的时间限定周期可能会对被

调查者造成回忆困难，就应该缩短时间限定周期。

**（9）问句的表述要有礼貌** 一般情况下，作为被调查者是没有义务来接受调查的，既然他能够接受调查，就应该对他的合作态度表示充分的尊重。其中，在设计问句时就要体现对被调查者的尊重，问句的表述应该礼貌谦逊。例如，"您有刷牙的习惯吗？"这问句就存在提问不礼貌的问题。讲究个人卫生，应该是人们的一种良好习惯，如果直接询问被调查者是否有刷牙的习惯，就是对被调查者的不尊重。容易引起被调查者的反感，从而带来回答上的偏差。如果将上述问题改为"您每天刷几次牙？"就不存在礼貌问题了。另外，在称谓上最好使用"您"而不使用"你"，给被调查者一种被尊重的感觉，这有利于提高被调查者参与调查的配合程度。

**2. 问句的非倾向性**

保持问句的非倾向性是问句设计应遵循的基本原则之一。设计问卷时，要保证问卷中的每一个问句都是中性的，不能带有某种提示性、诱导性、倾向性。如果不注意这一点，往往不能客观地测量被调查者的行为与态度，从而使问卷的效度与信度受到影响。问卷设计者往往会有意无意地将自己的观点、看法、态度、习惯显露在问句中，或由于问题的提法不妥，而使问句具有提示性、诱导性，这些问题都应该尽力避免。为了保持问句的非倾向性，需要注意以下几个方面的问题。

**（1）避免掺杂问卷设计者的主观成分** 问句中如果掺杂了问卷设计者的诸如态度、情感、愿望、看法、认识、判断等主观成分，则问句就会存在诱导性，会牵引被调查者的回答，影响调查数据的真实性。例如，"为了不影响收看电视节目的情绪，您是否赞成电视节目之间插播广告？"，该问句中所出现的"为了不影响收看电视节目的情绪"这句话，实际上是问卷设计者个人的一种主观认识与判断，在这句话的导引下，被调查者将会有更大的可能性选择否定的答案。为了保持问句的客观性，应该将此句话删除。

**（2）避免采用特殊语气的措辞** 问句中应尽量使用中性词语，避免使用具有价值判断的褒义词与贬义词，也要避免使用具有某种感情色彩的词语，问句的表意不能具有主观上的倾向性，否则会引导被调查者给出具有偏差的回答。例如，"您如何评价购买高档消费品这种奢侈行为？"，该问句使用了"奢侈行为"这个贬义词，此时，被调查者将会受到这种贬义表述的影响，一般会对购买高档消费品的行为给予负面评价。此时，可以将上述问句表述为"您对购买高档消费品持什么态度？"，该问句就属于中性提问，可以使被调查者自由表达个人的观点与态度。

**（3）避免问题的从众效应** 从调查心理角度而言，被调查者往往会在回答动机上存在一定程度的从众心态，如果他事先已知或感觉别人普遍对某种现象或行为具有某种评价态度时，他很可能会依照别人的态度来回答问题，从而产生所谓的从众效应，其回答就有可能产生回归偏差。例如，"人们都认为××手机功能不错，您觉得呢？"，该问句就给出了人们对××手机功能的普遍评价，被调查者在这种提示下，其回答很可能会有意识地选择大多数人的看法，即便其内心深处并不这么认为。所以，上述问句可以改为"您认为××手机的功能怎么样？"这种中性提问。

**（4）避免问题的权威效应** 社会对某些问题比较一致的看法、权威人士或权威机构的态度、知名人士的意见，在被调查者的心目中往往具有一定的影响力和权威性，容易得到被

调查者的认可,这种现象被称为权威效应。权威效应的存在往往会使被调查者放弃自我态度、看法、意见等,其回答将会自觉地向权威效应回归,调查数据的真实性就值得怀疑。因此,在设计问句时应尽量避免权威效应。例如,"世界卫生组织经过二十多年的跟踪调查发现,饮酒有害健康。您是否也这么认为?",该问句使用了"世界卫生组织"这一权威机构的研究结果,被调查者无论自身的感知如何,都很容易被这种具有权威性的研究结果所左右,失去自我认知,从而难以获得其真实看法。如果将该问句改为"您是否认为饮酒有害健康?",就不存在权威效应,调查结果的真实性就会提高。

### 4.2.4 问卷中问题答案的设计

问题答案的设计是标准化问卷设计的重要组成部分。问题答案的设计包括两个方面的内容,一是问题答案类型的设计,二是问题答案内容的设计。由于调查的目的、对象、内容不同,问题答案的具体内容千差万别,难以对其一一做出具体规定,但答案的类型是可以进行归纳的。所以,本书重点介绍问题答案类型的设计方法。

**1. 问题答案设计的基本原则**

问题的答案是用来供被调查者选择的项目,答案呈现的方式与答案的具体内容,都需要设计者进行科学的设计,以保证被调查者能够方便阅读、准确理解、正确选择问题的答案项目。设计问题的答案应遵循下列基本原则。

(1) **穷尽性原则** 穷尽性原则是指所设计的问题答案应该包括该问题全部可能的潜在答案,不能有任何遗漏。在答案有遗漏的情况下,有些被调查者难以做出选择,有可能放弃回答而导致数据的缺失。但是,一个问题的潜在答案可能太多,如果全部将其一一列出往往不可能或没有必要,此时可以将一些重要的答案列出来,而那些不重要或研究者可能并不关注的潜在答案,可以使用"其他"选项来囊括,这样就保证了答案的穷尽性。例如,如果调查的问题是被调查者的职业,根据《中华人民共和国职业分类大典(2022年版)》,我国职业划分为8个大类、79个中类、449个小类和1636个细类(职业)、2967个工种。显然在设计职业选项时不可能按小类与细类的划分标准列示职业种类。而按照8个大类列示职业又显层次太粗,所以,按中类划分职业就比较合适。但中类也有79种职业类别,问卷中不可能列示出79种职业名称。为了保证答案的穷尽性,可以将研究者重点关注的职业类别列示出来,其余的职业一并归入"其他"选项。顺便指出,答案选项一般控制在8个以内比较合适,以减轻被调查者的阅读量,方便被调查者选择。

(2) **互斥性原则** 互斥性原则是指设计的问题答案彼此之间完全不相关,互不包容。如果答案之间相互关联,不同被调查者则会根据个人的理解或主观认知进行选择,而造成选择的标准与口径不统一,降低了调查数据的标准化。在后续对调查数据进行整理与分析时,有可能出现矛盾的结果,不便于对分析结果进行解释。例如,如果调查的问题是被调查者的职业,答案选项中出现"售货员"和"商业人员",这就违背了互斥性原则,因为售货员包含在商业人员中。此时,可将"售货员"一项删除。

(3) **通俗性原则** 通俗性原则是指问题答案的用词与表述应通俗易懂,便于被调查者理解。问题的答案主要由词语、短句或数字来表述,也有用图形、数轴等几何方式呈现的场合。如果是使用词语或短句来表述答案,则不宜采用过于专业、生僻的词语,短句表意要通俗易懂；如果用几何的方式来表述答案，则不宜采用过于复杂的图形或刻度不明确的数轴。例如，调查问题是询问人们购买某种商品的原因时，答案中出现了"比照集团行为促使购买"这一短句选项，对于大多数被调查者来说，可能并不知晓"比照集团行为"是什么意思，从而难以选择。实际上，"比照集团行为"是一个社会学概念，其含义是指人们的相互攀比心理。设计答案选项时，要尽量难免出现类似的情况。

**（4）准确性原则** 准确性原则是指问题答案的内容能够准确反映调查问题的内涵，答案必须与问题相匹配，不能答非所问。问卷设计者应该准确把握调查问题的内涵，根据初步探索所获得的信息，结合研究对象的具体特征，设计出与问题相匹配的答案选项，尤其是在潜在答案较多或者潜在答案不太明确的情况下，应力图筛选出其中主要的潜在答案。答案的设计必须针对问题的内容及调查目的，否则，脱离主题的答案就是不准确的。例如，调查的问题是人们购买某种商品的动机，如果答案中出现了"经常购买"这一选项，就不符合准确性原则，因为"经常购买"是一种行为而不是动机。所以，该项答案应该删除。

除了上述基本原则以外，设计问题答案时还要考虑被调查者的阅读兴趣、理解能力、回答能力和回答的方便程度，应注意答案的排列顺序，灵活运用各种不同计量层次和不同形式的量表工具设计比较科学的答案选项。能够使用计量层次较高的量表工具设计问题答案，就不要使用计量层次较低的量表工具。计量层次越高的答案，对问题的度量就越精确对其进行数据处理与分析的方法也越多，有利于对所调查的问题进行深入的定量研究。

**2. 封闭式问题的答案设计**

封闭式问题是指事先设计好问题的备选答案，由被调查者从备选答案中按照回答要求，选择自己认同的答案。问题的回答被限制在备选答案中，被调查者只能从备选答案中进行选择，不能在答案以外回答。

封闭式问题的答案类型有多种，常用的主要是两项选择法、多项选择法、排序法、等级法、双向列联法、过滤法及比较法。

**（1）两项选择法** 两项选择法也称为真伪法或二分法，是指问题只有两个相互排斥和对立的答案供被调查者选择。答案往往表现为"是"或"否"、"有"或"没有"、"喜欢"或"不喜欢"等类似的答案组合。被调查者只能从中选择一项，做选择的特点是非此即彼。

**例 4.10** 在本年度中，您是否购买过供自己使用的电冰箱？

① 是

② 否

该方法简单明确，回答容易，便于统计处理和分析，但不能获得深层次的信息。适用于互相排斥的两项择一式问题，及询问较为简单的事实性问题。该方法可以独立使用，也可以作甄别之用。如果是作甄别之用，这种询问方法后面常常紧跟着另外一个问题，目的是对某个特定的群体进行深入的调查。

**（2）多项选择法** 多项选择法是指针对一个问题设计了两个以上的备选答案，被调查者按规定或提示从中作选。为了遵守穷尽原则，答案中往往会设置一个"其他"项。

多项选择法根据要求选择的答案多少不同，又有单项选择、多项选择和限制选择三种具体的选择类型。

单项选择型要求被调查者从多项备选答案中只选择其中一项。下例就属于单项选择型。

**例 4.11** 电视播放广告时，您通常的做法是（选一项）：
① 兴趣很浓，从头看到尾
② 马上换其他频道
③ 开着电视去干其他事情
④ 只选择自己感兴趣的广告看
⑤ 虽然不感兴趣，但还是耐心地等待
⑥ 其他

多项选择型是让被调查者从多项备选答案中，选择自己认为合适的答案，选择数量不限。下例就属于多项选择型。

**例 4.12** 您对广告感兴趣的原因是（可选多项）：
① 广告带来商品信息
② 广告带来许多新的生活观念
③ 广告有较高的欣赏价值
④ 其他

限制选择型是要求被调查者从多项备选答案中，选择自己认为合适的答案，但选择数量有限定。下例就属于限制选择型。

**例 4.13** 促使您购买西门子冰箱的主要原因是什么（最多选三项）：
① 名牌产品
② 性能良好
③ 价格合理
④ 广告宣传
⑤ 售后服务
⑥ 他人推荐
⑦ 外观中意
⑧ 其他

运用多项选择法时，要注意不要使备选答案的排列顺序存在某种规律，因为有些被调查者习惯选择第一个答案，如果排列有规律性，就会产生偏差。此外，备选答案不能太多，当样本有限时，容易使调查结果分散，缺乏说服力。一般，备选答案的数量不宜超过 8 个。

（3）**排序法** 排序法又称顺序选择法或优先顺位法，是指由被调查者根据自己的经验和认知程度、专业知识以及兴趣需要等，对多个备选答案按重要性（也可以是熟悉程度、重视程度等）排序。排序法有两种方式，一是对全部备选答案排序，二是对部分备选答案排序。

对全部备选答案排序是要求被调查者对全部备选答案按重要程度从高到低或从低到高的顺序进行排序。在例 4.13 中，如果在题干后提示"请按重要程度由高到低对全部选项进行排序"，就属于对部分备选答案进行排序。

排序法不仅能够比较全面地了解被调查者对所调查问题的态度，还能够区别不同态度的重要性，增加了信息量，有利于对调查结果进行深入分析。但备选答案的个数不能太多，否则会增加顺位的难度与准确性。如果根据研究的需要，要求作选答案有先后顺序，就要使用排序法。

**（4）等级法** 等级法是将备选答案按照强度或程度分成若干等级依次排列，要求被调查者从中选择一个答案的方法。这种答案设计方法适用于了解被调查者意见、态度、感情、情绪等的强烈程度的定序问题。备选答案由表示主观意见、态度等不同等级的词汇组成，如"完全同意""基本同意""无所谓""不太同意""很不同意"。等级一般按奇数次划分，可以是三级、五级甚至七级。

但等级划分不能过多，如果等级过多，被调查者难以区分相邻两个等级之间的区别，增加了选择难度。从经验来看，七级以内的分等比较易于操作。等级除了可使用文字直接表达外，也可以用数字在量表上表示。

**例 4.14** 关于电视广告这种形式适合于食品、化妆品这样的生活用品，而不适用于水泥、农药这样的非生活用品这种观点，您的看法是：

① 完全同意

② 基本同意

③ 无所谓

④ 不太同意

⑤ 很不同意

例 4.14 就属于用文字表达的等级法。

在设计这种等级答案时，没有特别的先验信息或特殊目的，正反等级数目应该相等，以保持答案分布的均匀性。

上例也可以使用语义差别量表的方式来设计答案。其方法是使用一个标有刻度的数轴，数轴两端标注意义相反的两个等级词语，如一端标注"完全同意"，另一端标注"很不同意"，要求被调查者在数轴上自己认为恰当的位置做上标记即可。

**例 4.15** 运用例 4.14 的问题，以数轴的形式设计答案如下：

完全同意　　　　　　　很不同意

这种以数轴的方式设计的答案，也可以在数轴上标上数字，如果"1"表示"完全同意"，"5"表示很不同意，则上述答案形式可以改为：

这种答案设计方法，实际上就是让被调查者在完全同意与很不同意两者之间进行选择，如果被调查者在数轴上的标记越靠左，则表示同意的程度越高；反之，越靠右，则表示不同意的程度越高。数据汇总时，分析者可以将标记转化为数字，便于数据的量化处理。

如果在一份问卷中设计有一连串的等级回答方式的问题，最好不要分开选择，可以采用列表的方式设计答案。调查的问题放在列表中的横栏位置，等级词语放在纵栏位置，被调查者只需要在纵横相交所形成的方格中进行勾选即可。这样设计既可以节省问卷篇幅，又便于被调查者阅读与选择。

例4.16　对下列关于彩虹牌智能手环特征的陈述，您的看法如何？（在相应的方格中画"√"）

| 彩虹智能手环特征 | 完全同意 | 比较同意 | 一般 | 不太同意 | 很不同意 |
| --- | --- | --- | --- | --- | --- |
| 品牌知名度高 | | | | | |
| 使用方便 | | | | | |
| 价格合理 | | | | | |
| 外形轻巧美观 | | | | | |

被调查者在选择每一项陈述的答案时只能作单项选择，不可能出现复选情况，否则就是无效回答。

等级法还可以表示事物大小、多少之类的定距与定比问题的答案设计，所设计的答案往往用表示事物数量大小或多少的数值区间来表示，数值区间由低到高排列成序，形成数值等级、反映事物数量上的差异状况。

例4.17　您的年龄是多少？

① 21~30 岁

② 31~40 岁

③ 41~50 岁

④ 51~60 岁

⑤ 61 岁及以上

例4.17通过5组数值区间，对目标群体的年龄进行调查。5个年龄区间就是年龄的5个等级，这种等级的划分可以根据研究的具体目的，设置不同的数值区间。

（5）双向列联法　双向列联法是将两类不同的问题综合在一起，通常用表格的形式来表现。表格的横行是一种类型的问题，纵列是另一类型的问题。可以反映两方面因素的综合作用，提供单一类型的问题所无法提供的信息，而且可以节省问卷的篇幅。但被调查者需要较多时间的思考与填答，故在一份问卷中，此类问题不宜过多。

例4.18　请你对下列各种媒体的广告进行评价。（在相应的方格中画"√"）

| 特征描述 | 电视广告 | 报纸广告 | 广播广告 | 杂志广告 |
| --- | --- | --- | --- | --- |
| 有较高的欣赏价值 | | | | |
| 有较高的可信度 | | | | |
| 容易给人留下深刻印象 | | | | |
| 不感兴趣 | | | | |

被调查者在选择答案时，无论在横向还是纵向上，均可以进行多项选择，也可能有弃选的情况。弃选情况的出现，只能说明答案设计存在问题，研究假设的建立缺乏理论与事实依据。研究者在设计问卷前必须做好充分的初步探索工作。

（6）过滤法　过滤法也称条件法，是指通过一个前奏问题的答案，来筛选被调查者的方法。有时，研究者仅对某一类群体的信息感兴趣，就需要对调查对象进行过滤、筛选掉不需要的部分。然后针对特定群体进行提问，这时需要两个或两个以上的问题相连接，第一个问题起过滤作用，从第二个问题开始具体的调查内容。运用过滤法设计答案时，设计者首先必须明确对于具有何种属性的被调查者需要进一步调查，要将被调查者的这种属性设计在答案中。

**例4.19** 研究者为了深入研究对广告感兴趣的群体，就可以通过下列的设计来筛选被调查者。

Q1. 您平时对广告感兴趣吗？
① 很感兴趣
② 较感兴趣
③ 一般
④ 不感兴趣
⑤ 很不感兴趣

如果选择①或②，请回答下列问题：
Q2. 您对广告感兴趣的原因是
① 广告给您带来商品信息
② 广告带来许多新的生活观念
③ 广告有较高的欣赏价值
④ 其他

例4.19中第一个问题中的答案①和②，都是用来筛选对广告感兴趣的被调查者的，如果将答案设计成感兴趣、一般、不感兴趣，也能达到筛选目的。

（7）**比较法** 比较法是把若干可以比较的同类事物或现象，整理成两两对比的形式，要求被调查者进行两两比较，按要求选择其中一种事物或现象的方法。在市场调查中，该方法适用于对消费者的偏好进行调查。运用比较法要考虑被调查者对所要比较的事物或现象是否熟悉，否则会导致选择空项。

**例4.20** 请比较下列每一对不同品牌的洗发液，哪一种您更喜欢？（每一对中只选一个，并在□内画"√"）：

□海飞丝　　□潘婷
□潘婷　　　□飘柔
□飘柔　　　□威娜宝
□威娜宝　　□花王

例4.20中共涉及5个品牌的洗发液，如果某个被调查者对其中一个品牌不熟悉，就没法进行比较，也不能做出有效选择。所以，用来配对比较的事物或现象都必须是被调查者熟悉的。否则，该方法不能采用。

**3. 开放式问题的答案设计**

开放式问题是指对问题的回答不提供任何具体的答案，也不规定回答的范围，由被调查者根据自己的想法与态度自由填答。开放式问题的这种回答方式被称为自由回答法。虽然开放式问题一般不需要设计问题的答案，但被调查者必须给出答案。为了使被调查者尽可能准确回答开放式问题，问卷设计者在设计问题时，要充分考虑被调查者回答的方便性，为其自由回答提供空间。

开放式问题的答案设计主要是设计预留给被调查者回答问题的书写空间。由于开放式问

题的回答属于非标准化回答,回答内容可能千差万别,回答的篇幅可长可短,这将给事后进行数据的编码、处理与分析带来较大的麻烦。所以,对开放式问题的回答要进行适当的数量上的控制。其方法是在问题后适当预留用于填写回答内容的下划线行数。

**例 4.21** 您喜欢这款商品的原因是:_____

**例 4.22** 您喜欢这款商品的原因是:_____
_____
_____
_____

例 4.21 和例 4.22 所预留的回答空间都是不合适的。例 4.21 所留下划线行数过少,且一行的下划线长度也太短,被调查者即便只是回答喜欢这款商品的主要原因,预留空间也不够,将会限制被调查者的思考与回答。例 4.22 所预留的下划线行数过多,一是给被调查者带来思考与回答压力,影响其回答情绪与兴趣;二是给研究者带来数据处理的一些困难。一般而言,凡属于了解被调查者意见、态度、建议、看法、感受等主观层面的资料时,下划线的行数以控制在三行以内为宜。这样既可以让被调查者比较充分地发表看法,又不至于长篇大论。

### 【延伸阅读4-3】

## 中国汽车工业协会 2020 年培训需求调查表

单位名称:

| 姓名 | | 部门 | | 职务 | |
|---|---|---|---|---|---|
| 电话 | | 手机 | | 职称 | |
| 单位地址 | | | | 邮编 | |
| 2020 年培训需求 | 企业内训 | | | | |
| | 企业外训 | | | | |

中国汽车工业协会 2020 年培训计划(请在感兴趣的培训前画"√")

| 初级培训计划 | □汽车造型设计开发技术培训<br>□整车总布置设计及人机工程设计<br>□智能网联汽车测试标准与测试方法技术培训<br>□汽车异响评价诊断技术培训<br>□APQP 先期质量策划管理 |
|---|---|
| 中级培训计划 | □底盘性能仿真技术培训<br>□板材冲压成形技术培训<br>□智能网联汽车虚拟仿真测试技术培训<br>□汽车动力总成系统开发培训<br>□项目管理培训<br>□精益生产管理实务培训<br>□汽车整车制造企业安全生产风险分级管控体系实施<br>□赢在现场——零事故安全意识与安全管理<br>□质量成本管理<br>□问题分析与决策技能培训 |

(续)

| | |
|---|---|
| 高级培训计划 | □ 经济时代的数字化营销培训班<br>□ 智能工厂的规划与实施高级研修班<br>□ 新能源汽车轻量化结构设计高级研修班<br>□ CAE 仿真技术在汽车行业的应用<br>□ 创成式设计 & 增材制造在汽车行业中的应用<br>□ DFMA 降本设计高级研修班<br>□ 混合动力系统的整车经济性开发与能量管理策略高级技术<br>□ 新能源汽车三电 NVH 设计高级技术<br>□ 动力电池热管理设计与仿真及整车热管理高级技术<br>□ 整车高压安全及电池包强电连接技术培训班<br>□ 新能源汽车电驱动系统集成与驱动电机设计开发<br>□ 汽车商品规划实战研修班<br>□ 专业进阶之路——基于用户需求的整车属性评价高级技术<br>□ 混合动力系统的整车经济性开发与能量管理策略高级技术<br>□ 实操掌握 DFMA 设计降本术<br>□ 汽车工程项目管理培训班<br>□ 基于 CAN 总线的 UDS 诊断高级技术<br>□ TECH MARK 企业经营模拟实战<br>□ 全面预算管理与企业内部控制 |
| 境外培训 | □ 智能网联汽车国内外标准法规解读<br>□ 中国汽车工业协会与德国汽车工业协会合作境外培训项目（待定） |
| 课程设置建议 | |
| 其他需求建议 | |

## 4.3 问卷开发程序

不同于所有量表背后都有一个理论支撑，问卷本身是缺乏理论的。当然，设计好的问卷若包含量表，则这份问卷是有理论支撑的。如果说量表开发是科学程序，那么问卷开发就是一个艺术程序。问卷的完善更多依赖经验，需要通过长期实践才能开发出一份较好的问卷。但仍然有一些可遵循的步骤来完成问卷开发工作。问卷开发流程如图 4-1 所示。

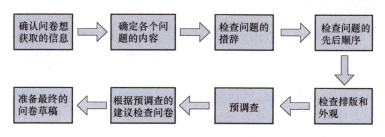

图 4-1 问卷开发流程图

### 4.3.1 确认问卷想获取的信息

**1. 细化调查内容为单项内容**

问卷开发的第一步是确认问卷想要获取哪些信息，可以从拟定好的市场调查主题中寻找

答案,因为具体市场问题规定了调查对象和调查内容。问卷就是用来获取调查内容的,但是在这一步中,市场调查人员需要将调查内容进一步细化至单项内容。假定"某产品的购买情况"是一项调查内容,则需要细化至"购买地点""购买时间""购买时和谁在一起"等单项内容。

**2. 了解调查对象的特征**

市场调查人员还需要仔细考评被调查者的特征,因为对问卷中提出的问题的理解在一定程度上取决于被调查者的学历背景和社会经历。例如,同一个问题可能适用于大学生而不适用于家庭主妇。问卷开发中一个常见现象是调查对象被设定为"消费者",却忽略了"消费者"包含许多类型的群体,某产品的消费者之间的差异越大,就越难开发出一份适用于全体的问卷。

**3. 考虑不同的调查方法**

市场调查人员还需要考虑问卷调查方法。在现场调查中,被调查者能够看见问卷,并且还能和调查员面对面交谈。此时,可以询问较多的、各式各样的问题。在电话调查中,调查员可以和被调查者交谈,但被调查者无法看到问卷,此时,最好采用简短的问题,如果是邮寄问卷,被调查者只能看到问卷而不能和调查员交谈,因此问卷的问题必须简单,而且有详细的使用说明来指导如何填写问卷。

### 4.3.2 确定各个问题的内容

**1. 这个问题有必要问吗?**

问卷上的每个问题都应当对调查结果有所贡献,如果从一个问题中获得的信息无助于对营销决策问题作出解答,这个问题就没有必要去问,例如,某产品的购买情况问卷包含这样一个问题:"你会查阅本产品的英文说明书吗?"如果调查对象是文化程度较低的人士,这个问题没必要出现在问卷中。有时出于特殊的目的,可以在问卷中出现与调查主题无关的问题,通常设置这些问题是为了建立一种交流的情境,可以在某产品的购买情况问卷中包含这样一个问题:"你来商场使用的交通工具是什么?"

**2. 这个问题能回答吗?**

虽然希望被调查者回答问卷的每一个问题,但现实中总会存在被调查者无法回答的问题,原因可能是被调查者缺乏相关的知识、遗忘,或者根本就不愿意作答。

(1)**敏感性** 最常见的不愿意作答的问题是敏感性问题。对于"敏感性"的界定取决于调查对象的社会文化背景,例如,"你是不是同性恋?"对于普通公众而言是一个敏感性问题,但对于特殊群体来说可能并不那么敏感。

(2)**遗忘** 被调查者并不总能准确回忆起过去的行为,不能想当然地假设被调查者记住一切事情,例如,尝试回答这个问题:"你在上个月加了多少升汽油?"问卷中不应出现类似的问题,因为这超出了被调查者的记忆能力。

(3)**知识缺乏** 不能假设被调查者拥有和问卷设计人员类似的知识。例如"你喜欢 Nike 吗?"就等同于假定被调查者知道"Nike"指的是"耐克"运动品牌。缺乏知识还会导致被调查者即使对问题不太清楚也会作答,例如,"你能否接受一瓶饮料中含有 500 卡路里?"一部分被调查者不知道什么是"卡路里",知道"卡路里"是什么的调查者也可能不清楚"500卡路里"意味着什么,但他们仍然会做出"接受"或者"不接受"的回答,在最后的统计中,极有可能出现两个回答分别占一半左右的结果。

### 4.3.3 检查问题的措辞

问题的措辞是指将问题内容翻译成调查对象可以轻松理解的用语。如果一个问题的措辞很拙劣,调查对象可能拒绝回答或者回答得不正确。

**1. 问句的词汇是否简明易懂**

设计问句时应当尽量使用明确的、通俗易懂的词汇,使被调查者能够正确理解提问内容并给出答案。

**2. 一个问句是否只对应一个提问内容**

每个问句应当只有一个提问内容,不要将几个提问放在同一个问句中。

**3. 问句应当是简单句**

简单句的特征是句子较短,它只有一个主语和谓语,宾语和状语尽可能少,与简单句对应的概念是复合句,这种句子较长,有多个主语、谓语、宾语和状语等,问句应当避免复合句,越长的句子越容易导致被调查者理解困难,严重时会导致被调查者回答出错。

### 4.3.4 检查问题的先后顺序

**1. 居前的问题**

居前的问题对于获取调查对象的信任和合作很重要。因此问卷的第一个问题必须得容易回答,且不会涉及个人隐私。如果第一个问题就难以回答,或者需要花费很长的时间来思考作答,那么调查对象中止作答的可能性就很高。

**2. 居中的问题**

居中的问题要根据信息的类型确定问题顺序,问卷获取的信息可以分为基础信息、分类信息和标志信息。基础信息与研究的问题直接相关,分类信息用于调查对象的分类及结果的解释,标志信息包括姓名、地址等。首先应该获取基础信息,其次是分类信息,最后是标志信息。

**3. 居末的问题**

困难的、敏感性问题应该居末。在建立合作关系的基础上,调查对象抵触这些问题的可能性将降低。

### 4.3.5 检查排版和外观

问题的外观和格式对结果有明显的影响。注意使用高质量的纸张,尽量保持问卷主体整洁,利用间距增强表达力,使用色彩提高兴趣,力图使调查对象在回答问题时更加便利和容易。

### 4.3.6 预调查

**1. 首次预调查**

通常,在客户认可问卷之前要对问卷进行预先测试,预先测试也称预调查,是指为了识

别并消除问卷中可能存在的问题,对一个小样本的调查对象进行测试,预先测试的调查对象和实际调查的对象应该从同一人群中抽取,并在与实际调查尽可能相似的环境和背景中进行预调查。

### 2. 修正问卷后的预调查

在每一次预先测试后,调查人员必须基于发现的问题对问卷进行修正,在问卷的每一次重大修改后,都应该对一个不同的调查对象样本执行另一次预先测试,通过一次预先测试是不够的。

## 4.3.7 根据预调查的建议检查问卷

问卷初步拟定后,即可进入修改环节,这一环节要考虑的因素有:

### 1. 相关性

检查问题是否符合调查目的,是否与调查主题相关。应当通过检查删除无关的问题,在各类调查问卷中出现最多的一个问题是询问被调查者的性别是"男"还是"女"。一般,除非调查目的是了解被调查者的性别与其行为之间的关联,或者调查主题与被调查者的性别相关,否则,这个问题没有存在的必要。

### 2. 完整性

检查问题是否能全面反映调查主题,如有遗漏,则适当添加。调查主题包括营销决策问题和具体市场调查问题两个层面。问卷应当针对具体市场调查问题展开设计,收集所需要的信息以做出决策,在消费行为调查中,易被遗漏的问题是询问消费行为的家庭决策者。例如,调查大学生的电脑购买或者手机购买行为,那么学生所在家庭的消费行为决策者的意见对电脑品牌或者手机品牌的影响不可忽视,必须加以考虑。

### 3. 逻辑性

检查问题是否排列有序,若有不当,应给予调整。问卷问题的排列应当是简易的在前,困难的在后面,避免被调查者产生畏难情绪而中断回答。一份问卷的问题应当围绕市场调查主题逐步展开,逻辑性要求的重要体现是各个问题具有内在的行为、态度等的连续性。例如,调查消费者对某个电脑品牌的感知,那么询问消费者是否接触过该电脑品牌的问题就应当放在询问消费者在哪个环境中接触到该电脑品牌的问题之前。

### 4. 准确性

检查问题的表达是否存在词不达意或模棱两可、笼统生涩等情况。若存在,给予修正。问卷问题应当准确地表达询问的内容,一个常见的困扰是问卷设计者非常清楚问题在问什么,但被调查者阅读这个问题后却不知道问的内容是什么。例如问卷设计者希望通过"您是否上过《市场调查与预测》课程"这个问题询问学生与"市场调查与预测"课程的关联程度,但某些被调查的学生可能不知道"上过"的含义是指"选修了"还是"旁听过"。

### 5. 规范性

检查问卷格式是否规范,在问卷设计中,要求问题编号按统一规则设计;在版面设计上整体结构清晰,简洁美观,问卷是用于获取信息的工具,并不需要华丽的外观来吸引被调查者。问卷版面设计的原则是简洁。

### 4.3.8 准备最终的问卷草稿

在完成上述一系列步骤后，就可以得到一份可以使用的问卷。如果有可能，在问卷草稿的右上角留出空间记录调查员的编号、问卷本身的编号、调查实施的具体时间等。

## 4.4 问卷设计中的注意事项

一份高质量的问卷必须满足以下标准：首先，它必须能够完成所有的调查目标，以满足管理人员对信息的需要；其次，它必须以可以理解的语言与受访者进行沟通，并获得受访者的合作；再次，对访问员来说，问卷必须容易管理，能够方便地记录受访者的回答；最后，它必须有利于方便快捷地编辑和检查完成的问卷，容易进行编码和数据输入。此外，问卷必须转换为能回答营销管理者发现的问题的信息。

**1. 明确调查目的**

问卷设计人员必须明确调查目的，与委托者多多沟通，全面了解、研究委托者公司决策层的市场营销战略、营销策略组合以及正在实施的营销计划，正确理解委托者的真正意图与真实需要，并根据调查目的确定调查主题，准确界定调查问题。凡是不能体现调查主题或与调查目的无关的问题都必须舍去。

**2. 问题之间要有逻辑**

涉及一个特定主题的所有问题应该在开始一个新的主题之前提出。当转移话题时，应该用简短的过渡语帮助调查对象转换思路。避免提一般性的问题，一般性问题的答案不具备太多分析价值。例如，"您对本产品满意吗？"这个问题涉及价格和质量两个方面，所以应分别询问："您对本产品的价格满意吗？""您对本产品的质量满意吗？"

泛指的问题应该先问，这样可以防止特定的问题对泛指的问题产生影响进而导致偏差，因为先问的问题可能会影响后面问题的回答。

**3. 注意题项的用语**

**（1）避免使用冗长复杂的题项** 过长的题项使得被调查者要花过长的时间阅读，增加了整个问卷的填写时间。例如，"您在购买本产品后使用到现在，对本产品的质量感受如何？"如果调查的是产品质量，就不如问："您对本产品的质量满意吗？"

**（2）避免使用专业术语** 调查对象的文化背景、教育水平、知识经验通常有差异。例如，"您觉得O2O的未来前景怎样？"其中的"O2O"就是专业术语，如果被调查者不知道什么是O2O，就无从回答。

避免使用含糊不清的语句或者含义不确切的词语，这通常会使被调查者感到困惑，例如，"您通常觉得本服饰使您变得更年轻吗？"

避免否定式语句。否定句有一种加强的语气，会影响被调查者作出正确的理解，易造成相反意愿的回答或选择。

**（3）避免引导性问题** 引导性或诱导性问题是指暗示调查对象应该选哪一个答案的问题。合格问卷中的每个问题都应该是中立的、客观的，不应该带有诱导性和倾向性。如果问题包含调查者的观念或看法，暗示了被调查者，则会导致调查结果出现系统性偏差。例如，

"您对于进口车对国产车的影响有什么看法？"就不如"您对我国汽车市场销售进口车有什么看法？"。

（4）谨慎设计分叉问题　分叉问题根据调查对象如何回答当前的问题，指导其跳到问卷的不同位置。分叉问题的位置非常重要，应当尽可能靠近引起分叉的问题，并让被调查者无法预期将要哪些附加信息。一个提问只包含一项内容。

（5）避免隐含的假设和选择　没有明确表达出来的选项称为隐含选项，提问的用词使得答案依赖于隐含假设是不允许的。例如，"您赞同在公共场所吸烟吗？"叙述这一类问题的更好方法是说清楚隐含的假设，例如，"您赞同在公共场所设置吸烟区以供吸烟吗？"。

### 【延伸阅读4-4】

#### 常州市工业和信息化局关于开展汽车零部件企业发展情况调研的通知

各辖市、区工信（经发）局，常州经开区经发局：

汽车产业是国民经济的重要支柱产业，是制造领域规模最大、最重要的产业之一。通过多年持续努力，常州已成为省内重要的新能源汽车及零部件产业集聚区。根据产业强链工作要求，为更好地促进汽车产业特别是新能源汽车产业加快发展，"强链、补链、延链"实现突破，做好企业摸排、项目储备、政策服务，决定开展汽车零部件企业发展情况调研，现将有关事项通知如下：

**1. 调研对象**

全市规模以上汽车零部件企业，包括发动机、传动系、制动系、转向系、电气仪表系、汽车车身、灯具座椅、内外饰件和动力电池及其相关配套生产企业。

**2. 调研内容**

包括企业概况、生产经营、创新发展、配套合作、产业强链、发展展望、诉求建议等。

**3. 调研要求**

1）请各单位认真组织开展调研，与各基层单位和相关企业做好沟通工作。

2）各单位开展摸排的同时，组织填报《常州市汽车零部件企业发展情况调查表》（附件），于3月3日前统一汇总后，报市工信局产业政策处（联系人：××，联系电话：×××××
×××）。

常州市工业和信息化局<br>××年××月××日

常州市汽车零部件企业发展情况调查表

填报单位（章）：　　　　　　单位：万元、辆、人、个

| 企业名称 | | | 成立时间 | |
| --- | --- | --- | --- | --- |
| 企业性质<br>（指所有制） | | | 注册资本 | | 主要商标 | |
| 产能 | 已建 | | 主要资质 | |
| | 在建 | | | |

(续)

| 主要产品 | | | | 产品出口占比 | |
|---|---|---|---|---|---|
| 员工总数 | | 其中大专及以上人数 | | 占地面积(亩) | |
| 研发人员总数及占比 | | 企业研发投入及占比 | | 有效发明专利数(件) | |
| 产值/增幅(2021年) | | 营业收入/增幅(2021年) | | 利润/增幅(2021年) | |
| 实缴税收/增幅(2021年) | | 资产总额(2021年) | | 负债总额(2021年) | |
| 2021年主要产品产量 | | | | 2021年产能利用率 | |
| 行业地位 | | 主要产品 | | 市场占有率(%) | |
| | | | | | |
| | | | | | |
| 是否高新技术企业 | | 专利数 | | 是否是"潜在独角兽"企业 | |
| | | 其中发明专利 | | | |
| 企业业务收入中汽车板块占比 | % | | 订单情况 | 非常充足□ 充足□ 比较充足□ 不足□ | |
| 技术创新主要载体 | 请列举企业获评或被认定的"三站三中心"和各类创新中心、重点实验室、新型研发创新平台等(注明国家级、省级、市级) | | | | |
| 核心技术(产品)长板/短板 | | | | | |
| 质量品牌标准主要荣誉资质 | | | | | |
| 智能化绿色化服务化方面荣誉资质 | | | | | |
| 企业产品智能化网联化情况 | | | | 是否为智能网联相关企业。如是,请填写主要产品 | |
| 淘汰落后 | 企业是否存在国家发改委《产业结构调整指导目录(2019年本)》淘汰类落后生产工艺装备和产品(如有,请说明) | | | | |
| 兼并重组 | 企业是否有2021年已经完成、2022年正在实施的项目 | | 产业转移 | 企业是否有部分需要转移或落户的产能(项目) | |
| 企业为整车企业配套供应情况 | 请列举为哪些整车企业配套是几级供应商/,如获评"优秀供应商"、份额排名第几等可一并说明(示例:广汽本田供应商,……) | | | | |
| 产业强链情况 | 为本企业配套企业总数 | | | 其中在常配套企业数 | |
| | 在常主要配套企业(请列举主要企业名称) | | | | |
| | 在国(境)内、外拥有分支机构(包括研发制造营销)情况,以及供应链短板、供需对接需求等情况 | | | | |

（续）

| 未来展望 | 2022年销售预期目标及增幅 | 亿元/% | 企业"十四五"发展目标（到2025年预计营业收入） | |
| --- | --- | --- | --- | --- |
| | 企业"十四五"期间转型升级（高质量发展）方面有哪些规划构想（包括发展方向、重点产品、拟突破的关键核心技术） | | | |
| 企业诉求 | 企业在发展中有哪些突出困难问题需要政府部门帮助协调解决以及相关建议 | | | |
| 联系人 | | 部门及职务 | | 手机 |

## 【延伸阅读4-5】

### 关于开展2021年度安徽省汽车工业企业基本情况调查工作的通知

各市经信局：

为认真盘点总结我省汽车行业年度发展情况，经研究，决定开展2021年度我省汽车工业企业基本情况调查工作，现就有关事项通知如下：

一、调查内容及范围

（1）调查内容　2021年企业基本概况、固定资产投资、经济运行、产销情况、出口情况等（详见附件）。

（2）调查范围　省内汽车整车、改装车、车用发动机及年产值2000万元以上汽车零部件生产企业。

（3）调查表式　2021年汽车工业企业基本情况调查表（国家统计局国统制〔2011〕92号批准备案）。电子版可从省经济和信息化厅门户网站该文件附件中下载。

二、调查工作安排

本次调查工作由省经济和信息化厅汽车工业处牵头，省汽车行业协会具体负责调查数据统计和报表汇总，并形成安徽省汽车产业发展年度白皮书。

请各市经信局高度重视，认真做好有关工作（具体工作人员要相对固定），及时组织属地相关企业按照要求认真填报并按时上报；凡属调查范围内企业均须填报，确保基础资料翔实可靠。

三、时间要求

请各市经信局于4月30日前将本地调查表收齐汇总后统一报送至省经济和信息化厅和省汽车行业协会。

四、联系方式

省经济和信息化厅汽车工业处　郑××，电话：××××-××××××××，邮箱：××××@ahjxw.gov.cn；

省汽车行业协会　孙××、程××，电话：××××-××××××××，邮箱：××××@163.com。

安徽省经济和信息化厅<br>××××年××月××日

## 4.5 问卷和量表

问卷与量表都是市场调查人员用来收集一手资料的技术。在市场调查实践中,量表通常作为问卷的一部分出现,从表面形式上看,量表和问卷都由问题及其答案构成,但这两者还是有一些差距存在。

量表是一种通过观测来量化信息的测量工具,英文是 scale,问卷是一种通过询问问题来收集信息的采集工具,英文是 questionnaire。调查工作者在街头、商场、展览会场等派发的印制好的纸质问卷的英文是 paper,这些纸质问卷是量表、问卷的载体。当然,也可以使用传真、邮件、网页作为载体。

### 4.5.1 在设计上的差异

**1. 量表有理论依据,问卷只要求符合市场调查主题**

量表的设计是有理论依据的,问卷的设计要求能收集到与市场调查主题相关的信息,表 4-2 列出了调查消费者生活方式的问卷问题,在问卷上提出市场调查人员感兴趣的问题即可。

表 4-2 调查消费者生活方式的问卷问题

1. 你是否喜欢买新衣服?
A. 是  B. 否
2. 朋友们的购买意见是否会影响你的决策?
A. 不会   B 有时会   C. 一定会
3. 你会和下列哪一位一起去购物?
A. 父母  B. 朋友    C. 同学

也可以运用生活方式量表进行调查,它是李克特量表的一种特殊应用形式,考虑了消费者的价值观和个人特质,反映了消费者在工作、休闲和购买行为方面独特的活动(A)、兴趣(I)和意见(O),所以又称 AIO,这一技术被多数企业用于目标市场定位。生活方式量表可以测定消费者独特的生活方式,评价顾客在价格、款式、家庭等方面的倾向程度,并用于区分顾客类型。每个被调查者通过选择一定的分值,来表达他们对一系列 AIO 陈述同意或不同意的程度。

在消费者生活方式调查中,设计了消费者生活方式量表(见表 4-3),分别从活动(A)、兴趣(I)和意见(O)三个方面设计问题。表中第 1—4 题来自活动(A)的维度,第 5—8 题来自意见(O)的维度,第 9—11 题来自兴趣(I)的维度。

表 4-3 消费者生活方式量表

| 活动(A) | 兴趣(I) | 意见(O) |
| --- | --- | --- |
| 1. 每一个月当中你是否经常参加户外活动?<br>①完全不同意<br>②不同意<br>③普通<br>④同意<br>⑤完全同意 | 2. 一年当中你是否经常阅读?<br>①完全不同意<br>②不同意<br>③普通<br>④同意<br>⑤完全同意 | 3. 每一个月当中你是否经常去购物中心?<br>①完全不同意<br>②不同意<br>③普通<br>④同意<br>⑤完全同意 |

(续)

| 活动(A) | 兴趣(I) | 意见(O) |
| --- | --- | --- |
| 4. 你是否经常到外地旅游?<br>①完全不同意<br>②不同意<br>③普通<br>④同意<br>⑤完全同意 | 5. 你是否对运动非常感兴趣?<br>①完全不同意<br>②不同意<br>③普通<br>④同意<br>⑤完全同意 | 6. 你是否喜欢尝试新的事物?<br>①完全不同意<br>②不同意<br>③普通<br>④同意<br>⑤完全同意 |
| 7. 出人头地对你是否很重要?<br>①完全不同意<br>②不同意<br>③普通<br>④同意<br>⑤完全同意 | 8. 星期六下午你是否愿意花两个小时陪你家人?<br>①完全不同意<br>②不同意<br>③普通<br>④同意<br>⑤完全同意 | 9. 你是否经常购买品牌商品以节约时间成本?<br>①完全不同意<br>②不同意<br>③普通<br>④同意<br>⑤完全同意 |
| 10. 你对于加班是否拥有自由选择的权力?<br>①完全不同意<br>②不同意<br>③普通<br>④同意<br>⑤完全同意 | 11. 当你需要购买一件商品时你是否会征求他人的意见?<br>①完全不同意<br>②不同意<br>③普通<br>④同意<br>⑤完全同意 | |

从上表可以看出,问卷只要先将所研究的市场调查主题厘清,明确要问哪些问题哪些内容,然后将想了解的问题罗列出来,依次编排即可。量表需要在给定的理论框架下设计问题,可以将"消费者生活方式"分为活动(A)、兴趣(I)和意见(O)三个维度,然后再分别针对这三个维度设计具体的问题。

**2. 量表要有明确的定义,问卷则无此要求**

消费者生活方式量表在结构上分解为三个分量表:活动(A)、兴趣(I)和意见(O),在一个具体的调查项目中,需要解释清楚"消费者生活方式"的含义,"消费者活动""消费者兴趣"和"消费者意见"具体包含什么内容。如果没有分量表,编制者需要对此量表的定义加以说明,一方面,让编制者在编题时能切合量表的主题;另一方面,让阅读者了解此量表的各个定义究竟做何解释。

### 4.5.2 在计分上的差异

**1. 量表以分量表为计分单位,问卷以题项为计分单位**

量表以各个分量表为计分单位,在消费者生活方式量表中,考察的是消费者在活动(A)、兴趣(I)和意见(O)三个维度上的得分,每个维度(即分量表)上的得分通过将分量表中每一题的分数相加得到。问卷和量表不同,它以单个题项为计分位,亦即以每个问题的选项来计分。

假定分别用消费者生活方式量表和消费者生活方式问卷调查了100名消费者。针对一名被调查者,他的活动分量表的得分是将第1题和第2题的得分加总。若第1题是4分,第2题是4分,则他的活动分量表得分是8分。若他的问卷的第1题选择A编码为1,则第1题得分是1。

**2. 量表的计算单位是分数，问卷的计算单位是次数**

量表是将各个问题的分数相加而得到一个总分数，所得的分数属于连续变量，是等比测量的结果，属于连续型变量，而问卷是以每个问题的各个选项来计算被选择的次数，所得的结果是各个选项被选择次数的分布情况，是非等比测量的结果，属于离散型变量。

### 4.5.3 在信息收集和分析上的差异

量表可以提问的方式询问被调查者，也可以观察、记录被调查者的行为。量表所收集的变量主要是等距变量和等比变量，在描述统计方面有平均数、标准差等，适用于大多数假设检验程序，并且可以进行相关分析、回归分析、预测分析等。

问卷只能以提问的方式询问被调查者。可以直接询问，如现场访谈、入户访谈；也可以通过一些工具间接询问，如电话、可视化会议。问卷所收集的变量主要是名义变量和顺序变量，在描述统计方面只使用频数分布和百分比，假设检验主要使用卡方检验。

当然，如果量表和问卷收集的都是等比变量，那么适用全部的统计分析方法。

### 4.5.4 依据变量的特征决定使用量表还是问卷

市场调查中遇到的主要变量可以分为四类，属性、行为、信念和态度。

**1. 属性和行为**

属性是指个人或人口统计学上的特征，例如，地理特征、受教育程度、年龄、家里有几个孩子等，行为是消费者的一些个人行为，例如，去商场的次数和概率、社群活动的参与程度。

属性和行为变量是很明确的，属于可以直接观测的变量，可以依据不同的信息需求选择量表还是问卷，例如收入这个属性变量，可以用问卷来设计一个问题："您的月收入是多少？"根据调查对象的回答可以了解被调查者的绝对收入水平。也可以设计一个等距量表问题："您的月收入处于哪一范围？"备选答案是：1. 低收入，2. 中等收入，3. 高收入。等距量表测量的是被调查者的相对收入水平，又如按照对信息细节的需要，对于上网习惯这个行为变量，其数据可以从一个类别量表中获得："你是否上网？"也可以从一个顺序量表中获得："你每天上网多少时间？"

**2. 信念和态度**

信念与个人的认识有关，代表受访者认为什么是正确的，例如，受访者是否相信公共场所禁止吸烟会提高空气质量？态度与信念相似，此外，它还能反映出受访者个人的评判，例如，受访者是否觉得应该在公共场所禁止吸烟？

信念和态度变量则较为模糊，属于无法直接观测的变量，无法直接观测的变量建议使用量表而不是问卷。无法直接观测的变量必须同时从概念性定义（又称作组成性定义）和操作性定义两方面来定义。组成性定义指构念包含哪几个方面的因素，操作性定义指用什么指标来测量构念。例如，"态度"构念就概念性定义来说，是对一个刺激体表达喜好或不喜好的一种倾向，包含"喜欢"和"不喜欢"两个因素；就操作性定义来说，可以用消费者满意度来衡量，消费者满意度能够用非常满意、满意、一般、不满意、非常不满意的5分制量表来表示。

## 本章小结

调查问卷的设计与制作是市场调查工作成功的重要载体。问卷在数据收集方面有不可替代的作用,问卷设计工作自然就非常重要,可以讲,问卷设计与编排的好坏直接关系到调查结论的客观性与科学性。

为了达到调查目标,完成初稿的基础上还应该对问卷进行一系列的试用及修改,直至取得多方面的认可。

## 课后习题及技能训练

### 一、重点名词

问卷设计　封闭式问句　事实问句　顺位法　编码

### 二、思考题

1. 问卷通常由哪几部分构成?
2. 简述问卷设计的概念和程序。
3. 问卷设计应该注意哪些问题?

### 【综合案例4-1】

#### 中国汽车维修行业协会关于开展助企纾困第二期市场调查的函

各地方协会、会员单位:

感谢各相关单位支持协助并如期完成助企纾困首期市场调查工作。

为落实扎实稳住经济的一揽子政策措施相关要求,分析维修企业经营负担信息,积极反馈维修企业经营负担诉求,特编制《中国汽车维修行业协会助企纾困第二期调查问卷》。请贵单位协助推荐5个汽车维修门店企业,按要求在7日内微信扫描二维码后在线填写调研问卷,完成第二期调查问卷。

问卷收集后,协会将汇总分析结果形成专题报告呈报行业主管部门,为决策提供有效依据。

联系人:陈×× ×××××××××××,冯×× ×××××××××××

中国汽车维修行业协会<br/>××××年××月××日

1. 企业名称:_____
2. 企业所在省市:_____
3. 企业类别是(　　)。
   A. 一类维修企业　　　　B. 二类维修企业　　　　C. 三类维修企业
4. 本企业职工人数为(　　)。
   A. 15人以下　　　　　　B. 30人以下　　　　　　C. 30人以上

5. 维修企业认为额外（年）固定支出费用成本过高的有（　　　）。【多选题】
   A. 安责险　　　　　　　B. 职业卫生环境测评相关　　　C. 客户专用网线
   D. 垃圾清运　　　　　　E. 三体系认证、标准化工作　　F. 化粪池
   G. 固废清运　　　　　　H. 废油回收服务费　　　　　　I. 废电池回收
   J. 漆房检测费　　　　　K. 证书年费（央采、市政采、社保医保）
   L. 税控　　　　　　　　M. 公安网维护费　　　　　　　N. 其他

6. 维修企业生态环境经营固定支出有（　　　）。【多选题】
   A. 安责险　　　　　　　B. 职业卫生环境测评相关　　　C. 客户专用网线
   D. 垃圾清运　　　　　　E. 三体系认证、标准化工作　　F. 化粪池
   G. 固废清运服务费（机油、废电池、油桶、稀料、漆房过滤布、纱布等）
   H. 废油回收　　　　　　I. 设备检测费
   J. 证书年费（央采、市政采、社保医保）
   K. 税控　　　　　　　　L. 公安网维护费　　　　　　　M. 其他

7. 维修企业经营管理外固定费用（年）是（　　　）。
   A. 1万~3万　　　　　　B. 3万~5万　　　　　　　　　C. 6万~9万
   D. 10万以上　　　　　　E. 无费用

8. 维修企业经营管理外固定支出费（年）用占营业额的比例为（　　　）。
   A. 1%~3%　　　　　　　　　　　　　　　　　　　　　B. 4%~6%
   C. 7%~9%　　　　　　　　　　　　　　　　　　　　　D. 10%以上

9. 维修企业安全类支出费用（年）范围为（　　　）。
   A. 1万~3万　　　　　　　　　　　　　　　　　　　　B. 4万~6万
   C. 7万~9万　　　　　　　　　　　　　　　　　　　　D. 10万以上

10. 维修企业认证类支出费用（年）范围为（　　　）。
    A. 1万~3万　　　　　　　　　　　　　　　　　　　　B. 4万~6万
    C. 7万~9万　　　　　　　　　　　　　　　　　　　　D. 10万以上

11. 本企业每年固废处理流程和费用情况是为（　　　）。
    A. 固废由指定专业机构主动收购处理，收到固废销售款
    B. 固废由指定专业机构主动收购处理，无支付任何费用，无固废销售款
    C. 固废由指定专业机构主动收购处理，且需支付相关费用
    D. 固废由企业送至专业机构专用场地，支付费用进行处理
    E. 固废由企业送至专业机构专用场地，不支付费用进行处理

12. 近三年来，本企业的固废处置费用年环比增减情况是（　　　）。
    A. 每年增加10%以上　　B. 每年增加状态　　　　　　　C. 每年不增减
    D. 每年递减10%以上　　E. 每年递减状态

13. 本企业增值税税负率（增值税缴纳额/应税销售额）情况是（　　　）。
    A. 3%以下　　　　　　　B. 4%以下　　　　　　　　　　C. 5%以下
    D. 6%以下　　　　　　　E. 6%以上

14. 本企业近三年来，增值税年纳税额增减情况是（　　　）。
    A. -20%以下　　　　　　B. -20%以上　　　　　　　　　C. 持平
    D. 20%以下　　　　　　 E. 20%以上

15. 本企业对于每年的行政处罚有哪些，处罚金额是_____。
16. 本企业对哪些经营费用、罚款支付存在异议诉求，请描述情况及金额。_____

【综合案例4-2】

## 中国汽车后场维保行业白皮书

2023年12月18日，F6大数据研究院最新发布《2023中国汽车后市场维保行业白皮书》，汽车后市场累计台次同比2022年增长8%，但仍不及2021年同期水平；保养业务台次占比提升1个百分点，而钣金喷漆、美容、精品消费需求逐年下降……

**1. 研究成果摘要**

1）预计中国乘用车保有量2024年将突破3亿，庞大的用户体量将有效驱动汽后市场维保规模增长。预计2023年维保行业产值达1.2万亿元，至2025年将持续保持10%以上增速。

2）2023年平均行驶里程将回归10000km以上，较2022年增长3%，但同比2021年下降4%。对比不同车价区间，车价30万以上车辆的年均行驶里程较车价10万以下车辆高出近2000km。

3）2021—2023年，机油、乘用车轮胎等配件品牌呈分散化发展趋势，机油TOP3品牌市场份额累计下降3%，而蓄电池、制动液等配件品牌呈集中化发展，蓄电池TOP3品牌份额增长3%。

4）2023年机油、乘用车轮胎等多品类市场规模较2022年有所增长，燃油滤清器小幅下降。就机油而言，2023年市场规模预计14亿~15亿升，其中独立售后占近70%的市场份额。

5）2023年后市场累计进厂台次同比2022年增长8%，但仍不及2021年同期水平。进厂客户数较2021年增长4%，但新客下降16%，门店通过锁住老客维持客户基盘。

6）相较2021年，2023年仅中大型连锁门店实现正增长，月均进厂台次超280，连锁化、规模化经营优势凸显，而单店盈利能力两极分化明显，未来售后渠道将进一步整合。

7）近3年，保养业务台次占比提升1个百分点，而钣金喷漆、美容、精品弹性消费需求逐年下降。2023年超60%车主消费较2022年无增长，车主消费理性化成主流。

8）独立售后的新能源汽车进厂台次占比近年来增长明显，从2020年的2%增长至2023年的5%。2023年新能源售后维保规模预计近400亿元，至2025年有望超800亿元。

9）目前新能源售后仍以更换空调滤清器等传统服务为主，相较传统车，事故件、贴膜等服务的客单价较高。同车价区间上，新能源汽车在减振器、乘用车轮胎等底盘类配件上的均价更高。

10）2023年大发展空间和升级年四五线城市进厂台次整体恢复速度较新一线、二线城市更快，下沉市场未来或较有潜力，后市场相关参与者应及早关注，适当扩大渠道布局。

**2. 精华解读**

1）2023年中国汽车销量预计3000万辆创历史新高，未来中国汽车市场将持续在全球范围内保持领先地位。

2023年中国汽车产业在出口强劲增长、汽车促消费政策等利好因素影响下，预计销量在3000万辆左右，创历史新高。

中国在全球汽车销量占比将达32%，将继续保持自2016年以来在全球销量占比第一的领先地位。

未来中国汽车制造业仍将在全球范围内发挥重要作用，影响全球汽车产业格局。

2）2023年中国汽车后市场维保行业产值达1.2万亿，至2025年将保持10%以上增速。

2023年，车龄叠加行驶里程的增加，车辆维护保养的需求也相应增加。预计2023年中国汽车后市场维保行业产值达1.2万亿，同比2022年增长25%。

未来几年，传统车"老龄化"以及新能源汽车的快速发展，维保市场规模将会持续扩大，至2025年维保行业产值将保持10%以上增长。

与此同时，后市场对专业维修人员的需求也将增加，后市场各参与主体应及时了解市场变化和趋势，提前规划和布局，以在未来保持竞争力。

3）2023年累计台次同比2022年增长8%，但不及2021年同期水平，市场持续恢复中。

2023年截至10月份，累计台次同比2022年增长8%，但仍不及2021年同期水平。

从月度同比数据来看，市场呈现了波动性。相较2022年，2—5月台次均正增长，但6—7月连续两月出现下滑，市场转淡，9月同比增速再次转正，10月继续保持增长趋势，可见后市场台次仍在持续恢复中，2023年整体来看未出现极大增长，需求相对平稳。

4）2023年齿轮油、自动变速器油、火花塞品类销量仍未恢复至2021年水平。

对比2022年，乘用车轮胎、机油等品类销量均正增长，其中乘用车轮胎增幅高达20%，蓄电池增幅较低，仅1%；

但对比2021年同期，各品类的销量增幅明显降低，其中齿轮油、自动变速器油、火花塞销量仍未恢复至2021年水平。

5）2023年配套18寸以上乘用车轮胎的新车占比已超50%。

从每年新车销售配套的乘用车轮胎轮辋直径分布可见，近年来18寸及以上的大尺寸轮胎占比快速增长，自2019年突破30%后，2020年突破40%，2022年突破50%，2023年持续保持在50%以上。

随着新车市场SUV等车型越来越受消费者欢迎，大尺寸轮胎已成为OE市场的主流规格。

6）相较2021年，2023年机油中端市场份额增长1个百分点，市场竞争愈演愈烈。

从近3年机油终端价格带的销量分布可见，高端市场份额持续下降，2023年较2021年下降1.3个百分点，而中端和低端市场均有上涨，其中中端市场上涨1个百分点，可见中端市场竞争愈加激烈。

7）在竞争激烈的机油中端市场，一线A品牌份额持续下降，部分市场份额被二线B、C品牌挤占。

对比近3年中端市场各品牌市场份额的变化趋势可见，一线A品牌市场份额2021至2023年累计下降3.3个百分点，而二线B品牌和C品牌累计提升1.9个百分点，A品牌的部分市场份额被B、C品牌挤占。

各大品牌需密切关注竞争格局的变化，根据市场需求及时调整优化产品策略，以保持市场竞争力，进一步提升市场份额。

8）刮水器、冷却液等配件呈品牌集中化发展趋势，而机油、乘用车轮胎等分散发展。

刮水器、冷却液等品牌集中度较低的品类，近年来市场份额越来越集中于某些头部品牌，而乘用车轮胎、制动片、空调滤清器等则呈现品牌分散发展趋势。

另外,制动液、火花塞等品牌集中度较高的品类,头部品牌的市场份额仍在继续增长,而机油的头部品牌市场份额逐渐被其他品牌瓜分。

9)连锁门店毛利增长的门店占比高于单店,单店两极分化明显,未来售后渠道将进一步整合。

相较2022年,2023年单店中65%的门店实现毛利增长,小型连锁门店中66%门店毛利增长,而中大型连锁门店中72%门店毛利增长,较单店高出7个百分点。

相较2021年,2023年单店中32%的门店毛利增长超15%,但毛利下滑超15%的门店占比亦高达33%,呈现出明显的两极分化。

市场竞争日益激烈,单店尤其是经营不善的门店面临的风险日益增加,未来售后渠道进一步整合的趋势将加剧。

10)2023年行驶里程将回归10000km以上,较2022年增长3%,但不及2021年水平。

2023年平均行驶里程预计达10223km。

新冠疫情过后,生产生活秩序逐渐恢复,人们的出行需求和频率逐渐增加,2023年平均行驶里程较2022年增长3%。但对比2021年来看,2023年行驶里程将仍不及2021年水平。

11)2023年超60%车主消费较2022年无增长,车主理性消费成主流。

对比近2年单车年均维保价值,相较2022年,2023年34%车主消费减少,28%车主保持不变,换言之,62%车主消费需求并未有所提高,这或将对维保规模持续快速增长带来一定压力。

售后服务企业应顺应市场变化,针对性地推出更个性化、高性价比的产品及服务来吸引客户,以减轻消费需求降低带来的负面影响。

12)车价30万元以上,新能源汽车减振器、乘用车轮胎等配件均价均显著高于传统汽车。

车价30万元以上的新能源汽车,减振器、乘用车轮胎、控制臂、制动片的均价均高于同价位的传统汽车,其中在减振器、乘用车轮胎两类配件上的价格差异较突出。

尽管新能源汽车在部分配件上的价格明显更高,但其更复杂的技术、更高性能的产品特点,也为新能源车主提供了更高效的驾驶体验。

13)2023年新能源单车维保价值约1877元,车价30万元以上的新能源与传统车单车价值差异显著。

2023年新能源汽车单车维保价值约1877元,传统汽车约2635元。

在不同车价区间上,传统汽车的单车维保价值均高于新能源汽车,在车价30万元以上的高端车上,单车价值差异更显著。

目前新能源汽车平均车龄偏小,而随着保有量及维修、保养需求的增加,未来新能源的单车维保价值将继续增长。

# 第5章 市场调查方法

【学习目标】

1. 素质目标：市场调查方法应该结合实际调查目标进行科学选取，引导学生对道德规范与科学研究的关系进行思考，构建科研行为的准则，提升学生对真理、学术的尊重。对于调查者来说要时刻关注市场和社会需求，深入实地做调查，调查访问过程中秉持良好的沟通态度与职业素养，并将获取到的企业和政府最新资讯融入研究中。

2. 知识目标：掌握市场调查的四种主要方法，能够基于经济性原则、调查目标来权衡各种市场调查方法。

3. 能力要求：培养选择市场调查方法以及实地调查的能力，能够在现场工作中运用各种调查方法。

【引导案例】

### CNNIC第54次《中国互联网络发展状况统计报告》

中国互联网络信息中心（CNNIC）2024年8月29日在京发布了第54次《中国互联网络发展状况统计报告》（以下简称《报告》）。《报告》显示，我国网民规模达10.9967亿人，较2023年12月增长742万人；互联网普及率达78%，较2023年12月提升0.5个百分点。相关数据显示，我国互联网行业保持良好发展势头，互联网基础资源夯实发展根基，数字消费激发内需潜力，数字应用释放创新活力，更多人群接入互联网，共享数字时代的便捷和红利。随着我国网络环境持续改善，数字向农、数字助老、数字惠民等常态化举措推动更多人群接入互联网，共享数字时代便捷和红利。

1997年，国家主管部门研究决定由中国互联网信息中心（CNNIC）牵头组织有关互联网单位共同开展互联网行业发展调查，至今CNNIC已成功发布53次全国互联网发展统计报告，形成了每年年初和年中定期发布《报告》的惯例，至今已持续28年。CNNIC的历次报告见证了中国互联网从起步到腾飞的全部历程，并且以严谨客观的数据，成为我国政府部门及国内外行业机构、专家学者等了解中国互联网发展状况、制定相关决策的重要依据。

启示：采用网络调查方法向调查对象发送问卷可以广泛地接触到互联网用户。

## 5.1 文案调查法

### 5.1.1 文案调查法的含义与作用

**1. 文案调查法的含义**

文案调查法又称文献资料调查法或间接调查法，是指调查人员在充分了解市场调查目的后，通过收集各种有关文献资料，对现在的数据资料加以整理分析，进而提出有关建议，以供决策者参考。

**2. 文案调查法的特点**

1）文案调查法是针对已有的信息资料展开资料收集工作的，因此通常情况下信息收集便利，相对收集一手资料而言节省时间和工作量。

2）文案调查法主要用于收集文献性的资料，这些资料大都经过实践检验，具有一定的参考价值，尤其适用于了解历史情况的研究。

3）通过收集一段时期的资料，可以了解市场的动态变化过程。

**3. 文案调查法的作用**

（1）**文案调查是市场研究的重要手段** 文案调查法可以收集市场在一段时期内的动态资料，依据这些资料，企业可以进行市场供求趋势分析、市场营销现象的相关与回归分析、企业产品的市场占有率分析和市场覆盖率分析等。

市场供求趋势分析通过收集各种市场动态资料并加以对比和分析，从中发现市场发展趋势。例如，根据新能源汽车近五年的市场销售量资料，可以推测未来一年新能源汽车市场需求的变动趋势。

市场营销现象的相关和回归分析是获取一段时期内一系列相互联系的历史资料，研究各种营销现象的相互影响的方向、程度和因果关系，如果营销现象之间具有因果关系，还可以进行预测。例如，某企业根据最近五年各个季度的广告投入和销售收入的历史资料，可以分析广告投入和销售收入在季度中存在的同增同减关系、关系的强度，以及广告投入对销售收入的推动力度。

市场占有率分析是根据各方面的资料，计算某种产品的市场销售量占该市场同种商品总销售量的份额，以揭示该产品的竞争力。例如，某企业运用文案调查计算出其产品的市场销售量连续几年占据行业前三的位置，这揭示出该企业在行业中居领导地位。

市场覆盖率分析是用某种商品的投放点与全国该种商品市场销售点总数进行比较，反映该种商品销售的广度和深度的方法。消费品行业比较关注这个指标，运用文案调查法收集数据，一个糖果生产商可以掌握其市场覆盖的程度，以及是否存在进一步的商品销售空间。

（2）**文案调查是实地调查的重要辅助** 通过文案调查不但可以形成对调查对象的初步认识，还可以取得实地调查难以获取的宏观市场环境、微观市场环境等背景资料以及行业资料。文案调查能够了解到营销现象背后各种可能的环境因素，为实地调查提供方向和进一步的说明，将文案调查资料与实地调查资料进行比对，还可以鉴别和证实实地调查结果的准确性和可靠性。

（3）文案调查是经常性的市场调查的重要途径　如果有充足的文献资料，那么可以随时根据营销工作的需要来收集和分析各种市场信息资料，市场调查人员可以定时、定期为营销决策者提供及时的市场调查报告。因此，企业应考虑建立信息库，重视各种市场信息资料的积累，以形成全面、系统的二手资料。

## 5.1.2　文案调查法的步骤与文献收集原则

**1. 文案调查法的步骤**

1）明确调查课题的中心内容，确定查阅文献的范围。

2）选择适当的检索工具，由近及远地查阅文献目录。

3）根据查阅文献的范围和文献的可能来源，确定检索途径和方法，如按内容、按分类、按作者或其他线索进行检索，都要分析考虑后才能确定。

4）通过图书目录、期刊目录和各种联合目录，找到需要查阅的原始文献、二次文献或三次文献。

5）对文献内容有一个基本的了解之后，要对文献进行筛选，把有价值的文献，包括各个时期有代表性的文章、专著、数字、资料和音像制品等搜集起来，保存下来，经过分析整理后写成文献报告。

**2. 文案调查的资料来源**

1）企业生产经营活动的各种记录，如业务资料、财务资料等。

2）各级政府部门发布的有关资料，如不定期发布的各种政策法规。

3）各级统计部门发布的有关统计资料。

4）各种经济信息中心、各行业协会和专业信息咨询机构提供的市场信息和有关行业情报。

5）各种公开出版物，包括书籍、报纸、杂志和期刊。

6）新闻媒体发布的信息资料。

7）国内外各种博览会、展销会、交易会、订货会等促销会议上所发放的文件和材料。

8）国际市场信息。

9）工商企业名录。

10）图书馆收藏的资料，包括各类研究机构的调查报告、研究论文集等。

**3. 文献收集的原则**

1）针对性原则。

2）系统性原则。

3）科学性原则。

## 5.1.3　文献资料查找的一般方法

**1. 直接法**（常用法、工具法）

直接法（常用法、工具法），指直接利用检索工具（系统）检索文献信息的方法。

（1）顺查法　指按照时间的顺序，由远及近地利用检索系统进行文献信息检索的方法。

（2）**倒查法** 由近及远，从新到旧，逆着时间的顺序利用检索工具进行文献检索的方法。

（3）**抽查法** 指针对项目的特点，选择有关该项目的文献信息最可能出现或最多出现的时间段，利用检索工具进行重点检索的方法。

### 2. 追溯法

追溯法就是追踪寻找的方法。一般以手头的文章和著作的作者在其文后所附的参考文献资料为依据去进行查找，并不利用检索工具。

追溯法的优缺点：优点是所获得的文献资料针对性强、比较实用。缺点是所查获的文献资料不够全面，且知识较旧。

追溯法合理使用的具体办法：首先要善于选择核心期刊，其次要多看一些述评总结性文章，特别是那些专题述评和动态综述。另外，要找具有经典性或权威性的著作。

### 3. 综合法（循环法）

综合法（循环法），指把上述两种方法加以综合运用的方法。先利用检索工具（系统）检索到一批文献，再以这些文献末尾的参考文献为线索进行查找，如此循环进行，直到满足要求时为止。

## 5.1.4 文案调查法的评价

### 1. 文案调查法的优点

（1）**不受时间和空间的限制** 文案调查以搜索历史信息为主要目的，历史信息是指已经记录并保存的信息资料，历史信息通常有专门的保存机构和保存地点，例如图书馆、文献库，利用互联网可以随时、随地获取各类信息。

（2）**方便实施，成本低** 文案调查主要运用电脑在互联网上搜索资料，或者在图书馆查阅文献。相比其他调查方法，文案调查不受场地限制，投入成本低。当需要了解和掌握历史信息时，可以运用文案调查手段。

（3）**具有较强的机动性和灵活性** 在现场调查获取一手信息资料的过程中，经常会产生对历史信息、二手信息进行验证的需要。二手信息是相对市场调查获取的一手信息而言的。当需要评价一手信息的质量时，可以机动灵活地运用文案调查获取二手信息来与一手信息进行对比和验证。

### 2. 文案调查法的主要局限性

（1）**缺乏可得性** 即使有些资料是存在的，但由于保密性或者其他原因，文案调查时仍得不到这些存在的数据。通常情况下，企业会以商业机密为由拒绝提供数据。

（2）**缺乏准确性** 文案调查法得到的数据并非总是符合某次具体调查的要求，例如调查所需的是月度数据，但文案调查得到的是季度数据，虽然可以从季度数据中推算出月度数据，但精确程度还是会受影响。

（3）**缺乏相关性** 文案调查法并不是基于本次调查项目的调查目的而收集资料的，文案调查得到的数据可能与本次调查项目所要求的数据缺乏关联。

（4）**缺乏现实性** 文案调查法主要获取历史资料，有可能这些资料中过时的比较多，现实中存在的新情况和新问题并没有得到反映。

## 5.2 实地访问调查法

### 5.2.1 访问法

访问法又称访谈法，是访问者通过口头交谈、邮寄或电话等方式向被访问者了解市场情况的调查方法。这种方法的特点是通过直接或间接的问答方式来获取被调查者的看法和意见。访问目的主要是了解被调查者的消费需求、消费习惯、对广告和营销策略的看法等。

#### 1. 入户访问

入户访问是指根据合理、科学的抽样，调查员到被调查者的家中或工作单位进行访问，直接与被调查者接触，然后或是利用访问式问卷逐个问题进行询问，并记录下对方的回答；或是将自填式问卷交给被调查者，讲明方法后，等对方填写完毕再回来收取问卷的调查方法。

入户访问指由调查员到被抽取到的样本对象所在住所进行访问的调查方法。访问时，调查员严格按照问卷的题目顺序和要求向被调查者展开询问，随后记录被调查者的回答。由于可以建立被调查者和调查者之间的信任和合作关系，一些比较敏感的话题比较容易展开询问，问卷回收率有一定保障。被调查者答完问卷后，调查者必须当场检查所有答案，这样能够避免被调查者有意或者无意漏答题项的情况。

入户访问需要调查员和被调查者之间一对一的接触，因此调查过程需投入许多人力和时间。当调查员到各个访问地点后，调查项目监督员难以对调查员的工作尽责程度进行跟踪和检查。现在许多居民区对外来人员有极大的抵触和戒备心理，调查员经常会被拒之门外。

#### 2. 街头拦截

街头拦截又称拦截访问，是指在某个场所拦截在场的一些人进行面访，这种方法常用于商业性的消费者意向调查，或者在调查对象具有一定特殊性，或总体抽样框（一份调查对象的名单）难以建立的情况下采用。

街头拦截的访问时间和地点比较集中，对调查对象没有特别的要求，因此每个样本的访问费用较低。同时，访问地点是由调查项目事先选取的，调查项目的督导能够现场监督调查者的尽责程度。由于难以控制被调查者，街头拦截的样本的代表性通常不太好，并不是纯随机抽样调查。被调查者对于拦截可能会比较抵触，导致拒答率较高。被调查者被拦截后因为时间因素，问卷题目不能太长或过于复杂。另外，其他在场人员包括被调查者的同伴会对被调查者的回答造成影响，导致问卷的答案真实性降低。因此用于街头拦截的问卷应当尽可能简短，不能占用被调查者过长的时间。问卷内容不能涉及个人隐私或过于敏感的话题，因为在街头这种公共场合，有关这些内容的问题容易拒绝回答。

【延伸阅读5-1】

### 日本环球时装公司的市场调查

日本服装业之首的环球时间公司，由20世纪60年代创业时的零售企业发展成为日本有

代表性的大型企业，靠的主要是掌握第一手"活情报"。他们在日本 81 个城市顾客集中的车站、繁华街道开设侦探性专营店，陈列公司所有产品，给顾客以综合印象，售货员主要任务是观察顾客的采购动向。事业部每周安排一天时间全员出动，3 个人一组或 5 个人一群，分散到各地调查。有的甚至到竞争对手的商店中观察顾客情绪，向售货员了解情况，找店主聊天，调查结束后，当晚回到公司进行讨论，分析顾客消费动向，提出改进工作的新措施。全国经销该公司时装的专营店和兼营店均制有顾客登记卡，详细地记载每个人顾客的年龄、性别、体重、身高、体型、肤色、发色、兴趣、嗜好、健康状况、家庭成员、家庭收入，以及使用什么化妆品，常去哪家理发店和现时穿着及家中存衣的详细情况。这些卡片通过信息网络储存在公司信息中心，只要根据卡片就能判断顾客眼下想买什么时装，今后有可能添置什么时装。这种调查方法，使环球公司迅速扩张，且其利润率之高，连日本最大的企业丰田汽车公司也被它抛在后面。

**3. 电话访问**

电话访问是指调查者以电话为媒介与被调查者进行交谈以获取信息的调查方法，适用于题目少、内容简单、需要及时得到调查结果的项目。电话访问是专业调查公司常用的一种调查方法。在一个安装有多部电话的办公场所，每部电话配备一台计算机，各台计算机连接到一台共同的服务器上，由服务器自动进行电话号码抽样、拨号及显示调查问题，调查员在电话访问过程中将被调查者的答案直接输入计算机和服务器的数据库。

电话访问可以节省入户访问和街头拦截的交通费用。当样本比较分散时，电话访问的时间优势非常突出。电话访问的办公场所是固定的，调查项目的监督员可以进行实时、现场控制，以减少数据的失真。电话访问的抽样框是现成的电话号码簿，不需要花费额外的成本来建立抽样框。但电话访问的样本代表性不强，尤其是在电话普及率不太高的地区，电话访问会造成较大的抽样误差。被调查者在电话访问过程中只需要挂断电话，就可以中止访问，难以了解被拒理由。

在入户访问和街头拦截中，调查员可以通过被调查者的表情、动作等肢体语言来判断回答的真实性，但在电话访问中，调查员无法对答案的真实性作出判断。

### 5.2.2 网上调查法

**1. 网上调查法的含义**

网上调查是传统调查在新的信息传播媒体上的应用。它是指通过网络针对特定问题进行的调查设计、收集资料和分析等活动。与传统调查方法类似，网上调查也有对原始资料的调查和对二手资料的调查两种方式。

**2. 网上调查的优点**

（1）调查范围广  网上调查是开放的，它突破了传统调查的时空限制，不受现实世界的地理区域限制，任一地点、任一时间的网民都可以参与调查。

（2）调查时效性强  网上信息传播速度快，网络可以迅速传递和反馈信息。问卷的提交和回收在网络上几乎是同步完成的。利用统计软件，调查结果的统计分析也可以同步完成。

（3）调查费用低  网上调查需要一台可以联网的计算机或手机等设备。互联网时代，几乎人人都拥有一台计算机或手机。企业可以通过网络发放在线调查问卷，避免印刷问卷、派遣调查人员、邮寄问卷等数据采集和录入工作，降低了调查成本。

**3. 网上调查的缺点**

1）样本对象的局限性，也就是说，网上访问仅限于网民，这就造成由样本对象的阶层性和局限性带来的调查误差。

2）所获信息的准确性和真实性难以判断。

### 5.2.3 网上问卷调查法

**1. 电子邮件问卷调查**

电子邮件（Email）是互联网上应用最广的服务。它以电子格式（如 HTML，txt 文件等）通过互联网进行通信和交换信息。

电子邮件问卷使用纯文本或附件形式。电子邮件问卷类似于纸质问卷，网民应将答案填写在需要输入的位置。电子邮件问卷发送到网民的邮箱后，会引起网民的注意，除非被作为垃圾邮件删除。电子邮件问卷可以避免用户重复填写，除非该用户拥有不同的电子邮件地址。

电子邮件问卷也有一些缺点。例如，缺乏一个有效的手段来检查应答错误，即使网民在发送问卷后发现填写错误，通常也不会主动要求再次填写问卷。此外，电子邮件问卷的显示效果取决于网民所使用的电子邮件软件，网民看到的电子问卷究竟是什么样的，调查人员事先并不能确定，因此，当格式失真时，电子邮件问卷的填写对部分网民来说变成一项不可能完成的任务。

**2. 转换式计算辅助电话访问系统**

转换式计算辅助电话访问系统用编程语言编写调查问卷之后，通过 Web 服务器与网民相连接。转换式计算辅助电话访问系统拥有良好的样本和管理系统，能够马上进行数据确认，并且要求立即更改非法输入的数据。该系统的问题是 Web 服务器和网民的客户端之间在技术上可能不兼容。另外，这套系统更昂贵，并非个人用户或者小型调查所能承受的。

**3. 互联网问卷调查系统**

互联网问卷调查系统是一套专门为构造和传输网上调查问卷而设计的软件，例如在中国有问卷星（https：//www.wjx.cn/）、调查派（https：//www.diaochapai.com/）和调查宝（https：//www.diaoyanbao.com/）等。这些系统可以帮助市场调查人员快速设计、派发和回收问卷，数据分析和统计报告能同步生成。互联网问卷调查系统对使用者没有任何专业编程要求，相比电子邮件问卷，它有丰富的显示效果；相比转换式计算辅助电话访问系统，它价格低廉，通常可以免费使用。

## 5.3 观察调查法

观察调查法，简称观察法。

### 5.3.1 观察法的概念

观察法是指调查员根据一定的研究目的、研究提纲或观察表，用自己的感官和辅助工具

在现场直接观察调查对象，记录正在发生的市场行为或市场现状，以获取各种原始资料。它是由调查者直接或间接利用仪器来观察、记录现场或者调查对象的行为以获取信息的资料采集方法。

观察法可以用于多种类型的市场调查项目。具体做法有调查人员到现场直接观察被调查者的直接观察法，利用种种仪器对被调查者的行为进行测量的行为记录法，以及通过一定的途径观察事物发生变化的证据，收集相关信息的痕迹观察法等。例如，通过在商品试销会、展销会等场合直接观察消费者对产品的品牌、款式、包装、价格的倾向，可以掌握大量的一手资料。对这些一手资料的事后分析有助于发现市场动向，例如，通过对各种类型的零售企业进行观察、对比，具体包括商品陈列、橱窗布置、外部装潢及客流量等来分析整个零售市场的经营状况。其中最主要的是观察顾客流量和神秘顾客。

观察顾客流量主要适用于一些商场超市，它们的经营者可以通过公开的观察来记录顾客流量，统计客流规律和商店购买人次，重新设计商品的陈列和布局。神秘顾客是由经过严格培训的调查员在规定或指定的时间里扮成顾客，对事先设计的一系列问题逐一进行评估或评定。

### 5.3.2　观察法的分类

**1. 人员观察法**

人员观察法即调查人员直接到现场观看以收集有关资料。例如，调查者到零售商店观察产品的货架，了解不同品牌产品的陈列、数量、价格、广告张贴等，企业可根据这些资料决定广告产品在市场的位置。在人员充足的条件下，调研机构会选择这种方法完成调研信息的搜集工作。由于是通过观察员的感觉器官来收集被观察对象的某些特征的信息，所以观察员所记录的信息，是经过他们自己的判断标准的"过滤"而提出的认识结果，存在一定的主观性。

**2. 仪器观察法**

仪器观察法即利用录音机、录像机、照相机、监视器、扫描仪等仪器进行调查的方法。主要包括电气反射实验、透视研究法、瞳孔计测验、机体反应测定、节目分析法、UPC法、瞬间显露测验、记忆鼓测验等。

### 5.3.3　观察法的步骤

**1. 观察法的准备工作**

（1）明确观察目的　观察目的是根据调查任务和观察对象的特点而确定的。明确观察目的，即要明确通过观察想要解决什么问题，然后确定观察的范围、对象、重点及具体计划观察的步骤。

（2）制订观察计划　要特别明确观察对象与目标。

一般来说，观察计划包括观察目的、观察重点与范围、想要获得的资料、观察的途径、观察的时间、次数和位置、选择观察的方法、列出观察的注意事项、观察人员的组织分工、观测资料的记录和整理、观察者的应变措施等内容。

这里提到的观察对象和目标可以是物（产品、竞争广告、市场关系等），也可以是人

(顾客、行人)。观察对象与观察目标是根据调查目的确定的,例如,为了调查汽车4S店销售顾问的服务情况,观察对象就为汽车4S店销售顾问,观察的内容包括汽车4S店对销售顾问工作时间内各个方面的工作标准和要求,诸如仪容、仪表、言行举止、对顾客的服务态度等。

**(3) 设计观察记录表** 为了将观察结果快速准确地记录下来,并便于随身携带,可将观察内容事先制成便于汇总的小卡片。制作卡片时,应先列出所有的观察项目,经筛选后保留重要项目,再将项目根据可能会出现的各种情况进行合理的编排。

表5-1是某商场为观察购买者的行为而制作的顾客流量及购物调查卡片。使用时,在商场的进出口处由几名调查员配合进行记录,调查卡片每小时使用一张或半小时使用一张,该时间内出入的顾客及其购买情况可详细记录下来。

表5-1 顾客流量及购物调查卡片

被观察单位_____ 观察时间___年___月___时至___时
观察地点_____ 观察员_____

| 观察项目 | 入向 | 出向 |
| --- | --- | --- |
| 人数 |  |  |
| 购物金额 |  |  |

**(4) 选择观察地点** 观察地点的选择既要便于观察,又要注意隐蔽性。

**(5) 准备观察仪器** 市场调查中观察并不仅限于人的视觉,而是指人的五种感觉器官的所有感觉。运用不同器官进行观察,所需配备的观察仪器也是不同的,见表5-2。

表5-2 感觉和观察工具

| 感觉 | 人的器官 | 在市场调查中的作用 | 辅助手段 |
| --- | --- | --- | --- |
| 视觉 | 眼睛 | 行为观察(广告牌效果检验) | 望远镜、显微镜、照相机和电影、电视 |
| 听觉 | 耳朵 | 谈话观察(顾客的言谈) | 助听器、录音机、噪声测量仪 |
| 触觉 | 手指、手掌 | 表面检验(纹路、结构、皮肤) | 触式测试仪、盲视仪、金相分析仪 |
| 味觉 | 舌、口腔 | 品味 | 化学分析仪、食味分析仪 |
| 嗅觉 | 鼻 | 食品、香料检验 | 香料分析仪 |

**2. 进入观察现场**

进入现场应取得有关人员的同意,或出示证件说明,或通过熟人介绍或通过内线,或取得观察对象中关键人物的支持而进入。一旦进入现场,观察者要尽快取得被观察者信任。

**3. 进行观察和记录**

**(1) 观察** 观察应有计划。观察应与思考相结合。观察应有序进行。具体可以采用下列几种方法。

1) 采用直接观察法进行观察。直接观察法就是调查人员直接到调查现场进行观察。例如,在柜台前观察消费者的购买行为,记录他们对商品的挑选情况;在橱窗前观察过往的客户对橱窗的反应,分析橱窗设计的吸引力;在大街上观察人们的穿着和携带的商品,以分析市场动向用以开发新产品。

在进行直接观察时应做好以下各项工作。

第一，尽可能不让被观察者觉察到有人在记录他（她）的表现。

第二，不要先入为主，观察要具有客观性，观察的对象反映的是什么，就记录什么，不要掺杂个人的任何成见或偏见，更不要把个人主观的推测和客观的事实相混淆，这样观察所得到的材料，才会是真实可靠的。为了增强客观性，可以利用仪器进行观察，或者几个人同时观察一个对象，同时记录，观察后相互核对记录的方法来提高客观性。

第三，在观察过程中，需要观察者的思维和注意保持高度的集中，每当一种现象发生时，一定要找出引起这种现象出现的原因。

第四，冷静处理偶发情况，观察时出现预先没有估计到的特殊情况时，不要慌乱失措，可如实把发生的情况记录下来，在观察过程和观察结束以后予以适当处理。

**【延伸阅读5-2】**

### 奇怪的客人

一次，一个美国家庭住进了一位日本客人。奇怪的是这位日本人每天都在做笔记，记录美国人居家生活的各种细节，包括吃什么食物，看什么电视节目等。一个月后，日本人走了。不久丰田公司推出了针对当今美国家庭需求而设计的物美价廉的旅行车。如美国男士喜欢喝玻璃瓶装饮料而非纸盒装的饮料，日本设计师就专门在车内设计了能冷藏并能安全防止玻璃瓶破碎的柜子。直到此时，丰田公司才在报纸上刊登了他们对美国家庭的研究报告，同时向收留日本人的家庭表示感谢。

2）采用痕迹观察法进行观察。痕迹观察法就是在调查现场观察和分析被调查者活动后留下的痕迹。这种方法在各种调查中广泛应用，也应用于市场调查。

例如，从居民的垃圾中分析居民的消费水平；国外有的汽车商派人观察汽车上收音机的指针停留的位置，以便选择受司机欢迎的电台做广告。

在进行痕迹观察法时，观察者要有耐心和细心，要严格的要求自己，不发生厌倦的情绪，具有积极进行工作的精神。

3）采用行为记录法进行观察。行为记录法主要是通过有关仪器，对调查对象进行记录和分析。例如，超市货品摆放对销售有一定的影响，请对某超市的消费者购物情况进行观察，以提供超市货品摆放位置的建议；对教学楼、图书馆的学生看书情况进行调查（观察），以了解学生课外学习的状态；观察一位企业经理人每天的工作时间安排，以推断他的岗位对其职业能力和素养的要求。

**【延伸阅读5-3】**

### 生活中调研智慧

美国尼尔逊广告公司，通过电子计算机系统在美国各地12500个家庭的电视机上装上电子监听器，每90s扫描一次，每一个家庭只要收看3s电视节目就会被记录下来，据此选择广告的最佳时间。

在我国，有的商家会用录像机记录下消费者的购买行为，以分析消费者的购买动机和购买意向。

在日本九州，有许多远道而来的顾客，特别是生怕忘事的家庭主妇，在到商店购物前，总喜欢把准备购物的商品的名称写在纸条上，买完后随手丢弃。于是一家百货公司的经理经常捡这种纸条，并以此作为重要的分析依据。这位经理还经常扮成顾客在电梯或休息处徘徊，悉心了解顾客对商品的要求。由此编制了一套扩大经营的独家经验，生意做得格外红火。

【延伸阅读5-4】

## 有趣的经济学现象

（1）**啤酒消费量** 市场上有啤酒销量萎缩，经济必然低迷的看法。当失业率高时，公司随时裁员，作为一家之主的男性没心情与同伴应酬，大多买酒回家消愁。但在家中不能痛快狂饮，更不能烂醉，啤酒销量于是开始下降。

（2）**领带** 领带销售多寡与经济盛衰成反比。销售高意味着经济不振，表明更多男性要身着正装去求职，需要领带的"配合"。

（3）**男士内裤** 美联储前主席艾伦格林斯潘曾提出过一个著名的"男性内裤销量反映经济形势"的理论，即经济形势良好，内裤销量会平稳上升，反之则下降。原因很简单，经济萧条时，男性会节俭开支，少买内裤。

（4）**口红效应** 指因经济萧条而导致口红热卖的一种有趣的经济现象，也叫"低价产品偏爱趋势"。在美国，每当在经济不景气时，口红的销量反而会直线上升。这是因为，在美国，人们认为口红是一种比较廉价的奢侈品，在经济不景气的情况下，人们仍然会有强烈的消费欲望，所以会转而购买比较廉价的奢侈品。口红作为一种"廉价的非必要之物"，可以对消费者起到一种"安慰"的作用，尤其是当柔软润泽的口红接触嘴唇的那一刻。再有，经济的衰退会让一些人的消费能力降低，这样手中反而会出现一些"小闲钱"，正好去买一些"廉价的非必要之物"。美国1929—1933年期间工业产值减半，但化妆品销售增加，1990—2001年经济衰退时化妆品行业工人数量增加，2001年美国遭受9·11袭击后，口红销售额翻倍。

（5）**女性裙摆长度** "美国仲裁之父"佐治·泰莱指出，裙摆离地尺码与股市盛衰成正比，即裙摆越高股市越旺，裙摆着地则股市"衰到贴地"，而此观点已被论证。经济增长时，女人会穿短裙，因为她们要炫耀里面的长丝袜；当经济不景气时，女人买不起丝袜，只好把裙摆放长，来掩饰没有穿长丝袜的窘迫。

（6）**女性头发长度** 据日本日用品制造公司"花王"于1987年开始在东京银座对一千名20~30岁女性进行的年度民意调查后汇编的"发型统计"显示，他们偏好蓄长发时，显示经济在复苏中；反之则经济仍在恶化。佐证是，1997年，留短发的女性比蓄长发的女性多，翌年为日本经济"最差"的一年，2008年经济有所起色，超过八成受访女性发型不是长发就是中长发。

（7）**高跟鞋指数**　IBM 的特雷夫·戴维斯博士指出："经济越不景气，高跟鞋的鞋跟就会越高。"持这种观点的经济学家不在少数。他们认为，在经济繁荣富裕之际，女人反倒爱穿平底鞋。20 世纪 20 年代，低跟鞋和平底鞋畅销。然而，在"大萧条"期间，低跟鞋和平底鞋销量下降，而高跟鞋的销量却在上升。

（8）**电影票房指数**　严峻的经济环境反而能够有效促进票房走高。研究者认为，在经济不乐观时期，人们更喜欢走进电影院，因为在这里人们才能暂时忘记生活的压力，彻底放松身心。这说明，既能够给消费者带来心理慰藉，价格又不算高，消费的起的产品，有可能在经济萧条时，获得更好的市场待遇。

（9）**擦车窗人指数**　每当在斑马线及红绿灯前突然跳出一名甚至多名卖廉价物品或手持抹布要洗擦你汽车玻璃的壮汉时，必然是经济不景气、失业率上升的反映。

（10）**扑克牌销量指数**　扑克牌销量越多，说明因失业而空闲的人越多，人们用打扑克来消磨时间，这本来就是一种对经济形势没信心的表现。如果经常碰到打扑克的，也许就是经济在下行的一种表现。

（11）**摩天楼指数**　也叫劳伦斯魔咒，因经济学家劳伦斯提出而得名。大楼的兴建与商业周期的剧烈波动高度相关，劳伦斯认为大楼的兴建通常往往意味着经济下行，他把这个发现称为"百年病态关联"：大厦建成，经济衰退。有以下例子佐证：

① 1908 年前后，当时最高的楼——美国纽约胜家大厦和大都会人寿大厦落成，接着金融危机就席卷全美，数百家中小银行倒闭。

② 1920 年前后，著名的帝国大厦落成，之后纽约股市崩盘，并引发了全球经济大萧条。

③ 1970 年，纽约世贸中心和芝加哥西尔斯大厦再夺全球最高，后发生石油危机，全球经济陷入衰退。

（12）**榨菜指数**　此指数由中国国家发改委提出，根据"涪陵榨菜"在全国各地的销售情况来推断人口的流动趋势。人口流动性最大的就是农民工兄弟了，而榨菜的特性大家都清楚：便宜、下饭、易携带。简单一句话：哪儿榨菜卖得好，说明人口流动到哪儿了！

（2）**记录**　在观察的过程中认真做好记录，是调查必不可少的一个环节。做观察记录，应符合准确性、完整性、有序性的要求，为此必须及时记录，不要依赖记忆。观察记录有两种记录方式，一种是当场记录，另一种是事后追记。

现代科学技术为社会调查提供了许多先进的调查手段如录音机、摄像机等。但在社会调查中使用这些技术手段要慎重，使用这些仪器会在一定程度上影响被观察者的行为。

事后追记多在不适合或不可能当场记录时采用，如观察的是敏感问题。

【延伸阅读5-5】••••••••••••••••••••••••

### 神秘顾客——商业密探：帕科·昂得希尔

帕科·昂得希尔是著名的商业密探，他所在的公司叫恩维罗塞尔市场调查公司。他通常的做法是坐在商店的对面，悄悄观察来往的行人。而此时，他的属下正在商店里努力工作，跟踪在商品架前徘徊的顾客。他们的目的是要找出商店生意好坏的原因，了解顾客走进商店以后如何行动，以及为什么许多顾客在对商品进行长时间挑选后还是失望地离开。通过他们的工作给许多商店提出了许多实际的改进措施。

如一家主要由青少年光顾的音像商店,通过调查发现这家商店把磁带放置得过高,孩子们往往拿不到。昂得希尔指出应把商品降低放置,结果其产品销售量大大增加。

再如一家叫伍尔沃思的公司发现商店的后半部分的销售额远远低于其他部分,昂得希尔通过观察拍摄现场解开了这个谜:在销售高峰期,现金出纳机前顾客排着长长的队伍,一直延伸到商店的另一端,妨碍了顾客从商店的前面走到后面,针对这一情况,商店专门安排了结账区,结果使商店后半部分的销售额迅速增长。

## 5.4 实验调查法

实验调查法,简称实验法。

### 5.4.1 实验法的准备

**1. 选择实验对象,根据调查目的确定实验变量**

确定实验对象和实验变量,是实验法的第一项工作。实验对象就是要进行实验的具体产品。实验变量是根据调查目的来确定的,例如,想知道不同的广告策划对汽车销售量的影响,那么实验对象就是汽车,实验变量就为广告策划;想知道超市里不同的陈列方法对销售量的影响,那么实验变量就为商品的陈列方法。

**2. 确定实验场所**

实验法调查可以在实验室进行,例如,在一个模拟商场中,试验一种新的商品陈列和购买方式,可以邀请一些目标顾客在这个模拟的商场参观购物,来调查其销售效果。

一般的实验调查在现场进行,它是在自然的市场环境中实施的,需要注意的是选择的实地环境应该是两个相互匹配的商场、城市或地区。这种方法的优点是调查结果也比较接近实际。

**3. 确定实验组与控制组**

实验组与控制组从选出来的几个相互匹配的商场(也可以是城市、地区)中确定实验对象,选择若干实验对象为实验组,同时选择若干与实验对象相同或相似的调查对象为控制组,并使实验组与控制组处于相同的实验环境之中。实验者只对实验组进行实验活动,控制组不进行实验活动,根据实验组与控制组的对比得出实验结论。

必须注意实验组与控制组两者要具有可比性,即两者的业绩、规模、类型、地理位置、管理水平等各种条件应大致相同。只有这样,实验结果才具有较高的准确性。

**4. 选择试验方法**

详细过程请见 5.4.2 实验法的进行。

**5. 制作实验表格**

根据实验方法的选择,制作相应的实验表格。

**6. 测量实验前实验组和控制组的销售量**

如果采用的是实验前后对比的方法,就必须先测出实验前的销售量,并填入上面的表格。

### 5.4.2 实验法的进行

1）如果能排除非实验变量的影响，或者是在非实验变量的影响可忽略不计的情况下，就选择单一实验组前后对比实验。

该实验选择若干实验对象作为实验组，将实验对象在实验活动前后的情况进行对比，得出实验结论。

其实验程序如下：选择实验对象，对实验对象进行实验前检测，对实验对象进行实验，对实验对象进行实验后检测并得出实验结论。

其公式为：

$$\text{实验效果} = \text{后检测结果} - \text{前检测结果} \tag{5-1}$$

在市场调查中，经常采用这种简便的实验进行调查。

某饮料为了提高汽水的销售量，认为应该改进原有的陈旧包装，并为此设计了新的包装图案。为了检验新包装的效果，以决定是否在未来推广新包装，厂家取 A、B、C 三种口味的汽水作为实验对象，对这三种汽水在改变包装的前一个月和后一个月的销售量进行了检测（见表 5-3）。

表 5-3 单一实验组前后对比表　　　　　　　　（单位：千瓶）

| 汽水口种 | 实验前销售量 $y_0$ | 实验后销售量 | 实验结果 $y_n - y_0$ |
|---|---|---|---|
| A | 60 | | |
| B | 66 | | |
| C | 56 | | |
| 合计 | 182 | | |

2）如果需要实验结果比较准确，那就选择实验组与控制组对比实验。其实验程序如下：选择实验对象，并在相同或相近的市场条件下将其划分为实验组与控制组，对实验组进行实验，然后分别对实验组和控制组进行实验后检测，做出实验结论。

其公式为

$$\text{实验结果} = \text{实验组实验后检测结果} - \text{控制组检测结果} \tag{5-2}$$

在市场调查中，也常常采用这种简便的试验调查。

某品牌服装为了了解广告明星是否对消费者购物产生影响，选择了 A、B、C 三个专卖店为实验组，再选择与之条件相似的 D、E、F 三个专卖店为控制组进行观察。在实验组中，店内置有多幅醒目的明星照片为 POP 广告，而控制组则没有类似的设置。实验为期一个月，具体情况见表 5-4。

表 5-4 实验组与控制组对比表　　　　　　　　（单位：千件）

| 服装品种 | 实验后销售量 |
|---|---|
| A,B,C（实验组） | |
| D,E,F（控制组） | |
| 实验结果 | |

3）如果实验经费充足，需要实验结果更加贴近现实，就选择实验组与控制组前后对比实验。

实验组与控制组前后对比实验的设计，是在实验中对于实验组和控制组在实验前后分别进行检测，然后根据其检测结果做出实验结论。

其实验程序如下：

选择实验对象，并将其划分为实验组和控制组，对实验组和控制组分别进行实验前检测，对实验组进行实验，对实验组和控制组分别进行试验后检测，做出实验结论。

其公式为

$$\text{实验效果}=\text{实验组结果}(\text{后检测}-\text{前检测})-\text{控制组结果}(\text{后检测}-\text{前检测}) \qquad (5-3)$$

由于是对实验组和控制组都进行实验前后对比，再将实验组与控制组进行对比的一种双重对比的实验法。它吸收了前两种方法的优点，也弥补了前两种方法的不足。

在单一实验组前后对比实验中，由于没有控制组，直接使实验变量发生变化，观察所引起的实验结果的变化。通常表现为销售量的变化。如在表5-2中，改变汽水的包装，检测包装的变化对销售量的影响。

在采用有控制组的对比实验中，只让实验组的实验变量发生变动，控制组作为参照对象。在一段时间后，测量实验结果因素在短时间内就实验变量发生变动后，对销售量产生影响所需的时间不同。比如，价格的变动、营销策略的变动、配方的变化和包装的变化等对销售量产生影响的时间各不同。所以为方便实验，一般选在一个月后对实验组和控制组的销售量重新进行测量，填入实验表格中。

## 5.5 现场工作

现场工作是正式的调查计划书的具体执行过程，即实施调查的过程。现场工作的目的是收集数据。调查项目组可以组建内部的调查小组，也可以雇请外部的专业调查公司进行收集数据的工作。

美国佐治亚大学的马尔霍特拉教授曾指出，所有的现场工作都涉及选择、培训、管理和评估的现场工作人员。现场工作的范围包括计算机辅助的个人访谈、入户走访、商场拦截、电话访谈、邮寄问卷和互联网调查等。

### 5.5.1 选择调查员

**1. 调查员岗位**

调查实施及数据收集的第一步是选择调查员。与想象的不同，负责收集数据的调查员通常不需要具备特殊的学术研究背景和专门的调查经验。调查员与调查对象的共同点越多，调查获得成功的可能性就越大。

事实上，由于调查项目一般是不稳定的，通常非专业调查公司不会设立专门的调查员队伍。即使是大型专业调查公司，各个时期的调查业务量也存在很大的波动，有时候几个调查项目同时实施导致调查员缺乏，有时候没有调查业务导致调查员没活干。

一个常见的现象是，当项目需要在多个区域展开调查时，项目组事实上没有条件在每个地点都建立一支调查队伍，这时可以根据调查内容的要求使用具有特定文化程度的调查员。一般的消费调查内容简单，访问过程不需要过多的技巧，使用普通人员即可完成调查任务。

对于有一定深度的调查，访问过程需要较多的沟通交流，因此需要使用具有一定文化水平的调查员。另外，像专家访谈一类的访问，需求调查员具有相当的综合素质。在校大学生是兼职调查人员的一个重要来源，他们有较充足的时间和较高的文化水平来完成调查任务。总的来说，调查员的背景、观点、理解力、期望和态度都会影响调查结果。

**2. 遴选调查员的考虑因素**

（1）**要考虑调查的方式和调查对象的特征**　尽量选择与调查对象相匹配的调查人员，对于入户调查，女性调查员的成功率远高于男性调查员。一般来说，招聘居委会成员作为调查员实施入户调查是一个不错的建议。

（2）**要重视调查人员的职业道德水平**　调查员应聘的目的在很大程度上是通过参与调查活动获得经济收入。报酬与调查的工作量是成正比的。调查工作的质量存在隐患，因为调查员的现场工作往往很难受到督导。例如，现场调查中让被调查者完成简单的问题，而复杂的题项由调查员自己来填写，或者不按照抽样得到的采访地址进行调查等问题。因此，调查员的职业道德水平应该是选择调查员的一个重要标准。

（3）**要注重调查员的语言交流能力**　在各个区域进行电话调查，或者对有不同方言的地区实施调查，最好招聘能熟练使用当地方言的人员作为调查员。

### 5.5.2　培训调查员

调查实施与数据收集的第二步是培训调查员，目的是保证收集数据的质量，内容包括如何接触调查对象、如何提问、如何追问、如何记录答案以及如何结束访谈等。

**1. 接触调查对象**

调查员与受访者的最初接触决定了后续的调查工作能否顺利进行。

（1）**注重第一印象**　调查员要注意仪表，给受访者朴素、精明、整洁的感觉，留下较好的第一印象。例如，所携带的装问卷、礼品及记录工具的袋子不要太大，物品尽量整洁。

（2）**接触时间**　调查员要考虑与受访者接触的时间，接触时间的选择对回答率和调查结果都会产生影响。例如，入户调查在工作日实施，会由于家中无人导致应答率不高，或者是家中仅有一些特殊的群体（如老人、家庭主妇等）导致结果偏离正常情况。

（3）**接触地点**　调查员应该按调查计划书的要求选择调查地点，同时要注意与受访者的接触方式的灵活性。例如，在商场等公开场所开展调查时，调查前要与商场管理方取得联系并获得他们的许可和支持，否则容易产生误会。

（4）**注重表情交流**　在访谈中，除了语言交流，调查员还可以通过表情、目光、动作和姿态与受访者进行非语言交流。表情是传达思想感情的一种方法，调查员要保持礼貌、谦虚和诚恳，用表情创造良好的访谈氛围。调查员的表情要适时变换，如用微笑鼓励受访者继续表达自己的观点，用略微严肃的表情表示当前问题很重要。调查员应在受访者说话时与其进行目光交流，以表示自己在倾听，但不要一直盯着对方，以免使对方感到不安。

点头的动作可以表示对受访者的肯定，记录的动作表示重视受访者的回答。调查员需要观察受访者的表情、目光、动作和姿态。这些传递了受访者的情感信息，例如，受访者的目光变化表明他是否对当前问题感兴趣，受访者不断看时间表明他希望结束这次访谈，受访者打哈欠表明他对访谈感到厌倦。

**2. 提问**

进入提问环节表明调查已经开始。调查员要意识到这是一个相互沟通、相互交流的过程。调查员要按规定的程序操作，杜绝修改问题的提法等不良做法。调查员在出示问卷后不要将目光过多停留在问卷上，这可能会对受访者产生一种诱导，导致答案失真。

调查员有时要主动帮助受访者正确回答提出的问题。注意，是引导回答问题，而不是诱导回答问题。这是因为在访问现场，主要是受访者说，调查员听，这就要求调查员控制访谈内容，当离题太远时，调查员要适时将交谈内容引导到调查问题上。如果受访者一时不能完整地回答，调查员可以给予标志性事件或时间进行启发，例如，受访者忘记了第一次购买电视的时间，调查员可以这样引导受访者：您第一次购买电视是在结婚后，还是结婚时，或者结婚前？

提问时应遵循的指导原则有：

1) 对问卷做到完全熟悉。
2) 按照问卷设计的顺序提问。
3) 使用问卷中的措辞。
4) 读问题时慢一些。
5) 如果调查对象不明白，则重复问题。
6) 对每个问题都要提问，不要遗漏。
7) 按照问卷说明和要求的跳跃模式提问，并且仔细地追问。

**3. 追问**

追问的目的是鼓励调查对象进一步说明、澄清或解释他们的答案。在访谈过程中，若调查员发现受访者的回答含糊其辞，或者是答案前后不一致甚至矛盾，或者回答明显不准确，就需要追问。

常用的追问语有："还有其他原因吗？""您指的是什么意思？""还有其他理由吗？""您为什么那样认为？""您是怎么看的？""您是怎么想的？""您为什么有这样的感觉？"

追问时要利用中性的、标准的追问语，不能将追问变成诱导。调查员要明白追问的目的是引导受访者将注意力集中到调查内容上，并提供更多的信息。

常用的追问技巧有：

1) 用同样的措辞重复提出问题能够有效引出答案。
2) 调查员可以边做记录边重复受访者的回答，这可以刺激受访者给出更多的信息。
3) 调查员可以使用期待性的停顿或眼光暗示受访者进一步提供信息，但要避免将短暂的沉默变成尴尬。
4) 调查员应该声明"答案不分对错，只需要表达您的看法"，这样可以打消受访者的顾虑。如果受访者要求调查员解释某个词的含义，调查员要及时声明："按照您自己的理解就行。"

**4. 记录答案**

记录调查对象的回答似乎是一个比较简单的环节，但很容易出现错误。问卷有两类问题格式：结构式问题和非结构式问题。结构式问题的答案已经限定好范围，调查员应当依据具体问卷的不同要求记录答案，通常是在代表被调查者的答案的方框上做标记，如画√。

非结构式问题由受访者依据自己的情况给出回答,调查员要真实地逐字记录受访者的答案。记录非结构式问题的答案有一些普遍的要求:

1)在访谈过程中记录答案。
2)使用调查对象的语言记录答案。
3)不要概括或解释调查对象的回答。
4)记录所有与提问目的有关的内容。
5)记录所有的追问和评论。
6)记录答案时要边记录边重复答案。

**5. 结束访谈**

访谈工作的最后一步是结束访谈。调查员在没有得到所有信息之前不能结束访谈,正常的结束是在完成所有的调查问题之后。

结束访谈时,调查员应当回答受访者提出的关于研究目的的问题,例如,"你们收集这些信息做什么?"如果受访者在答完所有题目后自然地给出了一些评论,调查员也要详细记录。

调查员在结束访谈之前可以向受访者发出访谈将要结束的信号。例如,"您还有什么需要补充的吗?"

结束时,应感谢受访者的配合,通常会赠送一个小礼品。如果受访时因为其他原因中断,也要记得表达感谢,并约定再次访问的时间。结束离开时,不要将物品遗忘在受访者家中。

**【延伸阅读5-6】**

### CMOR 关于降低现场工作拒答率的建议

市场营销与民意调查理事会(CMOR)是美国的一家非营利组织。该组织进行的一项调查访问了3700名美国消费者,其中近45%的人说他们在过去一年中拒绝过参与某项调查。CMOR提供了一些与现场工作有关的降低拒答率的建议:

1)定期对调查员进行培训,使他们能够有效地开展工作。
2)当决定何时进行访问时应该为对方着想,建议在早9点至晚9点之间进行。
3)当拦截的调查对象说不方便时,应当约好时间,晚些时候再进行。
4)在不会导致数据产生偏差的前提下,可以将研究的主题告诉调查对象,提供的信息越多,人们的疑虑越少。
5)现场工作中访问人员应当尽量使访问成为一项愉快和有趣的活动。

### 5.5.3 管理调查员

调查实施与数据收集的第三步是管理调查员,目的是确保调查员按照工作说明书或培训要求进行调查,内容包括质量控制、抽样控制、作弊行为控制和不按照调查计划书的要求进行访问等。

管理工作质量主要通过一系列文档来展开,常用的文档包括:

1）培训材料。例如培训手册、调查人员操作手册。
2）操作控制文件。例如问卷交收表、项目进度表、配额表、入户接触表。
3）检查性文件。例如陪访报告、问卷复核记录、复核报告等。

**1. 质量控制**

质量控制即检查现场工作过程是否准确。质量控制由督导员主导，对于现场工作中发现的问题，督导员要与调查人员及时沟通。对于新出现的问题，必要时还可以对调查员进行额外的培训，督导员应该仔细检查回收的问卷，看是否所有的问题都有答案，是否存在不完整或不合格的答案，问卷的字迹是否清晰等。督导员还应该记录调查员的工作时间和费用，以便了解单位成本是多少，工作是否按进度进行，以及调查员是否面临调查上的困难。

**2. 抽样控制**

抽样控制用于保证调查员严格按照抽样计划进行调查，而不是为了图方便随便选取样本。调查员违反抽样要求，不按抽样原则进行访问的原因主要，有如下几个：

1）调查员通常倾向于避开那些他们认为不合乎需要或难以接触到的抽样单位。
2）如果抽到的样本本人不在家，调查员很可能访问下一个抽样单位作为替代，而不是试图进行回访。
3）调查员有时为完成抽样配额的要求，会自作主张扩大定额抽样的范围。
4）调查员不熟悉访问地点，又不能正确使用抽样图，找不到指定到户的门牌，而任意选取一户进行调查。

**3. 作弊行为控制**

作弊行为控制是为了杜绝调查员修改问卷的部分答案或整个问卷的答案。为做好作弊行为控制，需要知道访问会在哪些方面作弊。

（1）伪造问卷　调查员为完成任务有可能伪造答案或者不与调查对象联系就填写虚假答案，即不访问就自填问卷。伪造问卷一般较少出现，这是一种非常恶劣的作弊。

（2）更换访问对象　某些调查项目对访问对象要求较高，受访人群不容易寻找，访问员为简化工作程序，尽快完成调查，可能会更换访问对象。例如，入户访问中，合格的受访者不在家，访问员为减少工作量而不愿意预约下次访问的时间，也可能受侥幸心理影响，认为更换访问对象后的访问也算得上一个合格样本，于是就会挑选在家的家庭成员来代替合格的受访者。

（3）诱导被访者协同作弊　访问员在访问过程中遇到态度非常好的被访者时，教导被访者在接受质量控制人员的检查时给予合格的答案。

**4. 不按照调查计划书的要求进行访问**

（1）向受访者暗示答案　如果访问员在访问时对被访者进行了一些暗示，就会导致他回收的问卷在一些题目上出现相同的答案，致使调查结果出现偏差。

（2）访问员不按要求出示照片、样品等访问工具　对于同一道题目，出示访问工具与否所获得的研究结果是不同的，这也会导致调查结果出现偏差。

（3）访问员不采用读录法　访问员在访问过程中让受访者自己拿着问卷填写。大多数访问中，除了一些特定的访问是自填问卷，一般都以访问员提问—被访者回答—访问员记录

答案的方式进行。访问员改变答题方式会直接影响问卷的质量，这样的后果是被访者的回答内容不准确。

### 5.5.4 现场核实

调查实施与数据收集的第四步是现场核实，目的是证实调查员提交的调查结果是真实可信的。核实，又称审核，是指对访问员的现场工作进行验证。调查项目组通常需要对部分调查对象进行核查，了解调查实际进行的时间长度、调查对象对调查的回应和调查者的人口统计特征等。现场核实的方法有如下两种。

**1. 督导员重新联系受访者**

行业标准是从完成的调查中随机抽取10%进行回访，主要是为了核实访问的真实性。具体内容包括：

1）受访者是否接受了相应的访问。
2）接受访问的时间长度是否在调查计划所要求的范围内。
3）接受访问的地点和方式是否符合调查计划，例如入户访问中访问员是否入户。
4）访问员是否将问卷内容都问完了，例如，是否在访问过程中跳过一些题目。
5）访问员在访问过程中行为是否规范，是否按要求向访问者赠送了礼品或礼金等。

**2. 督导员检查整个问卷的完成情况**

（1）初审　在调查实施期间，督导员应当每天从调查员手中回收完成的问卷。调查员交回问卷时，督导员要负责初审这些问卷：是否有漏问，跳问是否正确，调查员对问卷中各类问题的理解是否准确等。如果督导员在初审中发现问题，必须及时与调查员沟通，解决在这批问卷中出现的问题，避免在以后的调查中再次出现类似的问题。

（2）再审　督导员初审后，还需要安排专门人员进行问卷的再审。再审的目的是检查问卷的答案之间是否存在逻辑方面的问题。

如果调查项目有配额要求，则需要检查配额要求，若不符合要求，应及时与调查员联系，予以改正。采用配额抽样技术时，调查总体被细分为几个次总体，总样本量按照各次总体在调查总体中所占的比例分配。这样在选择样本单元时，为每个调查员指派一个"配额"，要求他在某个次总体中访问一定数额的样本单元。

如果调查项目有明确的问卷规范，则需要检查问卷的规范性。无任何联系方式、难以复核的问卷应视为废卷。如果问卷中的重要问题未答或者超过15%的问题漏答，则视为废卷。督导员要在问卷封面上注明"废卷"字样，及时与调查员联系，并进行必要的弥补。

如果调查项目有明确的信息准确性要求，则需要检查问卷有无错答。检查问卷答案是否存在逻辑错误、跳答错误和填写错误。例如，某份问卷表明一个年龄为20岁的样本，家里有4个在上学的子女，这份问卷的答案就有很大可能性存在逻辑错误。

【延伸阅读5-7】

#### 顶新集团的调查质量控制方法

为准确了解消费者对包装水的类别、品牌、包装类型等的需求，顶新集团饮品事业部拟对北京、沈阳、西安、昆明、杭州五城市包装水的消费者进行一次定性调查。受顶新集团的委托,北京精准企划在与饮品事业部进行沟通的基础上制订了调查方案,决定采取小组座谈会法来收集数据,并在实施小组座谈会的过程中采取了如下质量控制方法:

1) 所有相关的调查人员深入理解项目背景和研究目的。
2) 座谈会主持人要有丰富的主持经验。
3) 相关的项目参与人员集中进行项目培训,加深对调查设计的理解并消除理解上的误差。由项目负责人详细介绍项目背景、研究目的、调查内容、调查方法和座谈会的质量控制,并就可能出现的问题进行讨论,积极听取大家的意见。
4) 为了解决访谈提纲中存在的问题,主持人应该在真实的环境下进行试访谈。试访谈结束后及时进行总结,以找出访谈提纲中存在的问题并统一提问方式。
5) 所有访问对象均需经过三次甄别。
6) 所有提问都必须依照访谈提纲进行。
7) 录音、录像设备在座谈会开始前必须试运行。
8) 调查报告需经过初稿、二稿和定稿的讨论。

## 5.5.5 评估调查员

调查实施与数据收集的第五步是评估调查员,目的是提高调查员素质,评估包括成本、时间、回答率、访谈质量和数据质量等方面。

**1. 成本和时间**

成本和时间对调查员来说可以用平均每次调查的总成本(工资加费用)进行比较。如果不同城市之间成本存在较大差异,这种比较就只能在具有可比性的那些现场工作人员中进行。对现场工作人员还可以根据其时间分配情况进行比较,其花费的时间应该分成实际调查时间、旅行时间和管理时间。

**2. 回答率**

管理人员应该监控一段时间内的回答率,并且在回答率过低的时候及时采取相应措施。如果某个调查员的拒访率过高,管理员可以倾听他所使用的介绍词,并立即进行指导。调查员的工作结束之后,可以通过比较不同调查员的拒答率判断其工作的好坏。使用问卷的回答率来评价数据质量时要考虑以下几个因素:

1) 采集数据的方式。如是电话访问还是邮寄调查等,不同的访问方式本身就存在回答率的差异。
2) 问卷的难度。内容复杂、长度过长的问卷及含有敏感问题的问卷的回答率较低。
3) 无回答的类型。调查中有两类无回答:一种是被调查者无回答,另一种是问卷题无回答。造成无回答的主要原因有拒访、样本不在家或者被迫放弃、中途中止等。

**3. 访谈质量**

要想对调查员的访谈质量进行评估,督导员必须直接观察访谈过程。督导员可以使用人员观察,也可以要求调查员将访谈过程录下来。访谈质量的评估标准包括介绍是否恰当、现场工作人员的提问是否准确、在不误导的前提下进行追问的能力、询问敏感问题的能力、访谈中表现出的人际交往技巧,以及结束访谈时的表现等。在问卷的尾部一般会设计几个由调查员在访问结束后填写的项目，内容主要是：①调查对象对问卷的理解程度。这个信息可以作为修改、完善问卷的参考。②调查对象的配合程度。这个信息可以作为数据可信度的参考。

**4. 数据质量**

数据质量的一些指标包括：

1）记录的数据清晰易读。
2）严格按照问卷说明（包括跳读规则）进行调查。
3）逐字记录非结构式问题的答案。
4）非结构式问题的答案有意义且完整，能够进行编码。
5）未回答的项目比较少。

受访者合作是指人们参与调查的一般意愿。由于许多广泛应用的营销调查技术需要从普通消费者、某领域的专家、企业领导或者调查人员感兴趣的其他群体那里收集数据，因此被调查者是否愿意参与调查成为营销调查人员非常关心的问题。

遗憾的是，调查人员发现鼓励人们参与调查越来越困难。有很多理论可以回答为什么人们不愿意参与调查。一种广泛认同的观点是：营销调查日益普及，消费者可能因为过多的问卷调查、焦点小组访谈及其他研究而感到厌烦，不愿意参与营销调查。另一种观点认为，公众保护个人隐私的意识不断增强，因而不愿意受到打扰。在信用卡、互联网的使用中以及人们日常生活的其他方面都可能出现欺诈行为和身份信息泄露，现在隐私保护成为现代社会的首要问题。这些情况可能会降低受访者的合作程度。对于调查人员来讲，受访者不愿意参与调查会导致两个主要问题。

第一，调查成本随着人们抵制参与调查而增加。由于受访者的合作程度降低，因此调查人员需要以更高的物质承诺来招募问卷调查、焦点小组访谈及其他类型调查所需要的受访者，在实践中，这可能意味着提供金钱刺激或安排额外的电话访问、邮件或信件，或者使用其他技巧鼓励人们参与。

第二，受访者的低合作度会影响调查的数据质量，例如，在问卷调查中可能会出现非回应偏差或误差。当调查人员无法访问本次研究所选的潜在受访者时，调查结果就会受到影响。

## 5.6 市场调查伦理

### 5.6.1 市场调查伦理的内涵

**1. 市场调查伦理的概念**

伦理指的是控制个人或群体行为的首要原则或价值观。市场调查伦理就是市场调在活动参与者应持有的价值观。

美国市场营销协会将市场调查伦理概括为：禁止借市场调查的名义进行销售或融资活动；维护调查的公正，避免相关调查数据的错误解释和遗漏；公平对待外部客户和信息提供者。

**2. 市场调查伦理产生的原因**

市场调查涉及四类人群：调查供给方（调查工作者、受托方）、调查需求方（客户、委托方）、调查对象（受访者）和调查涉及的利益相关者（社会公众）。当他们有利益冲突或

者其中一方未尽其责任时,就产生了市场调查伦理问题。

调查供给方、调查需求方和调查对象三者之间负有一定的责任。从市场信息的角度看,调查需求方应当向调查供给方反映真实的调查需求,调查供给方应当向调查需求方提供真实的调查结果,调查对象应当如实向调查供给方提供调查答案。

调查供给方对调查项目本身和调查项目的利益相关者负有一定的责任。调查供给方当意识到,从社会文化的角度看,一个调查项目涉及的利益相关者数量较大,每一名调查对象对调查项目本身和调查业的认识都将影响到他周围的人对调查活动的认识。

### 5.6.2 调查工作者的责任和义务

**1. 不能扭曲调查目的**

调查目的的表述应当明确,不能含糊地表达,否则将违背客观性原则。调查目的应当是委托方利益的直接体现,调查工作者不能为了增加调查项目收入或者降低调查项目支出而去曲解调查目的,更不能对调查方案做出不恰当的设计。例如,一手数据成本较高,但调查工作者也不能为了降低成本使用二手数据,而且如果这样做了,后期为了隐藏这种做法带来的不良后果,调查工作者往往又会曲解调查目的。

在市场调查活动开始时,调查工作者必须和委托方在调查目的上达成共识,清晰地界定委托方需要获取什么样的信息、需要做出何种决策,确保实现委托方的利益最大化。

在市场调查活动中,调查工作者应当明确告知调查对象本次调查项目的目的。不能为了获取调查对象的支持,就给予调查目的虚假解释,导致调查对象的答案不准确,这违背了准确性原则。例如,给予被调查者一定的报酬是恰当的,但为了诱惑被调查者接受调查,给予丰厚的奖品就是不道德的。

**2. 不能泄露调查对象和委托方的隐私**

调查人员有责任保护被调查者的隐私权和匿名权,不能为了自身利益而出售被调查者的信息,这违背了保密性原则。如果调查在公共场所进行,调查工作者应当通过张贴告示等手段告知人群他们正在被观察。如果被调查者提出保密要求,或者要求自己的言行不被记录,调查人员应当不保留相关资料。

调查人员有义务对委托方的信息保密。委托方的信息往往具有商业价值,调查人员不得受财物诱惑将委托方的信息提供或者售卖给第三方。

**3. 不应结论不实**

当调查数据与预期不一致时,调查工作者需要将调查数据如实告知委托方,不能传递虚拟、有错、不实的结论。调查人员不能更改调查结果和研究结论,对调查数据的统计意义不得曲解。当调查出现错误导致调查结果不实时,调查人员要及时向客户说明,不得出于一些考虑而隐瞒事实。

### 5.6.3 委托方的责任和义务

**1. 不能隐藏调查目的**

委托方是调查需求者,总是基于某个特定的营销问题而产生调查需求。作为受托方的调查工作者,第一步往往是界定调查目的。委托方不能出于一些特殊目的而隐藏自身的真实问题,导致调查工作者错误地界定调查目的。如果出现这种情况,调查工作者的调查工作往往会受到委托方的干扰，随时面临调查结果有偏差的压力。委托方也不能向调查工作者强加调查目的，造成为调查而调查的局面，导致调查服从于支撑某项决策的要求。

**2. 不得滥用调查信息**

调查信息的滥用是一个常见的调查伦理问题。例如，委托方将调查结果用于与调查目的迥然不同的事项，更严重的是，将调查结果用于不符合道德、社会价值观等要求的目的上。

### 5.6.4 调查对象的责任和义务

在市场调查中，调查对象的隐私权和保密权必然受到保护。自愿参加调查项目的被调查者，在伦理上有义务提供诚实和真实的回答，但同样被调查者也可以谢绝回答不愿意回答的敏感问题。

市场调查过程中，调查对象付出时间参加调查，通常调查项目会支付一定的报酬或者给予相应的物质补偿。调查对象不应当基于获取报酬的目的参与调查，或者敷衍调查人员，草草回答调查问题。

## 本章小结

本章主要介绍市场调查资料搜集的各种方法，如文案调查法、访问法、观察法、实验法等。并阐明各种调查方法的含义、特点及其具体运用，为调查者能够针对特定的调查项目正确选择调查方法提供指导。

## 课后习题及技能训练

一、重点名词

文案调查法　访问法　观察法　实验法

二、思考题

1. 简述文案调查资料的来源。
2. 比较入户访问、电话询问、邮寄访问、拦截访问的优缺点。
3. 观察法的类型有哪些？观察调查法有何应用？
4. 观察法的优缺点是什么？
5. 实验法的优缺点是什么？实验法的类型有哪些？
6. 在你所在的城市找一条商业街，从一头走到另一头，尝试回答如下内容：这条街上有多少商店？这条街的市场定位是什么？你认为哪些商品比较好卖？判断依据是什么？如果给你 $30m^2$ 店铺，你准备经销什么产品？原因或依据是什么？

## 在线自测

# 第6章　调查数据的统计分析

【学习目标】

1. 素质目标：引导学生要紧跟数据分析发展前沿，结合当前主流的大数据挖掘技术和软件来更新自己的知识库，刻苦钻研，并在调查实践中深入细致地去理解、拥抱数字经济，关注信息技术的最新发展和应用。培养学生遵守数据管理的有关法规，在实践中合法使用客户数据。诚实守信，对数据进行如实整理而不会为了一些原因进行数据篡改，以科学的态度对数据进行严谨客观地分析，区分客观数据结果和主观预测，并且实事求是地去呈现所有相关的分析结果。

2. 知识目标：了解调查数据处理的程序和方法，掌握数据的描述统计分析。

3. 能力目标：培养学生在学习上、生活上追求实事求是的科学态度，养成严谨务实的治学态度；培养处理数据的能力，能够运用描述统计分析方法对处理后的调查数据进行分析。

【引导案例】

### 常州市新能源汽车市场的调查与统计

2020年11月14日，习近平总书记在全面推动长江经济带发展座谈会上强调，要加快产业基础高级化、产业链现代化。近年来，随着"三新一特"产业链招商的深入推进，常州市已成为长三角新能源汽车产业链最全、最长的地区之一。为了持续推动常州市新能源汽车市场化发展，特开展此次调查。调查时间为2020年12月22日至2021年01月21日。现将调查结果反馈如下：

（一）主要调查数据

1. 您的性别是什么？（单选题）
○ 男　　　　　　　　　　　　　　　　　　　　　　占84.07%
○ 女　　　　　　　　　　　　　　　　　　　　　　占15.93%

2. 您的年龄在什么范围内？（单选题）
○ 18岁及以下　　　　　　　　　　　　　　　　　　占1.77%
○ 19~25岁　　　　　　　　　　　　　　　　　　　占7.96%

○ 26~40 岁 　　　　　　　　　　　　　　　　占 51.33%
○ 41~60 岁 　　　　　　　　　　　　　　　　占 37.17%
○ 61 岁及以上 　　　　　　　　　　　　　　　占 1.77%

3. 您的学历是什么？（单选题）
○ 专科及以下 　　　　　　　　　　　　　　　占 43.81%
○ 本科 　　　　　　　　　　　　　　　　　　占 47.79%
○ 硕士研究生 　　　　　　　　　　　　　　　占 7.08%
○ 博士研究生 　　　　　　　　　　　　　　　占 1.32%

4. 您的家庭成员人数是多少？（单选题）
○ 1 人 　　　　　　　　　　　　　　　　　　占 1.77%
○ 2 人 　　　　　　　　　　　　　　　　　　占 6.64%
○ 3~5 人 　　　　　　　　　　　　　　　　　占 81.86%
○ 5 人以上 　　　　　　　　　　　　　　　　占 9.73%

5. 您的家庭月收入是多少？（单选题）
○ 5000 元以下 　　　　　　　　　　　　　　　占 12.39%
○ 5000~10000 元 　　　　　　　　　　　　　　占 33.19%
○ 10001~15000 元 　　　　　　　　　　　　　 占 18.14%
○ 15001~20000 元 　　　　　　　　　　　　　 占 21.68%
○ 20000 元以上 　　　　　　　　　　　　　　 占 14.6%

6. 您家庭目前拥有汽车的数量是多少？（单选题）
○ 没有车 　　　　　　　　　　　　　　　　　占 12.39%
○ 1 辆 　　　　　　　　　　　　　　　　　　占 53.1%
○ 2 辆 　　　　　　　　　　　　　　　　　　占 28.76%
○ 3 辆及以上 　　　　　　　　　　　　　　　占 5.75%

7. 您是否打算购买新能源汽车？（单选题）
○ 是 　　　　　　　　　　　　　　　　　　　占 42.92%
○ 否 　　　　　　　　　　　　　　　　　　　占 52.21%
○ 已购买 　　　　　　　　　　　　　　　　　占 4.87%

8. 您所能接受的新能源汽车价格大约是多少？（单选题）
○ 5 万以下 　　　　　　　　　　　　　　　　占 18.58%
○ 5 万~10 万 　　　　　　　　　　　　　　　占 28.76%
○ 10 万~15 万 　　　　　　　　　　　　　　 占 30.09%
○ 15 万以上 　　　　　　　　　　　　　　　 占 22.57%

9. 如果您打算购买新能源汽车，您希望享受什么优惠？（多选题）
□ 购车财政补贴 　　　　　　　　　　　　　　占 87.61%
□ 免购置税 　　　　　　　　　　　　　　　　占 75.66%
□ 免限号 　　　　　　　　　　　　　　　　　占 46.46%
□ 其他 　　　　　　　　　　　　　　　　　　占 24.78%

10. 相比于传统的燃油动力车，您认为新能源汽车的优势是什么？（多选题）
  - ☐ 节能环保　　　　　　　　　　　　　　　　占 74.78%
  - ☐ 价格便宜　　　　　　　　　　　　　　　　占 31.86%
  - ☐ 有扶持优惠等政策　　　　　　　　　　　　占 64.6%
  - ☐ 时尚新潮　　　　　　　　　　　　　　　　占 23.45%
  - ☐ 运行平稳、舒适性好　　　　　　　　　　　占 36.28%

11. 目前我国的新能源汽车正在一步步发展，您觉得制约新能源汽车发展的因素是什么？（多选题）
  - ☐ 时速慢　　　　　　　　　　　　　　　　　占 16.81%
  - ☐ 电池续航能力差　　　　　　　　　　　　　占 87.61%
  - ☐ 充电桩太少　　　　　　　　　　　　　　　占 86.28%
  - ☐ 充电时间长　　　　　　　　　　　　　　　占 69.91%
  - ☐ 价格高　　　　　　　　　　　　　　　　　占 41.15%
  - ☐ 不安全　　　　　　　　　　　　　　　　　占 31.42%

12. 您觉得政府应该如何创新和完善税收扶持政策来引导新能源汽车产业健康长足发展？（多选题）
  - ☐ 在研发、生产环节，加强补贴及税费优惠的精准性　　占 76.55%
  - ☐ 在购买、使用环节，精准实施税费减免　　　　　　　占 82.74%
  - ☐ 在保有环节，研究完善保险支持政策，升级配套保险服务　占 80.09%

（二）调查结果分析

通过此次调查发现，新能源汽车日趋被大众所接受，针对新能源汽车运行平稳、舒适性好、节能环保的优点，特别是国家对购买新能源汽车有补贴政策，相当一部分人有购买新能源汽车的意向。但是，新能源汽车产业要想长足发展，还面临着一系列的问题，比如电池续航能力差、充电桩少、充电时间长等问题，影响了市民的购买欲望。

2020年11月2日，国务院办公厅印发了《新能源汽车产业发展规划（2021—2035年)》，新能源车企将迎来新一轮的发展契机。该规划指出，要以深化供给侧结构性改革为主线，坚持电动化、网联化、智能化发展方向，以融合创新为重点，突破关键核心技术，优化产业发展环境，推动我国新能源汽车产业高质量可持续发展，加快建设汽车强国。下一步，新能源汽车产业行业还应着力推进技术改造升级，实现新能源汽车核心技术攻关，优化产业结构，降低新能源汽车使用维护成本，落实配套设施的跟进，进一步提升其市场竞争力。

# 6.1 数据的确认与编辑

数据的确认是为了确保调查问卷是有效问卷，即调查是按要求正确无误进行的。研究人员必须确信调查结果真实反映了目标顾客的回答。数据的编辑是对访问员和应答者的错误进行检查，筛选不合格的调查问卷。通常数据录入前，问卷至少应经过两次编辑整理，包括一

系列问题的查验。

### 6.1.1 筛选不合格的调查问卷

通常有下面情况的问卷是不能接受的:
1) 收的问卷明显不完整,缺了一页或者多页。
2) 问卷中很多内容没有填答。
3) 问卷的模式说明调查员(或被访者)没有理解或遵循访问指南回答。
4) 问卷的答案几乎没有什么变化(如在态度的选项上全部选择了某项)。
5) 问卷的被访者不符合抽样要求。
6) 问卷的回收日期超过了访问期限。

### 6.1.2 检查问卷真实性

通过电话确认的方式,从完成的调查问卷中,随机抽取 10%~20%,根据调查问卷中记录的被调查者的姓名、地址及电话号码等,进行核实,核实两个方面:
1) 核实原来的调查员是否真的对个案进行过调查。
2) 将两次调查结果进行对比以检查第一次调查的质量,确认此人是否真正接受了调查。

合格问卷的标准为:数据真实,操作规范,填答完整。

### 6.1.3 不合格调查问卷的处理

1) 返还现场,与调查对象取得联系,取得符合要求的数据资料。
2) 找出遗漏值,保留有用信息。

## 6.2 数据的编码

数据的编码是指对一个问题的不同答案进行分组和确定数字代码的过程。编码可以按照预先编码或事后编码来进行。大多数问卷的大多数问题都是封闭式的,在调查之前就已完成编码过程,即每一组问题的不同答案的数字编码已经确定。事后编码主要是针对开放式问题。

### 6.2.1 明确封闭式单选问题的编码

这类问题,通常调查问卷在设计时就已将答案的代码确定好了。如例 6.1 所示:

例 6.1 假如有一个样本是来自农村的大三女生

A1 您的性别是:①男 ②女
A2 您现在读:①大一 ②大二 ③大三 ④大四
A3 您的户口是:①农村 ②城镇

则她在这三个问题上的答案,用编码表示就是 231。

### 6.2.2 明确封闭式多选问题的编码

通常,多项选择题编码时,会把多项选择题的每一个选项看作一个变量来定义。0 代表没有被选中，1代表被选中。这样，多项选择题中有几个选项，就会变成几个单选变量，这些单选变量的选项都有两个，就是选中和未选，即0或1。若问题中有5个多选项，则可将5个选项分别设置5个变量：A1、A2、A3、A4、A5，这样该问题分解为5个变量，每个变量设置变量值为0和1，见表6-1。

在大学生的消费现状调查中，有这样一个问题：你上大学的经济来源是：

表6-1 大学生消费现状之"你上大学的经济来源"

| 变量名 | 变量标签 | 编码方案 | |
|---|---|---|---|
| A1 | 助学贷款 | 1=选中 | 0=没选中 |
| A2 | 勤工俭学 | 1=选中 | 0=没选中 |
| A3 | 父母给予 | 1=选中 | 0=没选中 |
| A4 | 自己做兼职 | 1=选中 | 0=没选中 |
| A5 | 社会赞助 | 1=选中 | 0=没选中 |

假如某被调查的大学生选择的是勤工俭学和父母给予，那么他对此题回答相应的编码是01100。

## 6.2.3 明确矩阵式问题和表格式问题的编码

由于问卷设计时通常未对矩阵式问题和表格式问题的答案预编码，故资料收回后首先需要对回答进行后编码。对于某些具有定序层次答案的问题，后编码时还要特别注意它的方向性。可对一个表格式的问题的5种答案分别赋值为

1=很严重,2=比较严重,3=不太严重,4=不严重,5=不知道

这样，每一份问卷中被调查者所选择的回答结果，都可以用上述五个阿拉伯数字表示出来，如例6.2和例6.3所示。

需要注意的是，这些编码值虽然都是在算术中所使用的阿拉伯数字，但它们此时却不能作为那种数字来进行各种运算。它们此时仅仅只能作为各种不同答案类别的一个代号。

**例6.2** 矩阵式问题

你觉得下列现象在你们学校是否严重？（请在每一行适当的格中画√）

现象　　很严重　　比较严重　　不太严重　　不严重　　不知道
迟到　　□　　　　□　　　　　□　　　　　□　　　　□
早退　　□　　　　□　　　　　□　　　　　□　　　　□
旷课　　□　　　　□　　　　　□　　　　　□　　　　□

假如某被调查者的选择答案为迟到很严重，早退不严重，旷课不太严重，则编码为：143。

**例6.3** 表格式问题

你觉得下列现象在你们学校是否严重？（请在每一行适当的格中画√）

| 现象 | 很严重 | 比较严重 | 不太严重 | 不严重 | 不知道 |
|---|---|---|---|---|---|
| 迟到 | □ | □ | □ | □ | □ |
| 早退 | □ | □ | □ | □ | □ |
| 旷课 | □ | □ | □ | □ | □ |

假如某被调查者的选择答案为迟到很严重,早退不严重,旷课不太严重,则编码为:143。

### 6.2.4 明确排序题的编码

对选项重要性进行排序,通过编码将这种顺序性的选择转化为阿拉伯数字,如例6.4和例6.5所示。

**例6.4** 您购买商品时在品牌、流行、质量、实用、价格中对它们的关注程度先后顺序是(请填代号重新排列):

第一位　第二位　第三位　第四位　第五位

编码:定义五个变量,分别可以代表第一位到第五位,每个变量都做如下定义:"1"品牌,"2"流行,"3"质量,"4"实用,"5"价格。

录入:录入的数字1、2、3、4、5分别代表五个选项,如被调查者把质量排在第一位则在代表第一位的变量下输入"3"。

**例6.5** 选择排序题

你认为开展保持党员先进性教育活动最重要的目标是哪三项,并按重要性从高到低排序。(ECF)

A.提高党员素质　B.加强基层组织　C.坚持发扬民主

D.激发创业热情　E.服务人民群众　F.促进各项工作

编码:以A、B、C、D、E、F 6个选项分别对应定义6个变量,每个变量都做同样的如下定义:"1"未选,"2"排第一,"3"排第二,"4"排第三。

录入:该题的6个变量的值应该分别录入:1(代表A选项未选)、1(代表B选项未选)、3(代表C选项排在第二)、1(代表D选项未选)、2(代表E选项排第一)、4(代表F选项排第三)。

### 6.2.5 明确开放题的编码

问卷中的开放式问题,编码工作比较复杂。因为开放式问题所得到的信息不像封闭式问题那样可以简单地数字化,而是需要调查者查阅每份问卷中同一道开放式问题的答案,然后对这些答案根据某些共同的特征先进行简单的合并成若干类,然后再对这些类别进行编码,一般情况下,同一类别分配一个数字编码。为了避免由于分类过粗而使一些受访者的信息被忽略,就需要在分类的时候尽量将类别分得细一些。开放式问题进行编码过程为:列出答案→合并答案→设置编码→输入编码。

开放式问题的编码,会由于调查者的判断而存在一定的主观性,所以问卷调查中不宜过多设计开放式问题,一般以1~2个为宜,且最好放在问卷的最后。

## 6.3 数据的转换与录入

**数据的录入**是指将问卷或登录卡上的编码数字录入到键盘、磁带中,或通过键盘直接输入到计算机的工作过程。数据录入有两种方法:机器录入和人工录入。常用的录入软件:Excel、SPSS(Statiscal Package for Social Sciences,社会科学统计软件包)。

## 6.3.1 建立数据模板

建立数据模板即把调查问卷中的每一个题目输入到统计软件中。

首先确定变量属性,如变量名、变量长度、变量标签、变量的缺失值等,然后输入问卷的每一个变量名、变量标签和答案编码。

## 6.3.2 建立数据库

即将问卷调查所得的信息或数据输入到统计软件中。

# 6.4 数据的制表和图形化

**数据的制表**是指将一系列说明现象特性的、经加工整理后的调查数据,按一定次序和格式排列形成的专用表格。数据的图形化是为了更好地表现数据特点。其中图形表现的作用是不仅能有效表现数据,有利于资料的存储保管,还是积累资料的有效手段。为下一步分析提供基础,为进一步挖掘数据提供便利。

## 6.4.1 数据的制表

统计表由纵横交错的直线围成,从外形看,由总标题、行标题、列标题和具体数值及表外附加组成。

为更好地表现调查数据,需要精心设计统计表,设计时须注意以下几点:

1)合理安排表的内容,简明扼要,集中醒目,根据表的内容决定行标题与列标题的摆放位置,确定合适的长宽比例。

2)采用适当的排列顺序,置于顶端的总标题要确切,明确表明统计表要反映的内容时间与空间范围。各项标题也要简单明了。

3)表的上下两条横线要用粗线标出,中间各行一般不画线,有特殊要求需要标横线的则用细线,使观看效果清楚醒目。

4)当统计表的栏次较多时,一般会进行编号。

5)统计表中的数字应填写清楚,排列有序,并采用统一的精确度,按位置对齐。

## 6.4.2 数据的图形化

为更好地表现数据特点,需要展示数据,其中图形表就是一种有效方法。常用的图有下列几种:

(1)**条形图、直方图** 条形图和直方图大都是用来表现频数分布的,但两者适用的数据类型不同。条形图是使用等宽条形的长短或高度来表示数据多少的图形。直方图是用一定宽度与长度所围成的矩形面积来表示数据大小的图形。矩形的宽度与高度均有意义。此外,还可根据累积频数或累积频率,绘制累积频数及累积频率分布图。

(2)**饼型图、环形图** 饼型图及环型图是用来描述各种比例的图形。饼型图是用圆内扇形的面积表示数值大小的图形。以圆为整体,形象地说明各部分在总体中所占的份额。环形图是用圆内各环中每一段的面积来表示数值的大小的图形,能够同时显示多个总体的内部结构。

（3）**茎叶图、箱线图** 对未经分组的数值型数据，适合用茎叶图、箱线图来显示。茎叶图是由"茎"和"叶"两部分组成，"茎"代表分组，表示高位数值；"叶"代表频数，表示个位数值。箱线图是用一组数据的五个特征值来描述该组数据的分布状况，既可以显示单组数据，也可显示多组数据。其五个特征值分别是一组数据的最小值、最大值、中位数、下四分位数、上四分位数。

（4）**线图** 线图是反映时间序列数据的图形，即在平面坐标上标注各数据点并连接成折线，表现数量变化规律及特点的统计图。其横轴上表示时间的先后次序，纵轴上表示变量值。

（5）**雷达图** 雷达图，反映多个变量多个观测样本数据的图形。在一个平面上绘有多个数轴，每个轴上显示一个变量的取值，每个样本的各观察值分别在各轴上标出。

## 6.5 数据的描述统计

通过对调查数据的统计和计算分析，得到一定的结果，这个结果就可以用来描述和评价调查现象的数量特征和规模。如我国新能源汽车近两年来高速发展，连续多年位居全球第一。在政策和市场的双重作用下，2023年，新能源汽车持续爆发式增长，产销分别完成958.7万辆和949.5万辆，同比分别增长35.8%和37.9%，市场占有率达到31.6%。

2023年，纯电动汽车销量668.5万辆，同比增长24.6%；插电式混动汽车销量280.4万辆，同比增长84.7%，具体见表6-2。

表6-2  2023年新能源汽车产销情况

| 动力类型 | 累计产量（万辆） | 同比（%） | 累计销量（万辆） | 同比（%） |
| --- | --- | --- | --- | --- |
| 纯电动 | 670.2 | 25.1 | 668.5 | 24.6 |
| 插电式混合动力 | 294.1 | 86.5 | 280.4 | 84.7 |
| 燃料电池 | 0.4 | 105.4 | 0.3 | 112.8 |

这就是通过统计分析，得出了2023年我国新能源汽车在持续爆发式增长的结论。在调查活动中，进行资料分析时，经常会遇到这样的工作。通俗地讲，描述性分析就是为市场调查活动收集到的数据资料拍一张平面照。那么，就看看这些数据资料是什么样的、又能说明什么问题。

### 6.5.1 分析数据的集中趋势

**数据的集中趋势分析**在于揭示被调查者回答的集中程度，通常用最大频数或最大频率对应的类别选项来衡量。数据的集中趋势是指大部分变量值趋向于某一点，将这点作为数据分布的中心，数据分析的中心可以作为整个数据的代表值，也是准确描述总体数量特征的重要内容。表6-3是描述某高校大学生月均生活费支出的数据。

**描述性统计分析**属于定量分析，是指对调查数据作相应的整理、加工和概括，用来描述总体特征的一种统计分析方法。描述性统计分析是一种非常有效的概括大规模数据特征的方法。既是统计分析的重要组成部分，也是市场调查资料分析中最常用的分析方法。

表 6-3　大学生月均生活费支出数据

| 月均生活支出（元） | 消费者（次数） | 各组人员比重（%） |
|---|---|---|
| 300~350 | 11 | 4.66 |
| 351~400 | 20 | 8.47 |
| 401~450 | 37 | 15.68 |
| 451~500 | 46 | 19.49 |
| 501~550 | 52 | 22.03 |
| 551~600 | 42 | 17.80 |
| 601~650 | 21 | 8.9 |
| 651~700 | 7 | 2.97 |
| 合计 | 236 | 100 |

据表 6-5 显示，大学生月均生活支出在 501~550 元附近的消费者人数较多，这里就是数据分布的中心区域。从整体的数据分布状况来看，数据集中趋向于月均生活支出 501~550 元这一组。其实际意义就是：被调查的大学生月均生活支出大部分集中在 501~550 元这个范围内。

集中趋向数据的特征是，总体各单位的数据分布既有差异性，又有集中性。它反映了社会经济状况的特征，即总体的社会经济数量特征存在着差异，但客观上还存在着一个具有实际经济价值意义的、能够反映总体中各单位数量一般水平的数值。描述性统计分析就是用来找出这个数值。描述数据分布中心的统计量，常用的有平均数、众数、中位数等。

**1. 平均数**

平均数是数列中全部数据的一般水平，是数据数量规律性的一个基本特征值，反映了一些数据必然性的特点。平均数包括算术平均数、调和平均数和几何平均数，在这里只说明其中最简单的算术平均数。简单的算术平均数的一般公式为

$$\bar{x} = \frac{x_1 + x_2 + x_3 + \cdots + x_n}{n} = \frac{\sum_{i=1}^{n} x_i}{n} \tag{6-1}$$

利用平均数，可以将处在不同空间的现象和不同时间的现象进行对比，反应现象一般水平的变化趋势和规律，分析现象间的相互关系等。

**例 6.6**　某公司 2023 年每月销售记录见表 6-4：

表 6-4　某公司 2023 年每月销售记录　　　　　（单位：万元）

| 月份 | 1 | 2 | 3 | 4 | 5 | 6 | 7 | 8 | 9 | 10 | 11 | 12 |
|---|---|---|---|---|---|---|---|---|---|---|---|---|
| 销售额 | 35 | 29 | 29 | 28 | 29 | 30 | 33 | 32 | 31 | 28 | 28 | 31 |

$$\bar{x} = \frac{35+29+29+28+29+30+33+32+31+28+28+31}{12} = 30.25(\text{万元})$$

该公司 2023 年平均销售额为 30.25 万元。

在例 6.6 中，30.25 万元充分说明了 2023 全年的平均销售水平，同时也可与上一年数据进行比较分析，也能为下一年度的经营活动或销售计划制订等工作提供数据准备。

## 2. 众数

众数是数据中出现次数最多的变量值，也是测定数据集中趋势的一种方法，它克服了平均数指标会受数据中极端值影响的缺陷。在市场调查得到的统计数据中，众数能够反映最大多数数据的代表值，在实际工作中可以抓住事物的主要问题，有针对性地解决问题。要注意的是，由于众数只依赖于变量出现的次数，所以对于一组数据，可能会出现两个或两个以上的众数，也可能没有众数。同时，众数虽然可以用于各种类型的变量，但是由于对定序和定距的变量，用众数描述数据的分布中心会损失很多有用的信息，所以一般只用众数描述定类变量的分布中心。

在调查实践中，有时没有必要计算算术平均数，只需要掌握最普遍、最常见的标志值就能说明社会经济现象的某一水平，这时就可以采用众数。

在市场调查数据资料分析中，众数就是列出的所给数据中出现次数最多的那个，比其他数据出现的频率都高。如果数据出现的个数一样，或者每个数据都只出现一次，那么，这组数据中，众数可以不止一个或者没有。例如：

甲组数据：2、2、3、3、4 的众数是多少？ （2、3）

乙组数据：1、2、3、4 的众数是多少？ （没有）

## 3. 中位数

中位数是将数据按某一顺序（从大到小，或相反）排列后，处在最中间位置的数值。

**例 6.7** 某企业委托市场调查公司对顾客在某一时间段内购买其生产的日用品次数进行调查。对 15 个顾客的调查结果按次序排序是：

0、0、0、0、1、1、1、1、1、2、2、2、3、7、9

则他们的中位数为 1。

在这次调查中，中位数为 1 说明被调查人群中在本店购买行为常态为 1 次。

计算中位数很简单，对于 $N$ 个数据，若 $N$ 为奇数，则排序之后的第 $(N+1)/2$ 位置的数据就是中位数；若 $N$ 是偶数，则排序后的第 $N/2$ 位置的数据与 $N/2+1$ 位置的数据的平均值就是中位数。在中位数的应用中，因为先进行了排序，所以对于定序变量的分布中心，中位数是一个很好的统计量。但是，在这里中位数不适用于定类变量，因为定类变量无法排序。

另外，中位数是将定序数据分成了两等份，如果将其划分为相等的四部分，就可以得到三个分位点，这三个分位点由大到小依次称为第一四分位点、第二四分位点和第三四分位点。在将来的应用当中，可能会根据不同的需要对数据进行更多的划分，但具体原理和过程都是不变的。

平均数、众数和中位数都是反映总体一般水平的平均指标，彼此之间存在着一定的关系，但其各自含义不同，确定方法各异，适用范围也不一样。在实际应用中，应注意对这几个指标的特征进行细致的把握，根据不同的调查数据类型，采用不同的指标进行分析，以期能够把被调查总体数据的集中趋势最准确地描述出来。

在社会生活中，可以这样理解平均数、中位数和众数的关系：平均数是完全的平均主义。中位数指在从小到大排序之后的样本序列中，位于中间的数值，它并不能反映所有样本个体的信息，仅仅考虑的是在相对位置上中间的样本的信息。

## 6.5.2 分析数据的离散程度

如果需要用一个数值来概况变量的特征,那么集中趋势的统计就是最合适的。集中趋势是指一组数据向一个代表值集中的情况。但仅有集中趋势的统计还不能完全准确地描述各个变量,这是因为它没有考虑到变量的离散趋势。

离散趋势是指一组数据之间的离散程度。其最常用的统计量是标准差,它是离均差平方的算术平均数的算术平方根。

在描述性统计中,集中趋势的统计量包括平均数众数和中位数,离散趋势则包括异众比、全距、四分位数、方差和标准差。前者体现了数据的相似性、同质性,后者体现了数据的差异性、异质性。

数据的离散程度分析是指数据在集中分布趋势状态下,同时存在的偏离数值分布中心的趋势。离散程度分析是用来反映数据之间的差异程度的。

表 6-3 反映的是大学生月均生活费支出的数据,消费者的月均开支在 300~700 元/月这个范围内,虽然其中大多数消费者的支出都在 450~600 元/月之间,但也有一些消费者的支出偏高或偏低,而使数据的分布出现离散状态。对于一组数据规律性的研究,集中趋势是数据数量特征的一个方面,离散程度则是数据特征的另一方面。集中趋势反映的是数据的一般水平,用均值等数值来代表全部数据,但要更加全面地掌握这组数据的数量规律,还应该分析反映数据差异程度的数值。

数据的离散程度通常由全距(也叫极差)、平均差、方差和标准差等来反映。

**1. 确定全距**

全距是所有数据中最大数值和最小数值之差,也就是说,全距=最大值-最小值。

在表 6-4 中,全距就为 700-300=400(元)。

因为全距是数据中两个极端值的差值,不能反映中间数据变化的影响,只受最大值和最小值的影响,所以它是一个粗略的测量离微程度的指标,在实际调查中,主要用于离散程度比较稳定的调查数据。同时,全距可以一般性地检验平均值的代表性大小,全距越大,平均值的代表性越小;反之,平均值的代表性越大。

**2. 确定平均差**

平均差即平均离差,是总体各单位标志值与其算术平均数离差绝对值的算术平均数。它也可以反映平均数代表性的大小,由于平均差的计算涉及了总体中所有的数据,因而能够更加综合地反映总体数据的离散程度。其计算公式为:

$$\text{平均差} = \frac{\sum |x - \bar{x}|}{n} \tag{6-2}$$

式中 $x - \bar{x}$ ——离差,即每一个标志值与平均指标之间的差数;

$n$ ——离差的项数。

从公式可以看到,平均差受数据的离散程度和总体的平均指标两个因素的共同影响。所以,当需要对比两个总体变量的离散程度时,如果它们的平均指标水平不同,就不能简单地直接用两个平均差来对比。另外,平均差具有和平均指标相同的计量单位,所以,对于计量单位不同的总体平均差也不能直接比较。这里,可以引入平均差系数。

平均差系数就是将平均差除以相对应的平均指标得到的数值。因为平均差系数计算出来的结果是一个相对数，所以就解决了以上平均差的局限，可以应用于比较两个平均指标水平不同的总体问题。

**3. 确定方差和标准差**

标准差反映的是每一个个案的分值与平均的分值之间的差距，简单来说，就是平均差异有多大。标准差越大表示差异越大。方差和标准差之间是平方的关系，这两个指标都是反映总体中所有单位标志值对平均数的离差关系，是测定数据离散程度最重要的指标，其数值的大小与平均数代表性的大小是反方向变化的。

### 6.5.3 综合指数分析

综合指数分析是根据一定时期的资料和数据，从静态上对总体各数据进行分析的方法。它主要说明观测总体的规模、水平、速度、效益、比例关系等综合数量特征，通过总体数量的汇总、运算和分析，排除个别偶然因素的影响，认识观测现象的本质及其发展规律。它包括总量指标、平均指标、相对指标、强度指标等。

**1. 确定总量指标**

总量指标反映的是观察现象在具体时间和空间内的总体规模和水平。总量指标是认识现象的起点，也是计算相对指标和平均指标的基础，因此，它也称作基础指标。总量指标有以下几种分类方法。

**(1) 按其反映总体内容的不同** 按其反映总体内容的不同，可分为总体单位总量和总体标志总量。前者是总体内所有单位的总数，后者是总体中各单位标志值的总和。总体单位是标志的直接承担者，标志总量不会独立于单位总量而存在。在一个特定的总体内，只存在一个单位总量，而同时并存多个标志总量，构成一个总量指标体系。同一总量指标在不同情况下可有不同的性质。

【延伸阅读6-1】

**以各企业工人总数指标为例**

当研究企业平均规模时，以企业为总体单位，企业总数为单位总量，各企业工人总数为标志总量；当研究企业劳动效益时，以工人为总体单位，各企业工人总数为单位总量，这时企业的总产量成为标识总量。所以说，总体单位总量和总体标志总量并不是固定不变的，二者随着研究目的的不同而变化。

**(2) 按其反映时间状况的不同** 按其反映时间状况的不同，可分为时期指标和时点指标。时期指标是反映某种社会经济现象在一段时间发展变化结果的总量指标，时点指标是反映社会经济现象在某一时间（瞬间）状况上的总量指标。

**(3) 按其所采用计量单位的不同** 按其所采用计量单位的不同，分为实物指标、价值指标和劳动量指标。实物指标是以实物单位计量的统计指标，价值指标是以货币单位计量的统计指标。按实物单位计量的指标最大的特点，是它可以直接反映产品的使用价值或现象的具体内容，能具体表明事物的规模和水平，但指标的综合性能较差，无法进行汇总。按价值单位计量的指标最大的优点是，它具有广泛的综合性和概括能力，可以表示现象的总规模和总水平，但它脱离了物质内容，二者要结合应用。劳动量指标是以劳动单位（即工日、工时等劳动时间）计量的统计指标。

**2. 确定平均指标**

平均指标又称统计平均数，它反映现象总体各单位某一数量标志在一定时间、地点、条件下所达到的一般水平，是统计中最常见、最常用的指标之一。平均指标又称为统计平均数，它体现同质总体内各单位某一数量标志的一般水平。

平均指标的种类有：算术平均数、调和平均数、几何平均数、众数和中位数。前三种平均数是根据总体所有标志值计算的。所以称为数值平均数，后两种平均数是根据标志值所处的位置确定的，因此称为位置平均数。平均指标的作用主要表现在：它可以反映总体各单位变量分布的集中趋势，可以用来比较同类现象在不同单位发展的一般水平，用来比较同一单位的同类指标在不同时期的发展状况，还可以用来分析现象之间的依存关系等。

平均指标有以下作用：

1）利用平均指标可以将不同总体的某一变量值进行比较。如果要比较甲、乙两个城市的住房条件的差别情况，就不能用这两个城市的部分或住宅的总面积来进行比较，只有用人均居住面积这个平均标准，才能进行有针对性的比较。

2）利用平均指标可以研究总体某一标志值的一般水平在时间上的变动，从而说明现象发展的规律性。

**例6.8**　2005年以来某市居民人均住宅面积情况见表6-5。

表6-5　2005年以来某市居民人均住宅面积统计情况

| 年度 | 2005 | 2006 | 2007 | 2008 | 2009 | 2010 | 2011 |
|---|---|---|---|---|---|---|---|
| 人均住宅面积/m² | 7.7 | 7.9 | 8.1 | 8.4 | 8.9 | 9.2 | 9.5 |

通过资料可以看出城市居民的居住水平在不断提高。

3）利用平均指标，可以分析现象间的相互依存关系。社会经济现象都是在一定条件下相互影响、相互依存的，为了研究现象之间的相互依存的数量关系，常常要用到平均指标。如将耕地按施肥量的多少进行分组，可以计算出各组农作物的收获率，即平均亩产量，从而分析施肥量与农作物的收获率之间的依存关系。

【延伸阅读6-2】

### 简单算术平均数

世界上第一个股票价格平均数——道·琼斯股价平均数在1928年10月1日前就是使用简单算术平均法计算的。简单算术股价平均数是将样本股票每日收盘价之和除以样本数得出的，即

$$简单算术股价评价数 = \frac{P_1 + P_2 + P_3 + \cdots + P_n}{n} \tag{6-3}$$

假设从某一股市采样的股票为 A、B、C、D 四种，在某一交易日的收盘价分别为 10 元、16 元、24 元和 30 元，计算该市场股价平均数。将上述数据代入公式中，即得

$$简单算术股价平均数 = \frac{P_1+P_2+P_3+P_4}{4} = \frac{10+16+24+30}{4} = 20(元)$$

简单算术股价平均数虽然计算较简便，但有两个缺点：一是未考虑各种样本股票的权数，从而不能区分重要性不同的样本股票对股价平均数的不同影响。二是当样本股票发生股票分割、派发红股、增资等情况时，股价平均数会产生断层而失去连续性，使时间序列前后的比较产生困难。例如，上述 D 股票发生以 1 股分割为 3 股时情况，股价势必从 30 元下调为 10 元，这时平均数就不是按上面计算得出的 20 元，而是（10+16+24+10）/4 = 15（元）。这就是说，由于 D 股分割技术上的变化，导致股价平均数从 20 元下跌为 15 元（这还未考虑其他影响股价变动的因素），显然不符合平均数作为反映股价变动指标的要求。

### 【延伸阅读6-3】

## 几何平均数

几何平均数法是指通过对观察期的数据求几何平均数来确定预测值的一种方法。将观察期的几个数据相乘，然后把乘积开 $n$ 次方，所得的 $n$ 次方根就是几何平均数。几何平均数，一般用于观察期数据有显著长期趋势变动的预测。设 $x_1, x_2, \cdots, x_n$ 为观察期的数据，则它们的几何平均数为 $\sqrt[n]{x_1 x_2 x_3 \cdots x_n}$。

通过几何平均数和预测期的已知数据求出预测值。这种方法可以明显地显示出观察期数据的长期趋势，但忽略了观察期内各段时期的变化。

**3. 确定相对指标**

相对指标是两个有联系的指标的数值之间对比的比值，也就是用抽象化了的数值来表示两个指标数值之间的相互关系和依赖程度。相对指标是统计分析的重要方法，是反映调查现象之间数量关系的重要手段。市场调查分析中常用的相对指标，主要有结构相对指标、比较相对指标、比例相对指标和强度相对指标等。

（1）**结构相对指标** 结构相对指标是总体中各个构成部分与总体数值对比所得到的比率。它反映了静态现象总体内部的结构，揭示了事物的本质特征，它的动态变化还能反映事物结构变化的趋势和规律。其计算公式为

$$相对指标 = \frac{各组（或部分）总量}{总体总量}$$

（2）**比较相对指标** 比较相对指标是不同总体同类现象指标数值的比率。它反映了同类现象在不同空间中数量对比的关系，通常应用于某一现象在不同地区、不同单位之间的差异程度比较。其计算公式为

$$比较相对指标 = \frac{甲单位某指标值}{乙单位同类指标值}$$

（3）**比例相对指标** 比例相对指标是总体中不同部分数量对比的相对指标，用来分析

总体范围内各个局部、各个分组之间的比例关系和协调平衡状况。比如，国民经济结构中的农业、轻工业和重工业的比例。其计算公式为

$$比例相对指标 = \frac{总体中某一部分数值}{总体中另一部分数值}$$

比例相对指标和比较相对指标的区别是：首先，两者子项与母项的内容不同，比例相对指标是同一总体内、不同组成部分的指标数值的对比；比较相对指标是同一时间同类指标在空间上的对比。其次两者说明的问题不同，比例相对指标说明总体内部的比例关系；比较相对指标说明现象发展的不均衡程度，如甲地职工平均收入是乙地职工平均收入的 1.3 倍。

**（4）强度相对指标** 强度相对指标是两个性质不同但有一定联系的总量指标之间的对比，用来表明某一现象在另一现象中发展的强度、密度和普遍程度。它和其他相对指标的不同，就在于它不是同类现象指标的对比。强度相对指标以双重计量单位表示，是一种复名数。其计算公式为

$$强度相对指标 = \frac{某种现象总量指标}{另一个有联系而性质不同的现象总量指标}$$

强度相对指标的分子分母位置可以互换，因而有正指标、逆指标之分。实际应用时应注意与其他指标的区别。

强度相对指标和其他相对指标的区别表现在：首先，其他各种相对指标都属于同一总体内的数量进行对比，而强度相对指标除外，它也可以是两种性质不同但又有联系的属于不同总体的总量指标之间的对比。其次，计算结果的表现形式不同。其他相对指标用无名数来表示。而强度相对指标用有名数表示。另外，当计算强度相对指标的分子、分母位置互换后，会产生正指标和逆指标，而其他相对指标不存在正指标、逆指标之分。

**例 6.9** 某企业 2020 年某种产品单位成本为 800 元，2021 年计划规定比 2010 年下降 8%，实际下降 6%。企业 2021 年产品销售量计划为上年的 108%，2020—2021 年动态相对指标为 114%，试确定：

① 该种产品 2021 年单位成本计划与实际的数值。

② 2021 年单位产品成本实际比计划多或少降低的百分比。

**解**：以 2020 年的产品单位成本为基数，根据 2021 年的计划百分比和实际完成百分比可以计算出：

① 2021 年计划单位产品成本 800 元×(100%-8%) = 736 元

实际单位产品成本 800 元×(100%-6%) = 752 元

② 单位产品成本计划完成程度相对数等于 2021 年实际比计划少降低的百分比，即：

$$6\% - 8\% = -2\%$$

**分析**：相对指标能够表明现象的相对水平、普遍程度及比例关系，可以使某些不能直接对比的现象总量找到对比的基础，可以比较事物的发展程度、内部结构及比例，可以使不能用总量指标直接对比的非同类现象之间能够进行比较，是进行计划管理和考核企业经济活动成果的重要指标之一。

## 本章小结

调查数据处理与描述统计分析将为预测市场发展趋势奠定重要基础。

调查问卷回收后，要进行审核编辑、资料分类、数据编码和数据录入等工作。这一过程首先要做的就是确认每份问卷是否都是有效的，这不仅需要对问卷本身进行审核，还需要对一定比例的被访者进行回访。接下来的编辑要确保每个要回答的问题都有答案，每个答案都是按照问卷设计的要求回答的。在这之后进行的就是烦琐的资料数据的分类和编码工作，工作人员必须在事后为每一类的答案设定适当的数字代码。录入数据是一项单调、艰巨的工作，但却是以后数据分析的关键，当今绝大部分录入工作都是通过计算机完成的。同时要重点掌握定量分析方法，学会应用定量分析方法对一些简单的调查资料进行分析研究。

 **课后习题及技能训练** ····································

一、重点名词

数据的编码　数据的录入　线图　统计表　描述统计

二、思考题

1. 不合格的调研表应该如何处理？
2. 开放题应该如何编码？
3. 数据录入的步骤。
4. 怎样运用平均数来分析数据的集中趋势？

 **在线自测** ····································

# 第7章 汽车市场预测

【学习目标】

1. 素质目标：提升和培养学生民族自豪感与爱国情操；扩大学生对国际行业市场的认识。使学生了解在市场预测过程中，不能将西方的理论和方法照搬，一定要结合我国市场的实际，才能解决我国的实际问题；彰显中华文化自信，塑造社会主义核心价值观。

2. 知识目标：了解市场预测的意义，掌握经验判断分析预测法、时间序列分析预测法和回归分析预测法，明确定性分析的操作要领、并能对数据进行简单描述分析和解析分析。

3. 能力目标：能够运用经验判断分析预测法分析数据资料，培养集合意见法分析、专家会议法分析、德尔菲法分析的能力；能够运用简单平均分析法和趋势外推分析法进行市场发展趋势预测。

【引导案例】

### 市场调查预测与日本汽车产业的崛起

美国汽车制造业一度在世界上占霸主地位，而日本汽车工业则是20世纪50年代学习美国发展而来的，但是时隔30年，日本汽车制造业突飞猛进，充斥欧美市场及世界各地，为此美国与日本之间出现了汽车摩擦。

在20世纪60年代，当时有两个因素影响汽车工业：一是第三世界的石油生产被工业发达国家所控制，石油价格低廉；二是轿车制造业发展很快，豪华车、大型车盛行。

但是擅长市场调查与预测的日本汽车制造商，首先，看到了产油国与跨国公司之间暗中正酝酿和发展着的斗争，以及发达国家消耗能量的增加，预见到石油价格会很快上涨。因此，必须改产耗油小的轿车来适应能源短缺的环境。

其次，随着汽车数量增多，马路上车流量增多，停车场的收费会提高，因此，只有小型车才能适应拥挤的马路和停车场。

最后，日本制造商分析了发达国家家庭成员的用车情况。妻子上超级市场，丈夫上班，孩子上学，一个家庭只有一辆汽车显然不能满足其需要。这样，小巧玲珑的轿车得到

了消费者的宠爱。

于是日本在调查的基础上作出了正确的决策。在20世纪70年代世界石油危机中,日本物美价廉的小型节油轿车横扫欧美市场,市场占有率不断提高,而欧美各国生产的传统豪华车因耗油大、成本高导致销路大受影响。

思考:市场调查预测是如何助推日本汽车产业崛起的?

市场调查数据资料的分析有助于形成调查结论,从而帮助企业找到解决问题的方法与思路。有时候,还可以根据市场调查所取得的有关资料,运用相应的统计方法,对市场供求变化及其他因素的发展变化趋势做出专业性的描述和推断。企业在经营管理活动中,通过科学的预测分析结论,了解各项市场环境的变化,探测消费者消费趋势的走向,判断未来市场的发展情况,甚至还可以了解竞争对手的状况。预测分析是一项非常容易产生成就感的工作,当通过科学的方法,提出一项预测结论后,随着时间的推移,预测不断被慢慢证实的时候,将会感受到成功的喜悦。

## 7.1 经验判断分析预测法

经验判断分析是在预测市场发展趋势时的一种常用方法。该方法主要依赖于市场预测分析人员丰富的经验和知识及综合分析能力,对预测对象的未来发展前景做出性质和程度上的估计和推测。经验判断分析的具体操作形式有集合意见法、专家会议法、德尔菲法等。

### 7.1.1 集合意见分析

集合意见法是指企业内部经营管理人员、业务人员凭自己的经验判断,对市场未来需求趋势提出个人的预测意见,再集合大家的意见做出市场预测的方法。集合意见法是短期或近期的市场预测中常用的方法。企业经营管理人员和业务人员在日常工作中,积累了丰富的经验,掌握着大量的实际资料,非常熟悉市场需求的变化情况,对他们的意见进行充分调查并加以集中,可以对市场的未来情况做出预测。

集合意见法的主要操作步骤如下:

**1. 提出预测项目与期限**

预测组织者根据企业经营管理的要求,向参加预测的有关人员提出预测项目和预测期限的要求,并尽可能提供有关背景资料。

**2. 预测**

有关人员根据预测要求及掌握的背景资料,凭个人经验和分析判断能力,提出各自的预测方案。在此过程中,预测人员应进行必要的定性分析和定量分析。

定性分析主要分析历史上生产销售资料、目前市场状态、产品适销对路的情况、商品货源、流通渠道的情况及变化,消费心理变化、顾客流动态势等。

定量分析主要确定未来市场需求的几种可能状态(如市场销路好或市场销路差的状态),估计各种可能状态出现的主观概率,以及每种可能状态下的具体销售值。

**3. 预测组织者计算有关人员预测方案的方案期望值**

方案期望值等于各种可能状态主观概率与状态值乘积之和。

**4. 计算综合期望值**

将参与预测的有关人员分类,如厂长(经理)类、管理职能科室类、业务人员类等,计算各类综合期望值。综合方法一般是采用平均数、加权平均数或中位数统计法。

**5. 确定最后的预测值**

预测组织者将各类人员的综合期望值通过加权平均法等计算出最后的预测值。

例 7.1 某机械厂为了预测明年的产品销售额,要求经理和业务科、计划科、财务科及营销人员做出年度销售预测。

运用集合意见法预测的具体步骤如下:

1) 各位经理、科室负责人和营销人员分别提出各自的预测方案意见见表 7-1~表 7-3。

表 7-1 经理预测方案

| 经理 | 销售估计值 | | | | | | 期望值/万元 | 权数 |
|---|---|---|---|---|---|---|---|---|
| | 销售好/万元 | 概率 | 销售一般/万元 | 概率 | 销售差/万元 | 概率 | | |
| 甲 | 500 | 0.3 | 420 | 0.5 | 380 | 0.2 | 436 | 0.6 |
| 乙 | 550 | 0.4 | 480 | 0.4 | 360 | 0.2 | 484 | 0.4 |

表 7-2 科室负责人预测方案

| 科室负责人 | 销售估计值 | | | | | | 期望值/万元 | 权数 |
|---|---|---|---|---|---|---|---|---|
| | 销售好/万元 | 概率 | 销售一般/万元 | 概率 | 销售差/万元 | 概率 | | |
| 业务 | 600 | 0.5 | 400 | 0.2 | 360 | 0.3 | 488 | 0.3 |
| 计划 | 540 | 0.4 | 480 | 0.3 | 340 | 0.3 | 462 | 0.3 |
| 财务 | 580 | 0.3 | 440 | 0.3 | 320 | 0.4 | 134 | 0.4 |

表 7-3 营销人员预测方案

| 营销人员 | 销售估计值 | | | | | | 期望值/万元 | 权数 |
|---|---|---|---|---|---|---|---|---|
| | 销售好/万元 | 概率 | 销售一般/万元 | 概率 | 销售差/万元 | 概率 | | |
| 甲 | 480 | 0.3 | 400 | 0.5 | 300 | 0.2 | 404 | 0.4 |
| 乙 | 520 | 0.3 | 440 | 0.4 | 360 | 0.3 | 442 | 0.3 |
| 丙 | 540 | 0.2 | 420 | 0.5 | 380 | 0.3 | 432 | 0.3 |

在前面的表格中,未来的市场销售前景有三种可能性:销售好、销售一般、销售差,每一种可能性发生的机会,即为概率。如销售好的概率为 0.3,即指"销售好"发生的可能性有 30%。销售好、销售一般、销售差三种可能性的概率之和等于 1。

对于表中的权数,不同人员由于在企业中的地位不同,权威性不同,其预测意见的影响力也不同,如经理甲是正经理,经理乙是副经理,显然经理甲的权威性大于经理乙的权威性，因此，经理甲的权数应大于经理乙的权数。经理甲的权数为 0.6，经理乙的权数为 0.4，也可以是 0.7 和 0.3，具体数字由预测人员主观确定。其他人员的权数确定也一样，凡是权威性大的人员，其权数也就大。

2) 计算各预测人员的方案期望值。

方案期望值等于各种可能状态的销售值与对应的概率乘积。

如经理甲的方案期望值为

$$500 \text{万元} \times 0.3 + 420 \text{万元} \times 0.5 + 380 \text{万元} \times 0.2 = 436 \text{万元}$$

业务科人员的方案期望值为

$$600 \text{万元} \times 0.5 + 400 \text{万元} \times 0.2 + 360 \text{万元} \times 0.3 = 488 \text{万元}$$

营销人员甲的方案期望值为

$$480 \text{万元} \times 0.3 + 400 \text{万元} \times 0.5 + 300 \text{万元} \times 0.2 = 404 \text{万元}$$

其他人员的方案期望值都依次计算，并填入表中。

3) 计算各类人员的综合期望值。

即分别求出经理类、科室负责人类、营销人员类的综合期望值。综合期望值公式为

$$\overline{X}_w = \frac{\sum_{i=1}^{n} W_i x_i}{\sum_{i=1}^{n} W_i} \tag{7-1}$$

式中　$\overline{X}_w$——某类人员综合期望值；

　　　$x_i$——某类各人员的方案期望值；

　　　$W_i$——某类各人员的方案期望值权数。

经理类综合期望值为

$$\frac{436 \text{万元} \times 0.6 + 484 \text{万元} \times 0.4}{0.6 + 0.4} \approx 455 \text{万元}$$

科室负责人类综合期望值为

$$\frac{488 \text{万元} \times 0.3 + 462 \text{万元} \times 0.3 + 434 \text{万元} \times 0.4}{0.3 + 0.3 + 0.4} = 459 \text{万元}$$

营销人员类综合期望值为

$$\frac{404 \text{万元} \times 0.4 + 442 \text{万元} \times 0.3 + 432 \text{万元} \times 0.3}{0.4 + 0.3 + 0.3} \approx 424 \text{万元}$$

4) 确定最后预测值。

即对三类人员的综合期望值采用加权平均法再加以综合。由于三类人员综合期望值的重要程度不同，所以应当给予三类人员综合期望值不同的权数。现假定：

经理类权数为：4

科室负责人类权数为：3

营销人员类权数为：2

（权数可以是小数，也可以是正整数）

最后预测值为

$$\frac{455\text{万元}\times4+459\text{万元}\times3+424\text{万元}\times2}{4+3+2}=\frac{1820\text{万元}+1377\text{万元}+848\text{万元}}{9}\approx449\text{万元}$$

从预测的结果来看，最后预测值低于经理和科室负责人的综合期望值，高于营销人员的综合期望值，这说明集合意见法本身是个人的主观判断，上面三类人员的预测也是分别从各自的角度进行的，难免会出现过于保守或过于乐观的情况。这就要求在最终确定预测值之前，要求综合预测值进行必要的调整，通过召开会议，互相交流看法，互相补充，从而克服主观上的局限性，在充分讨论和综合各方意见的基础上，由预测组织者确定最终的预测值。

【延伸阅读7-1】

## 2024年汽车市场走势研判

**1. 新能源汽车和出口仍然是拉动销量的两大主力**

1）2024年各汽车企业的新车规划以新能源汽车为主，众多新车势必继续推高新能源汽车销量。新势力企业层面，预计华为加持问界、智界、江淮、北汽等品牌，理想推出L6、MEGA、W02，小鹏推出MONA、G11，蔚来推出阿尔卑斯品牌，零跑推出B11、B13、B01等，备受关注的小米也将在2024年进入汽车市场。传统车企层面，预计比亚迪推出仰望U6、方程豹3和豹8、腾势N8max等，吉利将推出银河L5、E7、E6等，长城旗下的哈弗、魏牌、欧拉、坦克以及长安旗下的深蓝、启源、阿维塔也将推出众多全新产品。预计2024年行业销量或将达到3200万辆左右，新能源或将达到1280万辆左右，行业渗透率可能突破40%。可以看到，纯电动与混动汽车并驾齐驱，混动车型增速超过了新能源汽车市场的整体水平，可能成为替代传统燃油车的重要部分。

2）出口海外市场大有可为，未来将成为销量增长的主要动力。在美洲市场，新能源支持力度大，有市场规模基础，看好未来增长空间。加拿大推行全面电动化，2026年要求乘用车销售量为20%要为电动汽车，包括墨西哥对电动汽车的进口税政策，均有利于中国新能源汽车出口。在欧洲市场，由于上汽、比亚迪、蔚来等多个企业持续发力，当地消费者逐渐认可中国新能源品牌，并且由于我国产品在俄罗斯市场份额的持续增长，预计2024年销量将较大幅增长。中亚市场和中东市场，是中国海外的传统优势市场，预计销量也将大幅增长。2024年预计出口销量或将达到600万辆。

**2. 市场竞争加快车企淘汰赛进程**

中国汽车市场已经进入存量竞争阶段，马太效应越发明显，车企被加速淘汰。一是在新能源车企层面，新势力企业融资规模虽然快速上升，但烧钱速度也十分惊人，目前的"以价换量"策略是否能够持续有待观察，因资金链断裂而导致企业"停摆"的情况可能还将继续出现。二是燃油车企业受到新能源挤压，部分资金紧张、品牌力下降、产品力不足的企业，生存将更加困难。部分合资品牌转型迟缓，未来将有可能退出中国市场。

**3. 产业生态型企业优势初显**

进入新能源汽车时代以来，比亚迪、特斯拉、华为智选这样的生态型企业领跑车市，未来包括小米在内的生态型企业将依托核心技术、品牌号召力、粉丝群体、成本优势、产业链

掌控取得更大的市场份额。

1）核心零部件环节自主掌握（包括"三电"系统和车规级半导体等），核心能力有所提升。比亚迪的刀片电池、骁云插混发动机、易四方四电机平台都具有较大优势。

2）产业链垂直整合构筑核心能力，整车延拓上下游意愿强烈。比亚迪实现从锂矿布局到半导体芯片研发再到"三电"系统与核心零部件自研自产，利于成本控制与集成创新；广汽集团1615战略推动新四化转型，"自研+合作"强链补链，积极部署动力电池与IGBT；长城汽车2025战略推动产业链共创；吉利汽车智能吉利2025战略加速技术布局，推动半导体自给率。

3）华为打造"华为智选"品牌，扩展鸿蒙生态圈。华为与赛力斯、奇瑞、北汽、江淮等车企合作，以鸿蒙生态为整车企业赋能并参与到市场竞争中，问界、智界的成功也会激发更多的以软件开发为主体的公司加入新能源汽车市场。

**4. 反向合资合作将成新模式**

国外汽车企业购买中国车企技术并加强与中国汽车企业合作的情况未来将不断增多，国外企业致力于提升新能源汽车产品力，降低新能源领域的研发成本，缩小与国内车企的差距，促进其电动化转型。大众汽车2023年动作频繁，极大推动国外车企与中国车企的反向合资合作。一是大众汽车集团与江淮汽车、国轩高科合作，为大众汽车在中国的电动化布局提供支持。二是大众集团与地平线公司合作，大众集团为合资企业注入资金并持股60%，地平线公司则以技术入股方式持股40%。三是大众集团向小鹏汽车增资7亿美元，收购小鹏汽车4.99%的股份，计划在2026年前共同开发两款纯电动车。除了大众汽车集团，Stellantis也在积极推进与国内企业的合作，投资15亿欧元获得零跑20%股权，共同成立合资公司"零跑国际"专注出口业务，持股51%。类似的合资合作模式在2024年预计将有越来越多的企业跟进。

**5. 充电换电等补能配套成为关键**

近年来中国新能源汽车销量剧增，得益于新能源汽车产业有明确的发展规划和相关政策的支持。但配套设施仍需进一步完善，预计到2025年充电桩总量约为1020万个，总体桩车比0.41∶1。据工业和信息化部数据，我国目前已累计建成充电桩627.8万台、换电站3460座，建设动力电池回收服务网点超过1万个。但以上基础设施还不能完全满足充换电的市场需求，将影响新能源汽车行业的发展。另外，换电站和电池技术标准何时统一仍不确定，以龙头企业主导的跨品牌换电体系推进也存在一些困难。因此，在城市和高速公路上解决充电、换电难问题将成为关键。刚刚闭幕的广州车展上，各车企扎堆推出800V以上的高压超充解决方案，期待通过逐步普及，加快解决补能焦虑。

**6. 商用车新能源化提速增质**

2024年，市场驱动或将或将成为新能源商用车的发展的主要动力。在此大背景下，新能源商用车2023年1—10月实现销量33.4万辆，同比增长40.8%，增长率超过商用车总体市场涨幅，伴随着公共领域全面电动化政策实施以及购置税减免等补贴政策的调整，新能源商用车逐步向增质提速的方向发展。

1）行业出清加剧，部分企业和品牌受产品质量、模式、售后服务等多方面的影响，已陆续退出市场。

2）福田、东风、上汽、一汽等多个老牌商用车头部企业借助传统网络优势对新能源商用车领域开展布局并探索新的商业模式，同时逐步向新能源上下游产业链进行延伸，力争新能源的赛道上占据一席之地。

3）众多新势力逐步布局新能源商用车发展的这片蓝海，持续推动新能源商用车产品研发与突破，试图打造一个不一样的绿色货运智能时代，造车新势力凭借独有的优势，已成为商用车领域不可或缺的力量，商用车新能源进入提速增质发展的新阶段，2024年新能源商用车增速预计将突破40%。

**7. 产业集群和城市群互促发展**

中国汽车产业集群与城市群互促发展将成为未来中国汽车发展的重要特征之一。

中国已经形成京津冀鲁、长三角、珠三角、成渝地区、东北地区五大汽车产业集群。这些产业集群的形成带动了当地经济的增长，促进城市群产业进一步融合发展。例如，长三角是汽车产业最有代表性的区域，长三角41个城市，常住人口总量达2亿多，汽车保有量（三省一市）超过5000万辆，今年前三季度，长三角地区新能源汽车产量超过260万辆，这意味着不到十秒，就有一辆新能源汽车在长三角走下产线。近年来，随着新能源汽车的高速发展，长三角汽车的新能源化迎来了新的发展机遇，并形成了优势明显的产业集群。主要为新能源汽车产业，聚集了百余个超100亿元产值的园区，涉及新能源项目超过20个，累计投资将超1000亿元。

城市群的形成和发展也为汽车产业集群提供了良好的环境和支持。中国城市群的发展不仅为汽车购买和使用带来了大量的基础设施建设和公共服务，也为汽车产业集群提供了良好的生态环境和发展支持。

**8. L3级自动驾驶、提高电池安全和国产芯片替代等新技术扎堆面市**

2023年11月，工业和信息化部等四部委联合发布了L3及以上等级的ICV准入试行办法，主流车企正在积极推进国内L3的量产应用，形成自主可控的L3产品开发能力。

动力电池在能量密度、高安全性、经济性和快充上将实现突破发展。从电池材料和结构性能上，一方面提升电池能量密度，另一方面降低电池成本。从提高电压平台和电芯充电倍率方面缩短电池充电时间，从电芯和电池包两方面提升电池安全性，从电芯生产和电池设计上提升电池循环寿命。

在车规级芯片方面，随着高通8155作为座舱SOC芯片已成为行业主流，国产化芯片的搭载进程也在提速。国内智驾算力芯片已达128TOPs，将跨入560TOPs，国产芯片与国外芯片相差0.5~1代（1代为2~4年），代差将进一步缩小。在低算力芯片方面，价格或将探底。

## 7.1.2 专家会议法

专家会议法是邀请有关方面的专家，通过会议的形式，对市场未来发展趋势或企业某一产品的需求前景做出判断，并在专家分析判断的基础上，综合专家的意见，进行市场分析预测的方法。

专家会议法分析市场发展趋势应进行以下操作。

**1. 选择专家**

专家会议法预测能否取得成功，在很大程度上取决于专家的选择。专家选择应依据以下

要求：

1）专家要有丰富经验和广博知识。专家一般应具有较高学历，有丰富的与预测课题相关的工作经验，思维判断能力敏锐，语言表达能力强。

2）专家要有代表性。要有各个方面的专家，如市场营销专家、管理专家、财务专家、生产技术专家等，不能局限于一个部门。

3）专家要有一定的市场调查和市场预测方面的知识和经验。

**2. 召集专家会议**

第一，做好会议的准备工作。包括确定会议的主题，确定合适的主持人，选好会议的场所和时间，确定会议的次数，准备会议的记录分析工具。

主持人对于会议的成功与否起着非常重要的作用，要求其要具有丰富的调查经验，掌握与讨论内容相关的知识，并能引导会议的进程和方向。

第二，邀请专家参加会议，邀请出席会议的专家人数不宜太多，一般 3—12 人为好，要尽量包括各个方面的专家，要独立思考，不受某个权威意见所左右。

第三，控制好会议的进程。会议主持人提出预测题目，要求大家充分发表意见，提出各种各样的方案。主持人不要谈自己有什么设想、看法或方案，以免影响与会专家的思路。对专家所提出的各种方案和意见，不应持否定态度，均应表示肯定和欢迎。需要强调的是在会议上不要批评别人的方案，要打开言路，畅所欲言，方案多多益善，气氛民主热烈。同时，要做好会议的记录工作。可以由主持人边提问边记录，也可以由助手进行记录，还可以通过录音、录像的方法记录。

第四，在会议结束后、主持人再对各种方案进行比较、评价、归类、最后确定出预测的方案。

另外，为了使专家会议法更有成效，会前应进行一定的调查研究，提供相关的资料，如市场动态资料，不同厂家所生产的同类产品的质量、性能、成本、价格对比资料，以及同类产品的历史销售资料等。同时，会前还需要作一些组织准备工作。组织准备工作包括如何选择专家，如何让专家充分发表意见。在专家会议上，会议主持人应让与会者畅所欲言，各抒己见，自由讨论。召集会议的组织者不发表可能影响会议的倾向性观点，只是广泛听取意见。在充分讨论的基础上，综合各专家的意见，形成有关市场未来变化发展趋势或某一产品未来需求前景的预测结果。

**3. 选择专家会议的形式**

专家会议法根据会议的程序和专家交换意见的要求分为下列三种具体的形式。

（1）**非交锋式会议**  在这种方法中，参与的专家都可以独立地、任意地发表意见，也不带发言稿，以便充分发挥灵感，鼓励创造性思维。但不争论，不批评他人意见。这种非交锋式会议法也称为头脑风暴法。

（2）**交锋式会议**  就是与会专家都可以围绕预测的问题，各抒己见，直接争论，经过会议达成共识，做出一个较为一致的预测结论。

（3）**混合式会议**  又称为质疑头脑风暴法，是交锋式与非交锋式会议的混合使用。即第一阶段实施头脑风暴法，第二阶段对前一阶段提出的各种想法意见进行质疑，在质疑中争论、批评，也可以提出新的设想，不断地交换意见，互相启发，最后取得一致的预测结果。

**4. 专家会议法的优缺点**

专家会议法的优点是：它将一些专家集合成一个小组，由主持人对他们同时进行访谈，这会比个人的访谈产生更多、更全面的信息和观点；与会专家能自由发表意见，各种观点能相互启发、借鉴，有利于集思广益，有利于预测意见得到修改、补充和完善。另外，专家会议法节省时间，节省费用，应用灵活方便。

专家会议法也存在缺点：会议上与会人员的意见易被个别权威专家的意见所左右；由于与会人员的个性和心理状态，与会者有时不愿发表与众不同的意见，或出于自尊心不愿意当众修改已发表过的意见。因此，会议最后的综合意见，可能并不能完全反映与会专家的全部正确意见。但是，在难以进行量化分析的情况下，专家会议法仍不失为一种很有价值的预测方法。

## 7.1.3 德尔菲法

德尔菲法是指采用背对背的通信方式征询专家小组成员的预测意见，经过几轮征询，使专家小组的预测意见趋于集中，最后做出符合市场未来发展趋势的预测结论。德尔菲法是为了克服专家会议法的缺点而产生的一种专家预测方法。在预测过程中，专家彼此互不相知、互不往来，这就克服了在专家会议法中经常发生的专家们不能充分发表意见、权威人物的意见左右其他人的意见等弊病。各位专家能真正充分地发表自己的预测意见。

**1. 选择德尔菲法的时机**

德尔菲法适合在以下情况下发挥作用。

（1）**缺乏足够的资料时**　企业在市场预测中，由于没有历史资料或历史资料不完备，难以进行量化分析时，采用德尔菲法。

（2）**作长远规划或大趋势预测时**　长远规划和大趋势，因为时间久远，不可控制的变量太多，进行具体的量化非常困难也不准确，这时采用德尔菲法是一个不错的选择。

（3）**影响预测事件的因素太多时**　预测事件的变化总是会受到很多大大小小的因素的影响，假如某事物受到影响因素过多时，就比较适合采用德尔菲法。

（4）**主观因素对预测事件影响比较大时**　预测事件的变化主要不是受技术、收入等客观因素的影响，而是受政策、法规等主观因素影响时，宜采用德尔菲法。

**2. 德尔菲法的操作步骤**

德尔菲法的一般操作步骤：

（1）**确定预测题目，选定专家小组**　确定预测题目即明确预测的目的和对象，选定专家小组则是决定向谁做有关的调查。二者是有机地联系在一起的，即被选定的专家，必须是对确定的预测对象具有丰富知识的人，既包括理论方面的专家，也包括具有丰富实际工作经验的专家，这样组成的专家小组才能对预测对象提出可信的预测值。专家人数一般为10~20人。

（2）**制订征询表，准备有关材料**　预测组织者要将预测对象的调查项目，按次序排列绘制成征询表，准备向有关专家发送。同时还应将填写要求、说明一并设计好，使各专家能够按统一要求做出预测值。

制订意见征询表时应当注意以下几个要点：征询的问题要简单明确，使人容易回答；问

题数量不宜过多，问题的回答要尽量接近专家熟悉的领域，以便充分利用专家的知识和经验，意见征询表中还要提供较详细的背景材料，供专家进行判断时参考。

（3）采用匿名方式进行多轮函询

1）第一轮：预测组织者要将预测课题、征询表和背景材料，邮寄给每位专家，要求专家作答，提出个人的初步预测结果。

2）第二轮：预测组织者将第一轮汇总整理的意见、预测组的要求和补充的背景材料，反馈给各位专家，进行第二轮征询意见。

专家在接到第二轮资料后，可以了解其他专家的意见，并由此做出新的预测判断。专家既可以修改自己原有的意见，也可以仍然坚持第一轮的意见，并将第二轮预测意见按期寄给预测组织者。

3）第三轮：预测组织者将第二轮汇总整理的意见、补充材料和预测组的要求，反馈给各位专家进行第三轮征询意见。要求每位专家根据收到的资料，再发表第三轮的预测意见。专家们将第三轮意见（修改的或不修改的）再次按期寄回。这样，经过几次反馈后，各位专家对预测问题的意见会逐步趋于一致。

（4）运用数学统计分析法对专家最后一轮预测意见加以处理，做出最后的预测结论

用德尔菲法征询专家意见一般要求在三轮以上，只有经过多次的征询，专家们的看法才能更加成熟、全面，并使预测意见趋于集中。用数学统计分析方法处理专家们的预测数据，得出最终预测值，一般采用平均数法和中位数法。

1）平均数法，就是用专家所有预测值的平均数作为综合的预测值。公式是：

$$Y = \frac{\sum X_i}{n} \tag{7-2}$$

式中　$X$——各位专家的预测值；

　　　$n$——专家人数。

2）中位数法，是用所有预测值的中位数作为最终的预测值。

中位数的位置为 $\frac{n+1}{2}$。

具体做法是：将最后一轮专家的预测值从小到大排列，碰到重复的数值舍去，那么中位数所处的位置$\left(第\frac{n+1}{2}\right)$的数据，就是中位数。

**例 7.2**　某企业市场环境发生了变化，对产品明年的销售量难以确定，因而聘请10位专家，用德尔菲法进行预测。具体数据见表7-4。

表7-4　专家预测意见统计表　　　　　　　　　　（单位：万台）

| 专家意见征询 | 1 | 2 | 3 | 4 | 5 | 6 | 7 | 8 | 9 | 10 |
|---|---|---|---|---|---|---|---|---|---|---|
| 第一轮 | 70 | 80 | 75 | 52 | 75 | 45 | 50 | 60 | 54 | 63 |
| 第二轮 | 70 | 75 | 73 | 55 | 65 | 47 | 54 | 65 | 60 | 63 |
| 第三轮 | 70 | 73 | 70 | 62 | 72 | 55 | 58 | 60 | 63 | 65 |

从表7-4中不难看出，专家在发表第二轮预测意见时，大部分专家都修改了自己的第一轮预测意见，只有编号为1和编号为10的专家坚持自己的第一轮的预测意见。专家发表第

三轮预测意见也是如此。经过三轮征询后,专家们预测值的差距在逐步缩小,在第一轮征询中,专家的最大预测80与最小预测值45相差35万台;第二轮征询中,专家最大预测值75与最小预测值47相差28万台;第三轮征询中,专家最大预测值73与最小预测值55仅相差18万台。

若用平均法确定最终预测值:$Y = \dfrac{\sum X_i}{n}$

$$= \dfrac{70+73+70+62+72+55+58+60+63+65}{10} \text{万台}$$

$$= 64.8 \text{万台}$$

即预测产品明年销售量为64.8万台。

若用中位数法确定最终预测值:

首先,将表7-4中专家第三轮预测值,按其数值从小到大排列,有

55,58,60,62,63,65,70,72,73(有两个70,含去1个)。

其次,确定中位数所在的位置,即

第5个数据为中位数。

**3. 德尔菲法的特点**

德尔菲是古希腊地名。相传太阳神阿波罗(Apollo)在德尔菲杀死了一条巨蟒,成了德尔菲的主人。阿波罗不仅年轻英俊,而且对未来有很高的预见能力。在德尔菲有座阿波罗神殿,是一个可以预知未来的神谕之地,于是人们就借用此名作为这种方法的名称。

德尔菲法最早出现于20世纪50年代末,是当时美国为了预测"在其遭受原子弹轰炸后,可能出现的结果"而发明的一种方法。1964年美国兰德(RAND)公司的赫尔默和戈登发表了"长远预测研究报告",首次将德尔菲法用于技术预测中,以后便迅速地应用于其他领域的预测,此外,还用来进行评价、决策和规划工作。据《未来》杂志报道,从20世纪60年代末到20世纪70年代中,专家会议法和德尔菲法在各类预测方法中所占比重由20.8%增加到24.2%。20世纪80年代以后,我国不少单位也开始采用德尔菲法进行预测、决策分析和规划工作。

德尔菲法的基本特征:德尔菲法本质上是一种反馈匿名函征询法。其做法是,在对所要预测的问题征得专家的意见之后,进行整理、归纳、统计,再匿名反馈给各专家,再次征求意见,再集中、再反馈,直至得到稳定的意见。德尔菲法区别于其他专家预测方法的明显特点是:匿名性、多次有控制的反馈、小组的统计回答。

(1)**匿名性** 匿名性是德尔菲法的极其重要的特点,从事预测的专家不知道有哪些人参加了预测,他们是在完全匿名的情况下交流思想的。在整个预测过程中,参加的专家并不直接见面,彼此间不发生横向联系,而是采取书信方式,背靠背地分头征求意见。这种匿名形式可以创造一个平等、自由的气氛,鼓励专家独立思考,消除顾虑和心理干扰,使个人意见得以充分发表。

(2)**多次有控制的反馈** 小组成员的交流是通过回答组织者的问题来实现的。它一般要经过数轮反馈才能完成预测。通过反馈,专家在背靠背的情况下,了解全体意见的倾向及持不同意见者的想法,有利于互相启发、集思广益,充分发挥专家的智慧,提高预测的准确

性和可靠性。

（3）小组的统计回答　对专家经过多次轮番征询意见和反馈后，意见渐趋一致，再用统计方法加以集中整理，以得出定量化的综合预测结果。

## 7.2　时间序列分析预测法

时间序列分析法是将历史资料和数据，按时间顺序排列成一个系列，根据时间序列所反映的经济现象的发展过程、方向和趋势，运用一定的数学方法使其向外延伸，预计其未来发展变化趋势，来预测经济现象未来可能达到的水平。

时间序列分析法的具体形式主要有简单平均法、移动平均法、指数平滑法、趋势外推法和季节指数法等。

### 7.2.1　简单平均法

简单平均法就是将一定观察期内预测目标值的算术平均数作为下一期预测值的一种简便的预测方法，具体又分为简单算术平均法、加权算术平均法和几何平均法，这里介绍前面两种。

**1. 简单算术平均法**

简单算术平均法就是将观察期内预测目标时间序列值求和，取其平均值，并将其作为下期预测值。用公式表示为

$$\bar{x} = \frac{x_1 + x_2 + x_3 + \cdots + x_n}{n} = \frac{\sum_{i=1}^{n} x_i}{n} \tag{7-3}$$

式中　$\bar{x}$——观察期内预测目标的算术平均值，即下期的预测值；

　　　$x_i$——预测目标在观察期内的实际值；

　　　$n$——数据个数。

**例 7.3**　某电动摩托车厂 2023 年 1—12 月电动摩托车销售量分别为 60，50.4，55，49.6，75，76.9，72，68，54.4，44，43.8，47 万辆。利用简单算术平均法，预测 2024 年 1 月电动摩托车的销售量（分别按全年、下半年、第四季度三种情况预测）。

1）根据全年的销售量进行预测，为

$$\bar{x} = (60+50.4+55+49.6+75+76.9+72+68+54.4+44+43.8+47) \text{万辆}/12 \approx 58 \text{万辆}$$

2）根据下半年的销售量进行预测，为

$$\bar{x} = (72+68+54.4+44+43.8+47) \text{万辆}/6 \approx 54.9 \text{万辆}$$

3）根据第四季度的销售量进行预测，为

$$\bar{x} = (44+43.8+47) \text{万辆}/3 \approx 44.9 \text{万辆}$$

由此可以看出，由于观察期长短不同，得到的预测值也随之不同。故观察期的长短选择对预测结果很重要。一般当数据的变化倾向较小时，观察期可以短些；当时间序列的变化倾向较大时，观察期应长些，这样预测值相对精确些。

简单算术平均法使用简便,花费较少,适用于短期预测或对预测结果的精度要求不高的情况。

**2. 加权算术平均法**

加权算术平均法是为观察期内每个数据确定一个权数,并在此基础上,计算其加权平均数作为下一期的预测值。

加权算术平均法用公式表示为

$$\overline{X}_w = \frac{\sum_{i=1}^{n} W_i x_i}{\sum_{i=1}^{n} W_i} \tag{7-4}$$

式中 $\overline{X}_w$——预测目标在观察期内的加权算术平均数,即下期预测值;

$x_i$——在观察期内的各个数据;

$W_i$——与 $X$ 观察期内时间序列各个数据相对应的权数。

使用加权算术平均法预测的关键就是确定权数。一般离预测值越近的数据对预测值影响越大,应确定较大的权数,离预测值较远的数据应确定较小的权数。

**例 7.4** 采用加权算术平均法,根据例 7.3 所列数据,利用 2023 年下半年数据预测 2024 年 1 月的销量。

解:设 2024 年 1 月的销量为 $X$,则

$$\overline{X}_w = \frac{\sum_{i=1}^{n} W_i x_i}{\sum_{i=1}^{n} W_i} = \frac{1 \times 72 + 2 \times 68 + 3 \times 54.4 + 4 \times 44 + 5 \times 43.8 + 6 \times 47}{1 + 2 + 3 + 4 + 5 + 6} \text{万辆} \approx 49.9 \text{万辆}$$

通过分析,可以预测 2024 年 1 月电动摩托车的销量为 49.9 万辆。

### 7.2.2 移动平均法

移动平均法是将观察期内的数据由远及近按一定跨越期进行平均的一种预测方法,随着观察期的"逐期推移",观察期内的数据也随之向前移动,每向前移动一期,就去掉最前面一期数据,而新增原来观察期之后的数据,保证跨越期不变,然后逐个求出其算术平均值并将预测期最近的那一个平均数作为预测值。

常用的移动平均有一次移动平均法和二次移动平均法。一次移动平均法又可分为简单移动平均法和加权移动平均法两种。下面仅对一次移动平均法做简单介绍。

**1. 简单移动平均法**

简单移动平均法指根据时间序列按一定的跨越期逐渐推移计算观察数据的算术平均数,形成一组新的数据。

简单移动平均法的基本公式表示为

$$M_{t+1} = \frac{x_t + x_{t-1} + x_{t-2} + \cdots + x_{t-n+1}}{n} = \frac{1}{n} \sum_{i=t-n+1}^{t} x_i \tag{7-5}$$

式中 　　　　　　$M_t$——第 $t-1$ 期到第 $t-n$ 期的平均数；

$x_{t-1}$，$x_{t-2}$，…，$x_{t-n}$——第 $t-1$ 期到第 $t-n$ 期的实际值；

$n$——跨越期数，即参加平均的历史数据个数。

例 7.5　表 7-5 为某城市 2023 年各月份汽油的消耗量，并分别对跨越期 3 个月和 5 个月的情况进行预测。

表 7-5　某城市 2023 年各月份汽油的消耗量及其平均值

| 月份 | 实际使用量 | 3 个月的移动平均值 $n=3$ | 5 个月的移动平均值 $n=5$ |
| --- | --- | --- | --- |
| 1 | 120.0 | | |
| 2 | 132.0 | | |
| 3 | 142.0 | | |
| 4 | 138.0 | 131.3 | |
| 5 | 146.0 | 137.3 | |
| 6 | 152.0 | 142.0 | 135.6 |
| 7 | 146.0 | 145.3 | 142.0 |
| 8 | 155.0 | 148.0 | 144.8 |
| 9 | 143.0 | 151.0 | 147.4 |
| 10 | 156.0 | 148.0 | 148.4 |
| 11 | 148.0 | 151.0 | 150.4 |
| 12 | 150.0 | 149.0 | 149.6 |

**2. 加权移动平均法**

加权移动平均法是对跨越期内不同重要程度的数据乘以不同的权数，将这些乘积之和除以各权数之和，求得加强平均数，并以此来预测下一期数据的方法，有

$$M_{t+1}=\frac{W_1 x_t+W_2 x_{t-1}+\cdots+W_n x_{t-n+1}}{W_1+W_2+\cdots+W_n} \tag{7-6}$$

式中　　　　　　$M_{t+1}$——时间为 $t$ 的加权移动平均数，即 $x_{t+1}$ 的预测值；

$x_t$，$x_{t-1}$，…，$t_{t-n+1}$——观察期内时间序列的各个数据，即预测目标在观察期内的实际值；

$W_1$，$W_2$，…，$W_n$——观察期内时间序列的各个数据相对应的权数。

例 7.6　利用表 7-5 数据，令跨越期为 3，权数分别为 0.5、0.3、0.2，运用加权移动平均法预测该城市 2024 年 1 月份对汽油的需求量。

利用式（7-6），计算结果见表 7-6。

表 7-6　依据例 7.5 计算数据

| 月份 | 实际使用量 | 加权平均值 $n=3$ | 预测值 |
| --- | --- | --- | --- |
| 1 | 120.0 | | |
| 2 | 132.0 | | |
| 3 | 142.0 | | |

(续)

| 月份 | 实际使用量 | 加权平均值 $n=3$ | 预测值 |
|---|---|---|---|
| 4 | 138.0 | 142.0×0.5+132.0×0.3+120.0×0.2=134.6 | 134.6 |
| 5 | 146.0 | 138.0×0.5+142.0×0.3+132.0×0.2=138.0 | 138.0 |
| 6 | 152.0 | 146.0×0.5+138.0×0.3+142.0×0.2=142.8 | 142.8 |
| 7 | 146.0 | 152.0×0.5+146.0×0.3+138.0×0.2=147.4 | 147.4 |
| 8 | 155.0 | 146.0×0.5+152.0×0.3+146.0×0.2=147.8 | 147.8 |
| 9 | 143.0 | 155.0×0.5+146.0×0.3+152.0×0.2=151.7 | 151.7 |
| 10 | 156.0 | 143.0×0.5+155.0×0.3+146.0×0.2=147.2 | 147.2 |
| 11 | 148.0 | 156.0×0.5+143.0×0.3+155.0×0.2=151.9 | 151.9 |
| 12 | 150.0 | 148.0×0.5+156.0×0.3+143.0×0.2=149.4 | 149.4 |

### 7.2.3 指数平滑法

指数平滑法是一种特殊的加权平均法，是一次移动平均法的延伸，即对离预测期较近的历史数据给予较大的权数，权数由近到远按指数规律递减。

特点：指数平滑法是对时间数据给予加工平滑，从而获得其变化规律与趋势。

一次指数平滑法的模型为

$$S_{t+1}=\alpha x_t+(1-\alpha)S_t \quad \text{或} \quad S_{t+1}=S_t+\alpha(x_t-S_t)$$

其特点如下：

1）调整预测值的能力强，调整项是 $\alpha(x_t-S_t)$。
2）预测值包含的信息量是全部历史数据。
3）加权的特点是离预测期较近的权数较大，较远的权数较小，权数之和为1。

$S_1$ 的确定方法：数据较多时，用 $x_1$ 代替，或者用离预测期最远的几个历史数据的平均值代替。

例 7.7 某电动汽车厂 2015—2023 年的销售额见表 7-7，利用指数平滑法预测 2024 年的销售额。

表 7-7 某电动汽车厂 2015—2023 年的销售额 （单位：万元）

| 年份 | 销售额 | 平滑系数 $\alpha=0.1$ | 平滑系数 $\alpha=0.6$ | 平滑系数 $\alpha=0.9$ |
|---|---|---|---|---|
| 2015 | 4000 | 4566.67 | 4566.67 | 4566.67 |
| 2016 | 4700 | 4510.00 | 4226.67 | 4056.67 |
| 2017 | 5000 | 4529.00 | 4510.67 | 4635.67 |
| 2018 | 4900 | 4576.10 | 4804.27 | 4963.57 |
| 2019 | 5200 | 4608.49 | 4861.71 | 4906.36 |
| 2020 | 6600 | 4667.64 | 5064.68 | 5170.64 |
| 2021 | 6200 | 4860.88 | 5985.87 | 6457.06 |
| 2022 | 5800 | 4994.79 | 6114.35 | 6225.71 |
| 2023 | 6000 | 5075.31 | 5925.74 | 5842.57 |
| 2024 | — | 5167.78 | 5970.30 | 5984.26 |

指数平滑法预测步骤如下所述：

1) 确定初始值 $S_1$　这是利用指数平滑法的重要一步。由指数平滑法公式可知，要计算 $S_{t+1}$ 就需要知道 $S_t$，计算 $S_t$ 就要知道 $S_{t-1}$，以此类推，要知道 $S_2$ 就需知道 $S_1$，而 $S_1$ 是没有办法算出来的，只能估算，一般情况下，时间序列的数据越多，初始值距离预测期就越远，权数就越小，对预测值的影响也就越小。初始值可以用实际值来代替，即 $S_1=X_1$，然后按照上述递推规律，求出 $S_{t+1}$；若时间序列数据少，为减少初始值对预测值的影响可以选择前几个数据作为初始值。如本例可以将 $S_1$ 确定为前三期数据的平均值，即

$$(4000+4700+5000)\text{万元}/3 \approx 4566.67 \text{万元}$$

2) 选择平滑系数 $\alpha$。指数平滑法中平滑系数体现了对时间序列各数据的修匀能力，$\alpha$ 值的大小与预测结果有着直接关系，通常 $\alpha$ 值可以依据时间数列的波动进行选择。如果时间序列有较大的随机波动或大幅的升降时，应选择较小的平滑系数，以清除这种不规则变动对预测值的影响；如果时间序列有较小的随机变动或数据以固定比率上升、下降时，应选用较大的平滑系数；如果时间序列变动呈水平趋势，预测值与 $\alpha$ 的取值关系不大，可以选择居中的 $\alpha$ 值。

本题中，分别取 $\alpha=0.1$，$\alpha=0.6$，$\alpha=0.9$，通过计算，可以比较它们对时间数列的修匀程度。

① 当 $\alpha=0.1$ 时

$$S_1=(4000+4700+5000)\text{万元}/3 \approx 4566.67 \text{万元}$$
$$S_2=0.1\times 4000 \text{万元}+(1-0.1)\times S_1=4510.00 \text{万元}$$

……

2024 年销售额预测值 = 5167.78 万元

② 当 $\alpha=0.6$ 时

$$S_1=(4000+4700+5000)\text{万元}/3 \approx 4566.67 \text{万元}$$
$$S_2=0.6\times 4000 \text{万元}+(1-0.6)\times S_1=4226.67 \text{万元}$$

……

2024 年销售额预测值 = 5970.30 万元

③ 当 $\alpha=0.9$ 时

$$S_1=(4000+4700+5000)\text{万元}/3 \approx 4566.67 \text{万元}$$
$$S_2=0.9\times 4000 \text{万元}+(1-0.9)\times S_1=4056.67 \text{万元}$$

……

2024 年销售额预测值 = 5984.26 万元

3) 确定预测值。根据本例中 $\alpha$ 对时间序列的修匀程度，当 $\alpha=0.9$ 时，指数平滑值基本反映了时间序列各数据的情况，修匀程度小，应确定 $\alpha=0.9$ 时的平滑值作为预测值。另外，在使用平滑值进行预测时，若对预测精度的要求比较高，还需要对不同平滑系数下取得的平滑值进行误差分析。

### 7.2.4　趋势外推法

趋势外推法，又称数学模型法，就是通过建立一定的数学模型，对时间序列给出恰当的趋势线，将其外推或延伸，用来预测未来可能达到的水平。趋势外推法又分为直线趋势外推法和曲线趋势外推法，这里主要介绍一下直线趋势外推法。

直线趋势外推法是假定预测目标随时间变化的规律近似为一条直线。通过拟合直线方程描述直线的上升或下降趋势来确定预测值。设直线方程为

$$y_t = a + bt \tag{7-7}$$

式中　$y_t$——预测值；

　　　$t$——时间序列编号；

　　　$a$，$b$——参数。

通过数学计算，确定 $a$，$b$ 的值，求出直线方程。

首先根据最小二乘法可推断出两个标准方程。

$$\sum y_i = na + b\sum t_i$$

$$\sum t_i = a\sum t_i + b\sum t_i^2$$

解得

$$a = \frac{1}{n}\left(\sum y_i - b\sum t_i\right)$$

$$b = \frac{n\sum t_i y_i - (\sum t_i)(\sum y_i)}{n\sum t_i^2 - (\sum t_i)^2}$$

$t_i$ 是时间序列的编号，为了简化计算，通常按 $\sum t_i = 0$ 的原则编号。这样，原公示就简化为

$$a = \frac{\sum y_i}{n}$$

$$b = \frac{\sum t_i y_i}{\sum t_i^2}$$

式中　$y_i$——时间序列的实际值；

　　　$t_i$——时间序列编号；

　　　$n$——数据个数。

在计算时，为保证 $\sum t_i = 0$，通常对于不同资料的时间间隔是不同的。当 $n$ 为奇数时，确定资料的中央一期为 0，与中央期对称的其他各期之和也应为 0，则时间序列的时间间隔为 1；当 $n$ 为偶数时，中央两期之和为 0，与这两期相邻的其他各期之和也应为 0，则资料的时间间隔为 2。

例 7.8　表 7-8 是一家航空公司 2017—2023 年的总收入情况，试用趋势外推法预测 2024 年该公司的总收入。

表 7-8　某航空公司 2017—2023 年的总收入　　　　　　　　（单位：百万元）

| 年份 | 总收入（$y_i$） | $t_i$ | $t_i y_i$ | $t_i^2$ | $y_t$ |
|---|---|---|---|---|---|
| 2017 | 2428 | -3 | -7284 | 9 | 2559.85 |
| 2018 | 2951 | -2 | -5902 | 4 | 2904.1 |
| 2019 | 3533 | -1 | -3533 | 1 | 3248.35 |
| 2020 | 3618 | 0 | 0 | 0 | 3592.6 |
| 2021 | 3616 | 1 | 3616 | 1 | 3936.85 |
| 2022 | 4264 | 2 | 8528 | 4 | 4281.1 |
| 2023 | 4738 | 3 | 14214 | 9 | 4625.35 |
| 总计 | 25148 | 0 | 9639 | 28 | — |

由 $\sum t_i = 0$ 得

$$a = \frac{\sum y_i}{n} = 3592.57$$

$$b = \frac{\sum t_i y_i}{\sum t_i^2} = 344.25$$

则直线趋势方程为

$$y_t = a + bt = 3592.57 + 344.25t$$

2024 年该航空公司的预测总收入

$$y_t = 3592.57 \text{ 万元} + 344.25 \times 4 \text{ 万元} = 4969.57 \text{ 万元}$$

### 7.2.5 季节指数法

在市场活动中，某些经济变量的变化随季节的不同而呈现出周期性变化，在一定的时间间隔内出现相似的周期曲线。有些经济变量反映的季节变动较强，而另一些经济变量表现的季节变动相对较弱。因此，在进行市场预测时，应考虑到经济变量的季节性变化。季节指数法就是描述时间序列的季节变动规律，并以此为依据预测未来市场的商品供应量、需求量及价格变动趋势。

利用季节指数预测法的关键是计算时间序列的季节指数，下面介绍最常用的按月（季）平均法。

**例 7.9** 某家电销售部 2021—2023 年空调的销售量资料见表 7-9。已知 2024 年 1 月份的销售量为 3 百台，试预测 2024 年其他各月的销售量。

表 7-9 某家电销售部 2021—2023 年空调的销售资料

| 年份 | 月份 | | | | | | | | | | | | 年平均 |
|---|---|---|---|---|---|---|---|---|---|---|---|---|---|
| | 1 | 2 | 3 | 4 | 5 | 6 | 7 | 8 | 9 | 10 | 11 | 12 | |
| 2021 | 5 | 4 | 10 | 22 | 40 | 108 | 94 | 85 | 62 | 20 | 5 | 6 | 38.4 |
| 2022 | 4 | 5 | 11 | 23 | 51 | 110 | 96 | 80 | 57 | 15 | 4 | 4 | 38.3 |
| 2023 | 3 | 3 | 6 | 18 | 32 | 100 | 92 | 81 | 58 | 13 | 3 | 2 | 34.3 |
| 月平均 | 4 | 4 | 9 | 21 | 41 | 106 | 94 | 82 | 59 | 16 | 4 | 4 | 37 |
| 季节指数(%) | 10.8 | 10.8 | 24.3 | 56.8 | 110.8 | 286.5 | 254.1 | 221.6 | 159.5 | 43.2 | 10.8 | 10.8 | |

分析：具体预测如下所示。

计算历年同月的平均值：

$$1 \text{ 月的平均值} = \frac{5+4+3}{3} = 4$$

计算全年月平均值：

$$\text{月平均值} = \frac{4+4+9+\cdots+4}{12} = 37$$

计算各月季节指数：

$$\text{季节指数} = \frac{\text{各年同月平均数}}{\text{全年月总平均数}} \times 100\%$$

$$1月份季节指数 = \frac{4}{37} \times 100\% \approx 10.8\%$$

调整各月季节指数：

$$调整各月系数 = \frac{理论季节指数之和}{实际季节指数之和} \times 各月实际季节指数$$

$$1月份调整后的季节指数 = \frac{1200}{1199.5} \times 10.8\% \approx 10.8\%$$

$$2月份调整后的季节指数 = \frac{1200}{1119.5} \times 10.8\% \approx 10.8\%$$

计算预测值：

$$某月预测值 = \frac{预测月的季节指数}{实际月的季节指数} \times 上月实际数$$

$$2024年2月份的预测值 = 3\ 百台 \times \frac{10.8}{10.8} = 3\ 百台$$

$$2024年3月份的预测值 = 3\ 百台 \times \frac{24.3}{10.8} \approx 7\ 百台$$

以此类推，可以求出 2024 年各月的预测值。

## 7.3 回归分析预测法

通过对调查对象和影响因素的资料进行统计整理和分析后，找出它们之间的变化规律，将变化规律用数学模型表示出来，并利用数学模型进行市场发展趋势的预测，这就是回归分析预测法。

### 7.3.1 回归分析预测法定义与步骤

**1. 回归分析预测法的定义**

回归分析预测法，是通过对预测对象和影响因素的统计整理和分析，找出它们之间的变化规律，将变化规律用数学模型表示出来，并利用数学模型进行预测的一种分析方法。因此，建立变量之间的有效回归方程，是回归分析预测法的重要工作，主要对市场现象未来发展状况和水平进行预测，如果能将影响市场预测对象的主要因素找到，并能够取得其数据资料，就可以采用回归分析预测法进行预测。它是一种具体的、行之有效的、实用价值很高的常用市场预测方法。

回归分析预测法有多种类型。可根据自变量的个数分为一元回归分析预测法、二元回归分析预测法和多元回归分析预测法。在一元回归分析预测法中，自变量只有一个；二元回归分析预测法中，自变量有两个；在多元回归分析预测法中，自变量有两个以上。根据自变量和因变量之间是否存在变量关系，可分为线性回归分析预测和非线性回归分析预测。线性回归分析预测法中变量之间的关系在图形表现为直线型，非线性回归分析预测法中变量之间的关系在图形主要表现为曲线。

**2. 回归分析预测法的具体步骤**

利用回归分析预测法，其具体步骤如下。

（1）**确定预测目标和影响因素** 通常情况下，市场预测的目标必定是因变量，研究者可以根据具体研究的目的来确定。

例如，以预计未来 5 年小家电需求为目的的市场预测，它的因变量就是未来 5 年小家电的需求量，而对于影响和制约预测目标的自变量的确定则相对较困难。

确定自变量，预测者既要对历史资料和现实调查资料进行分析，又要根据自己的理论水平、专业知识和实践经验进行科学性分析，必要时还可以运用假设方程先进行假设再进行检验，以确定主要的影响因素。

（2）**进行相关分析** 就是对变量间的相关关系进行分析和研究。这一过程主要包括两个方面：一是确定变量间有无相关关系，这是相关分析也是回归分析的前提；二是确定相关关系的密切程度，这是相关分析的主要目的和主要内容。相关分析可用散点图分析，相关关系的密切程度通常用相关系数或相关指数来衡量。

（3）**建立回归预测模型** 建立回归预测模型，就是建立回归方程，依据变量之间的相关关系，用恰当的数学表达式来表达。

线性回归方程的一般表达式为

$$y = a + b_1 x_1 + b_2 x_2 + \cdots + b_n x_n$$

当线性回归只涉及两个变量时，称为一元线性回归或简单线性回归，可表示为

$$y = a + bx$$

其他形式的线性回归则称为多元线性回归。

当变量间不呈线性关系时，则需要根据曲线的形状建立相应的非线性回归方程。方程的参数通常使用最小平方法计算求得，然后代回方程用于预测。

（4）**回归预测模型的检验** 建立回归方程的根本目的在于预测，将方程用于预测之前需要检验回归方程的拟合优度和回归参数的显著性，只有通过了有关的检验后，回归方程才可用于经济预测。常用的检验方法有相关系数检验、F 检验、t 检验和 D-W 检验等。

（5）**进行实际预测** 运用通过检验的回归方程，将需要预测的自变量 $X$ 代入方程并计算，即可得到所求的预测值。

预测通常有两种情况，一是点预测，就是所求的预测值为一个数值；另一个是区间预测，所求的预测值有一个数值范围。通常用正态分布的原理测算其估计标准误差，求得预测值的置信区间。

### 7.3.2 一元线性回归分析预测法

**1. 一元线性回归分析的运用**

当影响市场变化的众多因素中有一个最基本并起到决定性作用的因素，且自变量与因变量的分布呈线性趋势时，此情况下用回归分析方法进行预测就是一元线性回归分析预测法。一般情况一元线性回归表达式为

$$y = a + bx$$

式中 $y$——因变量；

$x$——自变量;

$a$,$b$——参数,$b$又称回归参数,它表示当 $x$ 每增加一个单位时,$y$ 的平均增加数量。

**例 7.10** 据经验,企业的商品销售额与广告费用支出之间具有相关关系。某企2014—2023 年的商品销售额和广告费用支出见表 7-10。该企业预计 2024 年的广告费支出为 35 万元,要求在 95% 的确信度下,通过分析所掌握的数据,预测下年商品的销售额。

表 7-10 某企业商品销售额与广告费支出

| 年份 | 广告费 $x_i$/万元 | 商品销售额 $y_i$/百万元 | $xy$ | $x^2$ | $y^2$ |
|---|---|---|---|---|---|
| 2014 | 4 | 7 | 28 | 16 | 49 |
| 2015 | 7 | 12 | 84 | 49 | 144 |
| 2016 | 9 | 17 | 153 | 81 | 289 |
| 2017 | 12 | 20 | 240 | 144 | 400 |
| 2018 | 14 | 23 | 322 | 196 | 529 |
| 2019 | 17 | 26 | 442 | 289 | 676 |
| 2020 | 20 | 29 | 580 | 400 | 841 |
| 2021 | 22 | 32 | 704 | 484 | 1024 |
| 2022 | 25 | 35 | 875 | 625 | 1225 |
| 2023 | 27 | 40 | 1080 | 729 | 1600 |
| 合计 | 157 | 241 | 4508 | 3013 | 6777 |

**2. 一元线性回归分析步骤**

(1) 进行相关分析 在坐标系上将广告费支出和商品销售额的数据标出,画出散点图,可以发现二者呈直线趋势。可以判定二者为一元线性关系。

(2) 建立回归方程 回归方程为 $y = a + bx$,其中关键是求参数 $a$ 与 $b$ 的值。根据表 7-11 中资料,利用最小平方方法可以求出 $a$ 与 $b$ 的值。

$$b = \frac{n\sum xy - \sum x \sum y}{n\sum x^2 - (\sum x)^2}$$

$$= \frac{10 \times 4508 - 157 \times 241}{10 \times 3013 - 157^2}$$

$$\approx 1.321$$

$$a = \frac{\sum y}{n} - \frac{b\sum x}{n}$$

$$= \frac{241}{10} - 1.321 \times \frac{157}{10}$$

$$\approx 3.36$$

所求回归方程为

$$y = 3.36 + 1.321x$$

(3) 进行检验 检验相关系数

$$r = 0.9994$$

取得显著性水平 $\alpha = 0.05$,参数为 $n - 2 = 8$。查相关系数临界值表得

$$r_{0.05(8)} = 0.632$$

因为 $r>r_0$，说明广告费与商品销售额存在很强的正相关关系。

**（4）进行预测** 先进行点预测，2024 年的广告费预计支出 35 万元。将其代入方程，有

$$y = 3.36 \text{ 百万元} + 1.321 \times 35 \text{ 百万元} = 49.595 \text{ 百万元}$$

即 2024 年的商品销售额可达到 49.595 百万元。再进行区间预测，计算标准误差，查 $t$ 分布表，最后可得商品销售额的预测区间为 $49.595 \pm 3.731$，即若以 95% 的把握预测，当广告费支出为 35 万元时，商品的销售额在 45.864 百万~53.326 百万元。

### 7.3.3 多元线性回归分析预测法

进行市场预测时，经常会遇到一个变量受多个变量影响的情况，这时一元线性回归分析法已经不再适用，就可以使用多元回归分析预测法进行预测活动。

当两个或多个以上的自变量与一个因变量之间存在线性回归趋势时，此情况下用回归方法进行预测即为多元线性回归分析预测法。

多元线性回归方程一般形式为

$$y = a + b_1 x_1 + b_2 x_2 + \cdots + b_n x_n$$

式中　$x_1, x_2, \cdots, x_n$——为 $n$ 个影响 $y$ 的自变量；

　　　$b_1, b_2, \cdots, b_n$——为回归参数。

存在两个自变量条件下的多元线性回归方程称为二元回归方程，即为多元线性回归方程中的特例。

二元线性回归分析的步骤：

**1. 建立线性回归方程**

线性方程为 $y = a + bx_1 + cx_2$，参数 $a$，$b_1$，$b_2$ 使用最小平方法推算，得到

$$\sum Y_i = na + (\sum X_i)b + (\sum Z_i)c$$

$$\sum X_i Y_i = (\sum X_i)a + (\sum X_i^2)b + (\sum X_i Z_i)c$$

$$\sum Z_i Y_i = (\sum X_i)a + (\sum X_i Z_i)b + (\sum Z_i^2)c$$

将相关数据代入上述方程，求解得到系数 $a$，$b$，$c$。所以，二元线性回归方程为

$$y = a + bx_1 + cx_2$$

**2. 检验**

利用复相关系数检验回归方程整体显著性，有

$$R = \sqrt{1 - \frac{\sum(y - y_e)^2}{\sum(y^2 - \bar{y})^2}}$$

简化为

$$R = \sqrt{1 - \frac{\sum y^2 - a\sum y - b_1 \sum x_1 y - b_2 \sum x_2 y}{\sum y^2 - n\bar{y}^2}}$$

取一个特定的 $a$，并设 $d_f = n - k - 1$（$k$ 为自变量个数），查相关系数、临界值表得到：$r_a$，$d_f$。如果 $R>R$，说明 $x_1$，$x_2$ 与 $y$ 线性关系显著。

### 3. 预测

先进行点预测，将 $x_1$，$x_2$ 代入公式 $y=a+b_1x_1+b_2x_2$ 即得到预测值 $y$，之后再进行区间预测，计算估计标准误差 $S=\sqrt{\dfrac{\sum(y-y_i)^2}{n-3}}$，取 $a$，$d_f$ 等于 $n-3$，查 $t$ 分布表得 $t_{a/2}$、$d_f$，所以，预测区间为 $y_i \pm t_{a/2},\ d_f S$。

对于三个或三个以上自变量的多元线性回归预测以及非线性回归预测，计算方法非常复杂，通常需要借助计算机进行处理，这里略过不作分析。

## 7.4 大数据预测法

大数据预测是大数据最核心的应用，它将传统意义的预测拓展到"现测"。大数据预测的优势体现在，它把一个非常困难的预测问题，转化为一个相对简单的问题描述，而这是传统小数据集根本无法企及的。从预测的角度看，大数据预测所得出的结果不仅仅是用于处理现实业务的简单、客观的结论，更是能用于企业的经营决策，收集起来的资料还可以被规划、引导和开发出更大的消费力量。

**1. 预测是大数据的核心价值**

大数据的本质是解决问题，大数据的核心价值就在于预测，而企业经营的核心也是基于预测而做出正确判断。在谈论大数据应用 Q 时，最常见的应用案例便是"预测股市""预测流感""预测消费者行为"等。

大数据预测则是基于大数据和预测模型 Q 去预测未来某件事情的概率。让分析从"面向已经发生的过去"转向"面向即将发生的未来"是大数据与传统数据分析的最大不同。

大数据预测的逻辑基础是，每一种非常规的变化事前一定有征兆，每一件事情都有迹可循，如果找到了征兆与变化之间的规律，就可以进行预测。大数据预测无法确定某件事情必然会发生，它更多是给出一个事件会发生的概率。

实验的不断反复、大数据的日渐积累让人类不断发现各种规律，从而能够预测未来。利用大数据预测可能的灾难，利用大数据分析癌症可能的引发原因并找出治疗方法，都是未来能够惠及人类的事业。

例如，大数据曾被洛杉矶警察局和加利福尼亚大学合作用于预测犯罪的发生；Google 流感趋势利用搜索关键词预测流感的散布；麻省理工学院利用手机定位数据和交通数据进行城市规划；气象局通过整理近期的气象情况和卫星云图，更加精确地判断未来的天气状况。

**2. 大数据预测的思维改变**

在过去，人们的决策主要是依赖 20% 的结构化数据，而大数据预测则可以利用另外 80% 的非结构化数据来做决策。大数据预测具有更多的数据维度、更快的数据频度和更广的数据宽度。与小数据时代相比，大数据预测的思维具有 3 大改变：实样而非抽样，预测效率而非精确，相关关系而非因果关系。

（1）**实样而非抽样** 在小数据时代，由于缺乏获取全体样本的手段，人们发明了"随机调研数据"的方法。理论上，抽取样本越随机，就越能代表整体样本。但问题是获取一

个随机样本的代价极高,而且很费时。人口调查就是一个典型例子,一个国家很难做到每年都完成一次人口调查,因为随机调研实在是太耗时耗力,然而云计算和大数据技术的出现,使得获取足够大的样本数据乃至全体数据成为可能。

(2) 效率而非精确　小数据时代由于使用抽样的方法,所以需要在数据样本的具体运算上非常精确,否则就会"差之毫厘,失之千里"。例如,在一个总样本为1亿的人口中随机抽取1000人进行人口调查,如果在1000人的运算上出现错误,那么放大到1亿人时,偏差将会很大。但在全样本的情况下,有多少偏差就是多少偏差,而不会被放大。

在大数据时代,快速获得一个大概的轮廓和发展脉络,比严格的精确性要重要得多。有时候,当掌握了大量新型数据时,精确性就不那么重要了,因为仍然可以掌握事情的发展趋势。大数据基础上的简单算法比小数据基础上的复杂算法更加有效。数据分析的目的并非就是数据分析,而是用于决策,故而时效性也非常重要。

(3) 相关关系而非因果关系　大数据研究不同于传统的逻辑推理研究,它需要对数量巨大的数据做统计性的搜索、比较、聚类、分类等分析归纳,并关注数据的相关性或称关联性。相关性是指两个或两个以上变量的取值之间存在某种规律性。相关性没有绝对,只有可能性。但是,如果相关性强,则一个相关性成功的概率是很高的。

相关性可以帮助人们捕捉现在和预测未来。如果A和B经常一起发生,则只需要注意到B发生了,就可以预测A也发生了。

根据相关性,人们理解世界不再需要建立在假设的基础上,这个假设是指针对现象建立的有关其产生机制和内在机理的假设。因此,也不需要建立这样的假设,即哪些检索词条可以表示流感在何时何地传播;航空公司怎样给机票定价;沃尔玛的顾客的烹饪喜好是什么。取而代之的是,可以对大数据进行相关性分析,从而知道哪些检索词条是最能显示流感的传播的,飞机票的价格是否会飞涨,哪些食物是飓风期间待在家里的人最想吃的。

数据驱动的关于大数据的相关性分析法,取代了基于假想的易出错的方法。大数据的相关性分析法更准确、更快,而且不易受偏见的影响。建立在相关性分析法基础上的预测是大数据的核心。

相关性分析本身的意义重大,同时它也为研究因果关系奠定了基础。通过找出可能相关的事物,可以在此基础上进行进一步的因果关系分析。如果存在因果关系,则再进一步找出原因。这种便捷的机制通过严格的实验降低了因果分析的成本。也可以从相互联系中找到一些重要的变量,这些变量可以用到验证因果关系的实验中去。

**3. 大数据预测的典型应用领域**

互联网给大数据预测应用的普及带来了便利条件,结合国内外案例来看,以下11个领域是最有机会的大数据预测应用领域。

(1) 天气预报　天气预报是典型的大数据预测应用领域。天气预报已经从天缩短到小时,有严苛的时效要求。如果基于海量数据通过传统方式进行计算,则得出结论时明天早已到来,预测并无价值,而大数据技术的发展则提供了高速计算能力,大大提高了天气预报的实效性和准确性。

(2) 体育赛事预测　2014年世界杯期间,Google、百度、微软和高盛等公司都推出了比赛结果预测平台。百度的预测结果最为亮眼,全程64场比赛的预测准确率为67%,进入淘汰赛后准确率为94%。这意味着未来的体育赛事预测会被大数据预测所掌控。

Google世界杯预测是基于Opta Sports的海量赛事数据来构建最终的预测模型的，百度则是通过搜索过去5年内全世界987支球队（含国家队和俱乐部队）的3.7万场比赛数据，同时与中国彩票网站、欧洲必发指数数据供应商SPdex进行数据合作，导入博彩市场的预测数据，建立了一个囊括199972名球员和1.12亿条数据的预测模型，并在此基础上进行的结果预测。

从以上互联网公司的成功经验来看，只要有其相关体育赛事的历史数据，并且与数据供应公司进行合作，便可以进行其赛事的预测，如欧冠、NBA等赛事。

（3）**股票市场预测** 英国华威商学院和美国波士顿大学物理系的研究发现，用户通过Google搜索的金融关键词或许可以预测金融市场的走向，相应的投资战略收益高达326%。此前则有专家尝试通过Twitter博文情绪来预测股市波动。

（4）**市场物价预测** CPI（消费者物价指数）用于表征已经发生的物价浮动情况，但统计局的数据并不权威。大数据则可能帮助人们了解未来物价的走向，提前预知通货膨胀或经济危机。最典型的案例莫过于马云通过阿里巴巴B2B大数据提前知晓亚洲金融危机。

单个商品的价格预测更加容易，尤其是机票这样的标准化产品，"去哪儿"提供的"机票日历"就是价格预测，它能告知人们几个月后机票的大概价位。

（5）**用户行为预测** 基于用户搜索行为、浏览行为、评论历史和个人资料等数据，互联网业务可以洞察消费者的整体需求，进而进行针对性的产品生产、改进和营销。美剧《纸牌屋》选择演员和剧情、百度基于用户喜好进行精准广告营销、阿里巴巴根据天猫用户特征包下生产线定制产品、Amazon预测用户点击行为提前发货均是受益于互联网用户行为预测，具体情况见表7-11。

表7-11 用户行为预测

| 黏性 | 活跃 | 产出 |
| --- | --- | --- |
| 访问频率 | 平均停留时长 | 订单数 |
| 访问时间间隔 | 平均访问页面数 | 客单价 |

受益于传感器技术和物联网的发展，线下的用户行为洞察正在酝酿。免费商用Wi-Fi、iBeacon技术、摄像头影像监控、室内定位技术、NFC传感器网络、排队叫号系统等，可以探知用户线下的移动、停留、出行规律等数据，从而进行精准营销或者产品定制。

（6）**人体健康预测** 中医可以通过望、闻、问、切的手段发现一些人体内隐藏的慢性病，甚至通过看体质便可知晓一个人将来可能会出现什么症状。人体体征变化有一定规律，而慢性病发生前人体已经会有一些持续性异常。理论上来说，如果大数据掌握了这样的异常情况，便可以进行慢性病预测。

Nature新闻与观点报道过Zeevi等人的一项研究，即一个人的血糖浓度如何受特定的食物影响的复杂问题。该研究根据肠道中的微生物和其他方面的生理状况，提出了一种可以提供个性化的食物建议的预测模型，比目前的标准能更准确地预测血糖反应。

智能硬件使慢性病的大数据预测变为可能。可穿戴设备和智能健康设备可帮助网络收集人体健康数据，如心率、体重、血脂、血糖、运动量、睡眠量等状况。如果这些数据足够精准、全面，并且有可以形成算法的慢性病预测模式，或许未来这些穿戴设备就会提醒用户身体罹患某种慢性病的风险。

（7）**疾病疫情预测** 疾病疫情预测是指基于人们的搜索情况、购物行为预测大面积疫

情暴发的可能性,最经典的"流感预测"便属于此类。如果来自某个区域的"流感""板蓝根"搜索需求越来越多,自然可以推测该处有流感趋势。

百度已经推出了疾病预测产品,目前可以就流感、肝炎、肺结核、性病这四种疾病,对全国每一个省份以及大多数地级市和区县的活跃度、趋势图等情况,进行全面监控。未来,百度疾病预测监控的疾病种类将从目前的4种扩展到30多种,覆盖更多的常见病和流行病。用户可以根据当地的预测结果进行针对性的预防。

(8) **灾害灾难预测** 气象预测是最典型的灾难灾害预测。地震、洪涝、高温、暴雨这些自然灾害如果可以利用大数据的能力进行更加提前的预测和告知,便有助于减灾、防灾、救灾、赈灾。与过往不同的是,过去的数据收集方式存在着有死角、成本高等问题,而在物联网时代,人们可以借助廉价的传感器摄像头和无线通信网络,进行实时的数据监控收集,再利用大数据预测分析,做到更精准的自然灾害预测。

(9) **环境变迁预测**

除了进行短时间微观的天气、灾害预测之外,还可以进行更加长期和宏观的环境和生态变迁预测。森林和农田面积缩小,野生动物植物濒危,海岸线上升,温室效应这些问题是地球面临的"慢性问题"。人类知道越多地球生态系统以及天气形态变化的数据,就越容易模型化未来环境的变迁,进而阻止不好的转变发生。大数据可帮助人类收集、储存和挖掘更多的地球数据,同时还提供了预测的工具。

(10) **交通行为预测** 交通行为预测是指基于用户和车辆的LBS定位数据,分析人车出行的个体和群体特征,进行交通行为的预测。交通部门可通过预测不同时点、不同道路的车流量,来进行智能的车辆调度,或应用潮汐车道;用户则可以根据预测结果选择拥堵概率更低的道路。

百度基于地图应用的LBS预测涵盖范围更广。它在春运期间可预测人们的迁徙趋势来指导火车线路和航线的设置,在节假日可预测景点的人流量来指导人们的景区选择,平时还有百度热力图来告诉用户城市商圈、动物园等地点的人流情况,从而指导用户出行选择和商家的选点选址。

(11) **能源消耗预测** 美国加州电网系统运营中心管理着美国加州超过80%的电网,向3500万用户每年输送2.89亿兆瓦电力,电力线长度超过40000km。该中心采用了Space Time Insight的软件进行智能管理,综合分析来自天气、传感器、计量设备等各种数据源的海量数据,预测各地的能源需求变化,进行智能电能调度,平衡全网的电力供应和需求,并对潜在的危机做出快速响应。我国智能电网业已在尝试类似的大数据预测应用。

除了上面列举的11个领域之外,大数据预测还可被应用在房地产预测、就业情况预测、高考分数线预测、选举结果预测、奥斯卡大奖预测、保险投保者风险评估、金融借贷者还款能力评估等领域,让人类具备可量化、有说服力、可验证的洞察未来的能力,大数据预测的魅力正在释放出来。

## 本章小结

根据市场调查业务活动顺序,本任务是市场调查操作技术的第7任务。分析市场发展趋势是从事市场经营活动的个人或组织,为减少其经营决策失误,在详细了解其过去和现在的相关历史信息的基础上，运用预测工具，分析信息资料，发现其中的规律性特征，并据此做出科学推测的行为。

必须了解：预测本身不是目的，它是为决策做支持性服务的，通过合理的预测技术，降低决策失误概率，提高预测的准确性和精确度。其方法有两类，一类是定性预测，侧重于对事物性质界定和描述，把握事物发展变化的方向；另一类是定量预测，主要方法是按照信息资料的时间序列进行预测，要考虑的因素有长期趋势变动因素、季节变动因素、循环变动因素和无规则变动因素，由于变动因素影响的不同，可以采用平均值预测法、季节变动趋势预测法、趋势外推法等多种方法。

定性预测与定量预测各有其特点，在现实预测工作中通常会结合使用，在涉及总体性、长期性影响和复杂因素过多难以有效控制时，依据个人经验的定位预测更可行，且快速、成本费用低；进行近期和短期预测时或影响因素清楚时，定量预测技术能提供更为精确的预测结果，且能对结果进行误差计算和置信度控制，更有利于使用。

市场调查预测将为提出市场调查报告奠定重要基础。完成本任务后，应该能够熟练运用预测市场发展趋势的方法。

## 课后习题及技能训练

**一、重要名词**

平均数　中位数　众数　定性预测法　专家预测法

**二、思考题**

1. 市场预测应遵循什么原则？
2. 平均数、中位数和众数在预测时各有什么特点，应如何正确运用？
3. 市场预测中定性预测技术的方法有哪些？
4. 经验判断法的步骤有哪些？集体经验判断预测法的操作程序是什么？
5. 专家预测法的形式怎样？举例说明。
6. 定量预测法内容有哪些？
7. 对数据进行时间序列分析有哪些意义？

## 【综合案例】

### 2024中国汽车政策、消费市场、投资趋势预测

我国汽车市场正处于一个前所未有的"三期叠加"阶段。"三期"指的是新车市场处于中低速增长期、二手车市场处于发力期、新型汽车市场处于成长期。汽车市场的三期叠加会加剧市场竞争，重塑产业格局，除了集中化、高端化、智能电动化外，新车市场中低速增长、二手车市场快速增长，会使低端尾部企业加速出清；新车市场增长比较慢、新型汽车市场增长快，会导致传统企业的焦虑感增强，新兴企业的窗口期变短，也使转型过渡期变短。此时，过渡性产品可能就是一个机会。

此外，"三期叠加"最主要表现还是市场增长放慢、转型升级加快从而加剧竞争。对企

业而言，要转型必须大量投资，当前油、电两种产品的竞争导致传统车市场地位保卫战非常激烈，而新车为了成功，后续推出的新产品价格也更低。建议带有一些新特点的产品，要尽早推出，占领先机。

从当前的消费趋势来看，科技是值得关注的新亮点。根据用户调查，近几年消费者买车时对技术含量、科技感等需求的提升是最快的。这也为一些有自己原发技术的企业带来了发展良机。

相比新车市场，近几年二手车市场增势迅猛，2023年全年增幅在13%左右，二手车交易量相当于新车销售比重的73%。

当前，从宏观政策环境到消费趋势再到汽车市场发展已经出现了一系列重要变化，投资风向也在发生转变，主要变化体现在3个方面：从产品端看，投资在明显向新能源产品转型，预计未来一年新车投放，新能源汽车的占比将达到80%以上，同时也表明2024年甚至未来很长一段时间，新能源汽车市场竞争压力巨大；从全球区域市场看，汽车出口给企业的发展带来了明显的红利，国内主流车企都在加大对海外市场各方面的投入；从产业布局看，新的生态正在逐渐形成。

全球汽车市场需求主要呈现4大趋势：一是目前需求逐渐恢复，为中国汽车出口创造了有利条件；二是从长期来看，国内需求下降，促使很多企业把销售市场更多转向国际，即所谓的"与其内卷不如外卷"；三是物流、旅游的恢复促进了商用车市场的增长；四是随着双碳目标的落实和实施，对新能源汽车的需求在不断扩大。

从全球整体经济形势看，WTO和国际货币基金组织对2024年经济增长、贸易预期都比较保守。从各区域市场看，如法国的电动汽车补贴与环境积分挂钩的措施，我国车企需要重点关注，将来欧盟在生产端可能会从这些方面评估我国产品的碳排放，并将全生命周期的碳排放积分作为市场的准入条件之一，包括钢材、铝材及其他材料（如橡胶、塑料、玻璃等），还有动力电池、汽车生产组装、长途海运陆运过程中的碳排放。除法国外，未来汽车出口还可能面临贸易摩擦的几个国家和地区有，欧盟、土耳其、巴西、印度、墨西哥等。

## 在线自测

# 第8章 市场调研报告

【学习目标】

1. 素质目标：坚持以求真、客观、科学、合理、钻研为基本的做事准则，实现市场调研全过程、全方位的质量控制。同时，撰写的调查报告内容要实事求是，内容、格式等各方面要符合中国人的用词用语习惯和阅读习惯，树立中华文化自信，塑造社会主义核心价值观。

2. 知识目标：掌握撰写市场调研报告的基本要求，熟练掌握口头演示调研报告的技巧。

3. 能力目标：培养市场调研报告写作与汇报能力，提升学生分析问题、团队协作和沟通能力。

【引导案例】

### 中国汽车工业协会《2024中国汽车市场发展预测报告》发布

中国汽车工业协会近日发布了《2024中国汽车市场发展预测报告》，对2023年的市场表现进行了回顾，并对未来一年的发展趋势进行了预测。报告显示，2023年1至11月，中国汽车市场销量达到2693.8万辆，同比增长10.8%，其中新能源汽车销量增长尤为显著，达到830.4万辆，同比增长36.7%。这一增长得益于经济的稳定回升、政策支持、出口市场的强劲表现以及消费者信心的提升。

报告预测，2024年中国汽车市场将继续保持增长态势，总销量预计将达到3100万辆，同比增长3%。新能源汽车市场预计将进一步扩大，销量预计达到1150万辆，同比增长20%。然而，市场也面临挑战，包括经济复苏的持续性、消费者信心、全球贸易环境的不确定性以及价格变化趋势等。

为应对这些挑战，报告建议应着力扩大国内需求，巩固外贸外资基本盘，推进生态文明建设和绿色低碳发展，并保持政策的连续性和稳定性，以提振市场信心。同时，深化重点领域改革，为汽车行业的高质量发展注入动力。

调查报告太烦琐和过于简洁都有可能不被委托方接受，一份好的调查报告要符合委托方的期望。

## 8.1 调查报告的撰写要求

### 8.1.1 调查报告的作用

调查报告有时又称为市场调查报告，它以一定的载体反映调查所得到的市场信息，以及最终得到的调查结论及建议，调查报告可以是书面形式，也可以是口头形式，更常见的是同时使用书面形式和口头形式。

调查报告的撰写是整个市场调查活动的最后阶段，它将整个调查项目的工作过程和工作成果经由报告内容呈现在项目委托者或（和）项目评审者面前，并作为营销决策的参考依据。因此，作为市场调查活动的终端产品，调查报告的质量是整个调查项目质量的一个重要标志。

一般来说，调查报告的撰写要体现出以下要求：完善的调查设计，精确的调查数据、统计分析，具有代表性的抽样设计，控制严格的调查实施，措辞严谨的调查问卷。之所以需要仔细考量调查报告，是因为调查报告撰写完毕后将用于决策参考，具有正式文献的权威性。此外，决策者在讨论时会多次使用调查报告，甚至某些企业或者机构会将调查报告作为内部资料保存，作为后续决策的参考。

### 8.1.2 撰写调查报告的基本要求

**1. 语言简洁**

读者阅读调查报告的目的是快速获得市场信息，或者将调查报告的结论作为决策参考。因此，调查报告的语言应当简明易懂。一个可供参考的原则是：可以使用直白的语言讲述就不要使用晦涩的术语。

**2. 结构严谨**

调查报告应当反映整个调查活动的科学性和逻辑性，因此应当清楚地体现各个组成部分之间的逻辑关系。每一章或部分是上一章或部分的顺延，并自然引导出下一章或部分。各个章或部分应当连贯，形成一个完整的研究思路来说明是如何界定问题、收集信息、分析数据和产生结论的。严谨的结构意味着读者阅读一次就能了解整个调查活动的基本过程以及主要结论。不严谨的结构的共性是：各种调查资料堆积，信息杂乱无章，报告各个组成部分之间缺乏逻辑关系。

**3. 内容全面**

内容全面是指调查报告应当回答一些必须回答的问题，包括为什么要进行调查，采用什么具体方法进行调查，验证或拒绝了何种假设，通过调查数据分析得到了什么结论，报告提出了什么建议。这些问题必须在调查报告中有明确的答案，不要让读者去寻找答案，而是让读者直接、客观地依据这些内容来评价调查报告的质量。任何一份调查报告的终极任务或是解决了某一营销问题，或是解释了某一现象，调查报告的内容必须围绕调查来论述，详细介绍调查目的是如何达成的。质量不高的调查报告通常是由于没有突出调查目的，或者过多阐述与调查目的无关的事项而导致的。

**4. 资料齐备**

调查报告给出的调查结论离不开各种资料的支撑，例如量表、问卷、访谈记录等。各种资料应当留有清单以备查。在最终的调查报告中必须包含证明或者支撑调查结论的资料，当读者对某些内容产生兴趣或者疑问时，能够及时找到对应的资料进行研究。如果读者发现调查报告中遗漏了某些对调查结论或者建议具有重要作用的资料，那么调查报告本身将被视为不合格品。

**5. 结论明确**

对于决策者或者委托方来说，调查报告中最重要的内容是调查结论和建议，因此不能使用模棱两可的结论，要客观地陈述调查所发现的事实。调查结论应当有大量的调查资料作支撑，调查资料要和调查结论相统一，不要出现调查资料和结论相违背的情况。

## 8.2 书面报告

书面报告是调查工作者提交给审阅者或委托方的格式化文档，标志着当前调查项目的终结。不同的调查工作者会有不同的调查报告写作风格，不同的审阅者和委托方也会有不同的报告格式要求。尽管如此，书面报告仍然有一些共同的要素，通常一个要素对应一个部分或一章。如果某些要素的内容很多，或者涉及不同的内容，就可以分成不同的章来写作，例如，如果对调查数据分别进行了相关分析、回归分析和预测分析，而且内容特别多，就可以用三章来叙述相关分析、回归分析和预测分析的过程和结论。

大部分调查的书面报告包括但不限于以下要素。

### 8.2.1 前置

**1. 封面**

封面通常包括调查报告标题、调查人员或组织的相关信息（例如姓名、地址、机构名称和电话、邮箱、传真等）、委托方的相关信息（机构名称和联系方式等）、报告完成日期。

调查报告的标题就是用于概括调查内容的一句话，情况允许时可以加上一个副标题。

如果调查由单一的机构来完成，就写上该机构的名称；如果涉及多个机构，要将所有机构的名称列出，同时附上各个机构的联系方式。

封面的设计要考虑委托方的要求，一般来说，封面首先要求具有权威性和严肃性，其次要求精致，但不能太花哨。

**2. 信函**

信函包括递交信和委托信（又称授权信），递交信用于将调查报告转给委托方，总结调查项目组在调查过程中的各种体会，但不提及具体的调查活动，一般在递交信中会说明如何运用调查结论和针对下一步调查工作的建议，并声明调查工作完毕。

委托信是委托方在项目启动之前给调查项目组的授权信，规定调查项目的范围以及合同中的一些细节，授权调查项目组开展调查，通常，委托信只是在信函部分提一下，然后将委托信的复印件列于附录中。

3. 目录

目录是调查报告中各个组成部分的完整概览，帮助阅读者快速准确地找到他感兴趣的章节。目录页的标题就是简单的"目录"或者"内容目录"。不要将调查项目名称、调查问卷题目作为目录页的标题。

目录页详细列明书面报告的各个组成部分的名称和页码。如果书面报告主体包含大量的表格、图形，则需要在章节目录之后附加"表格目录"和（或）"图形目录"。如果报告引用了一些技术文档或者重要的支撑性材料，在"表格目录"和（或）"图形目录"后再附上"附表目录"和"证据目录"。

目录的篇幅不宜过长，尽可能集中在一页。因此，应当根据项目的复杂程度和任务多少来安排结构，能够合并的内容尽量合并。如果存在多个子调查项目，则不宜合并。

4. 摘要

摘要用来概括性地说明调查活动的主要成果，通常为总经理等高级管理决策人员而写，主要包括调查问题、调查目标、调查方法、调查设计以及调查结果、调查结论和主要建议。因为决策人员需要快速而宏观地把握调查结果，他们对调查过程的细节没有兴趣，所以这一部分必须清楚简明地叙述调查的核心和要点。

## 8.2.2 调查背景

调查背景用于说明调查需求或者展开调查的原因，要讲清楚调查工作者是如何依据背景资料来界定营销决策问题和具体调查问题的，并明确地提出调查目的，通常先交代调查项目的背景资料，然后叙述如何与决策者和业内专家展开讨论，再论述如何基于二手数据和（或）定性分析来考察与决策问题相关的种种因素，最后引申出调查目的。

## 8.2.3 研究思路

研究思路部分叙述解决市场调查问题的研究思路、调查范围、调查方式和调查内容。通常先给出研究的理论模型，然后论述调查中涉及的假设、构念、量表、问卷、代表性样本和分析模型。

## 8.2.4 调查方案设计

调查方案设计这一部分叙述调查方案，即运用探索性调查、描述性调查和因果性调查中的哪一种或哪几种，包括解决问题所需的信息、二手资料的收集、一手资料的收集、测量技术、调查方法、抽样技术和现场工作。

## 8.2.5 调查数据分析

调查数据分析这一部分叙述资料分析计划、分析策略和分析技术，即如何运用定量分析和（或）定性分析，具体应用哪些分析技术对调查资料开展研究。

## 8.2.6 调查结果

调查结果是报告的重点，如果项目较大，则可能由几章构成，需要给出详细的分析过程和推导依据。应明确给出主要的成果,细节可以用图、表来阐明。

### 8.2.7 局限和警告

局限和警告这一部分叙述调查工作中存在的局限性。需要说明调查过程存在的不足,资料收集过程存在什么问题,并简单讨论这些问题对最终结果的可能影响。通常,局限和警告用来阐述在给定的研究思路下整个调查过程出现哪些问题。

### 8.2.8 结论和建议

结论和建议说明决策者是如何基于调查成果开展营销活动的。结论建立在调查分析的基础上,强调可行性;建议基于结论而给出,强调可操作性。

注意,结论是将调查结果简洁、有效地传递给营销决策者或者委托方的归纳性和概括性的陈述,而不是原始数据或者统计分析数据的简单罗列。结论是对营销决策问题的回答,是对调查目标的响应。建议是在结论的基础上经过逻辑演绎推导出来的一些符合现实、具备可行性的战略性或者战术性行动,是针对调查结论本身提出的陈述。

### 8.2.9 附录

附录是没有纳入报告主体中的内容。如果报告主体有大量引用,如数据来源、网站、以往的研究、期刊、图书、年鉴等,则需要一份参考文献清单来列出这些对象。如果引用很少,只是偶尔出现,一般在脚注中注明。调查过程往往涉及问卷、原始数据表、公式等,它们通常作为附录出现在报告的结尾,这些内容是置于报告主体还是附录中,取决于它们是否阐明调查主题。

【延伸阅读8-1】

#### 2023年全国汽车经销商生存状况调查结果发布

为及时掌握2023年汽车经销商的经营情况,了解经销商当前面临的压力和困难,全国汽车经销商生存状况调查于2024年1月正式启动,调查对象以乘用车授权经销商为主。截至2024年2月初,调查共覆盖近60家经销商集团及众多单店经销商,共回收有效问卷1437份。

2024年3月1日,中国汽车流通协会发布2023年全国汽车经销商生存状况调查报告。2023年,汽车市场外部环境纷繁复杂,终端交易价格持续下探,几乎波及所有厂商、所有车型,价格战的惨烈程度前所未有。与此同时,多地促销费政策持续发力,带动汽车消费出现了复苏迹象。多重因素影响,汽车市场显示出强大韧性,乘用车国内消费实现同比增长。但市场规模扩大并不意味着经营者经营利润的丰厚,尤其是新车价格战严重吞噬了经销商本应有盈利,汽车经销商生存状况依然较为艰难。

**1. 2023年汽车经销商对主机厂满意度下降**

调查显示,经销商总体满意度得分为71.7分,经销商对厂家的总体满意度明显下降,如图 8-1 所示。主要表现为对厂家考核内容较多、价格混乱、新车销售无利可图、产品竞争力不足等方面不满意。经销商对厂家搭售滞销车型、市场秩序管控方面的满意度较低，对于厂家人员及区域工作人员的满意度指标得分较高。

调查显示，在汽车经销商四大业务板块中，新车和二手车业务满意度较低，售后服务和金融保险业务满意度较高。

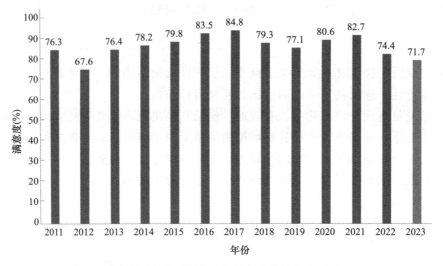

图 8-1　2011—2023 年经销商总体满意度情况

**2. 仅约四分之一的经销商完成了年度销量目标**

2023 年的我国汽车产销突破 3000 万辆，创历史新高。但国内汽车消费恢复不及年初预期。厂家在年度普通制定了较为激进的销量目标，弥补疫情期间销量下滑的缺口。调查显示，完成年度销量目标的经销商占比仅有 27.3%，超过六成经销商完成了任务指标的 80% 以上，如图 8-2 所示。其中，豪华/进口品牌经销商目标完成情况较好，几乎一半的经销商完成年度销售目标，而主流合资品牌目标完成率偏低，如图 8-3 所示。

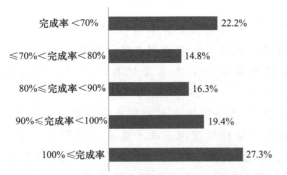

图 8-2　2023 年经销商销售目标完成情况

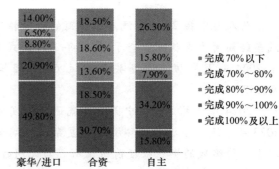

图 8-3　2023 年经销商分品牌类型的目标完成情况

**3. 经销商生存状况有所改善亏损面有所收窄**

2023 年，厂家销量目标激进，导致供需失衡严重。环保国六 B 全面实施，成为引发价格战的导火索之一，多重因素共同作用，引发持续全年的价格战。波及包括新能源汽车在内，覆盖了计划所有品牌车型。

下半年多个厂家出台政策，补贴经销商部分价格折让损失，部分厂家适度调低了全年销量目标。经销商在厂家返利有关的考核指标有所放宽和价格补贴后，弥补了部分新车亏损，经营状况较上半年有所改善。

调查显示，2023年经销商的亏损的比例为43.5%，亏损面收窄，盈利的比例37.6%，较2022年有所好转，如图8-4所示。

图 8-4　2018—2023年经销商盈利状况

豪华/进口品牌整体盈利情况较好，约三分之一的经销商亏损，超过50%的经销商实现盈利。合资品牌及自主品牌的盈利经销商占比分别为29.9%及32.0%。

在经销商利润结构中，新车销售亏损严重，新车毛利贡献为负数，售后金融保险及衍生业务毛利贡献占比提升。

**4. 经销商投资意向主要集中在高端豪华品牌和新能源汽车品牌**

针对经销商投资品牌意向的调查显示，经销商对未来投资、收购品牌主要集中在部分传统豪华品牌，而对于自主品牌，投资意向主要集中在新能源独立品牌。

**5. 2024年市场预期谨慎乐观**

2024年，经销商普通加大对新能源汽车品牌布局力度，对2024年新能源渗透率的判断，多数经销商认为新能源汽车增速有所放缓，渗透率小幅上升。

对于新一年度汽车市场的预期，接近半数经销商认为国内乘用车市场仍会保持增长势头，但价格依旧会继续下探，经销商经营压力依然较大。

## 8.3　口头演示

在当今时代背景下，人们几乎都会通过演示展示调查工作的过程和结论。演示有助于委托方管理层更好地理解和接受书面报告，委托方对调查项目的第一印象和后续看法都建立在对演示的感受上。演示过程中委托方会就他感兴趣的相关问题与项目报告人进行讨论。

优秀=优+秀，有优点还不够，要会秀出来才算优秀。通过完整演示，掌握高质量演示技巧，养成大师级的演示风范，让调查项目和理念深入人心，与委托方管理层、投资者、评委、听众实现顺畅沟通。口头演示的注意事项主要有：

**1. 必须做好充足的准备工作**

调查项目演示是具有时间性和空间性的活动，应该按照书面调查报告的内容准备草稿演

讲稿、相应的PPT或者详细的提纲，避免机械地将书面调查报告的内容搬到演示中。若一位调查项目报告人愿意把调查报告和PPT做到极致，愿意认真把口头演示准备到极致，我们有理由相信他把整个调查项目做到极致、做到成功的概率也会很高——这在本质上关乎做事的态度问题。演示前必须了解哪些人会成为听众，他们的背景如何，他们与调查项目的相关程度怎样。

在正式演示之前，应当预演几次。演讲稿需要根据演示PPT的内容进行准备，对每一张PPT内容准备讲稿，配合PPT使用，在语速、停顿、表达等方面收放自如。演讲稿的语言表达要精炼、通俗、亲和，在情感表达上，打动委托方管理层、评委和听众。演讲稿准备好后，还要根据后面的实战演练多次进行修改，形成最终演讲稿。演示人要一遍又一遍地对调查项目进行演练，不断强化巩固，使演示最终能够达到一气呵成，出口成章。

**2. 明确演示人和演示内容**

演示人是调查项目的形象使者，对演示的成败与否起着关键作用。要选择合适的演示人，通常是调查项目创始人或核心骨干。通过肢体语言、语音语调、神态感情等呈现演讲内容，从而打动评委和投资人。演示人在口头演示过程中最重要的任务是传递信心信号。在口头演示中，如果演示人对自己的项目极为熟悉，各项内容信手拈来，表达条理清楚，能顺畅回答评委的任何问题，这就是说明演示人对行业和项目有长期深度的研究，做好了准备和推进工作，演示人便能够传递给委托方强烈的自己能将项目做成功的信心与信号。

在演示开始前，分发材料给听众，预留一段时间给听众翻阅材料。

在演示过程中，调查项目报告人要声明讲的是什么，然后清晰、客观、准确、精炼、有条理地讲出来，最后归纳讲了些什么。对于重点部分和次重点部分的语气当然要有所区分，可以通过声音的强弱、虚实、语速、语调来有意识地控制，比如重点部分一般会加重语气，加强节奏变化（一般放慢），同时可以配合肢体语言。

在演示结束后，留一点时间让听众阅读材料和思考，并准备回答提问。如遇到回答不上的问题，不要自乱阵脚，调整心态，承认"由于考虑不周、资历较浅"所导致，再谦虚地就问题进行请教。

**3. 反复与听众沟通**

在整个演示活动中，保持与听众的沟通很重要。良好的眼神交流不仅能表现出演示者的自信，还能通过对方的眼神对演示效果或对方的困惑等方面有基本的判断进而调整改进。

应当在演示过程中和听众进行目光交流。描述性的手势能使语言传达更清晰，强调性的手势可以突出重点，建议性的手势能引导听众思考，鼓励性的手势能产生所期望的反应。项目报告人应当在演示过程中运用不同的音量、语速，避免用一种声调发言，要让评委、全场听众都跟随自己的节奏，通过评委、听众的状态，采用提高/降低音量、加快/放慢语速等举措，来对现场情况进行把握，这样达到事半功倍的演示效果。

**4. 注意听众的注意力集中度**

演示是演讲者和听众双方参与的过程，注意力集中度是一个关键要素。每个人的注意力集中的时间都很有限，演示中听众注意力集中的时间与他们对演示话题的兴趣程度有很高的相关性。调查报告的演讲者基于其对主题的了解和投入的时间、精力，能够在演示中保持一定的注意力集中度，但决策者和委托方只会对其感兴趣的或者有价值的话题保持注意力，因

此，项目报告人应当在演示过程中注意听众的注意力，调整各个话题的演示时间。

## 8.4 调研报告撰写中的注意事项

### 8.4.1 必要的文献综述

调查报告离不开对某个营销领域或者某些构念的讨论，因此需要给出必要的文献综述。但文献综述并不是简单地罗列文献，或者是对这个领域或构念进行回顾。例如，研究目标市场的顾客是否满意，并不需要将与"顾客满意"相关的所有文章都总结一遍。如果调查项目只是集中于"顾客满意度"指标，只需要对有关"顾客满意度"的研究做一个综述即可。

调查报告中出现的文献综述可以选用下面的方法。

**1. 简单描述法**

描述营销决策问题和市场调查问题的总体概况，过去对这个营销决策问题和市场调查问题的观点，做过哪些市场调查，发现了哪些关系，这些探索有哪些共同点和不同点。

**2. 追溯历史法**

如果对一个问题的研究有显著的时间特点，随着时间变化产生过不同流派，则可以考虑采用这种方法。它可以勾画出研究者对一个问题的回答是如何发展和演变的，这种变化的历史背景和原因是什么。

**3. 分门别类法**

根据研究者感兴趣的方面，将过去的文献分为几大类，将相同的放在一起进行归纳，例如，可以根据过去研究者解释一个现象的理论视角进行分类，这样可以看出这个现象曾经从哪几个角度研究过；或者，如果关注的是研究方法，那么可以按照研究者过去使用的研究方法来进行分类。例如：

迪克和巴苏首先把顾客忠诚的概念概括为对一个品牌的态度和惠顾行为之间的关系的强度。后来，又有很多营销专家对顾客忠诚的定义加以补充，雅可比和切斯纳特通过对 300 篇相关文献的系统整理发现，对顾客忠诚的理解有多达 50 个不同观点，但归纳起来不外乎两种基本方法：行为方法与态度方法，从行为角度看，顾客忠诚被定义为对产品或服务承诺重复购买的一种行为，这种形式的忠诚可以通过购买份额、购买频率等指标来衡量；基于态度的观点把顾客忠诚视为对产品和服务的一种偏好和依赖，这种观点认为除了要考虑顾客的实际购买行为，还需要分析顾客的潜在态度和偏好，测量指标有购买意愿、偏好程度。

### 8.4.2 重视报告对象

调查报告是为特定读者而写的，通常是委托方的营销管理人员。因此，报告的写作和演示要重视技术水平，明确兴趣所在，知道在什么场景中阅读报告、听取演示，以及如何利用报告。

调查报告中不可避免地会涉及专业术语，正常情况下，许多报告对象可能是第一次接触专业术语，因此，报告应尽可能使用叙述性的解释，如有可能，可以将技术性专业术语放到附录中。如果情况特殊，则可能需要准备几份不同版本的报告，分别呈交给具有不同专业技

术背景的读者。有这样一句俗话：营销人员宁愿接受一个不能解决的问题，也不愿接受一个他们无法理解的答案。

现在，越来越多的调查报告直接在网上发布，例如互联网和公司内网。在网上发布的调查报告可以综合使用多种媒体，包括图画、照片、动画、音频和视频，但要注意用文字处理和电子表格软件制作的报告文档的兼容性。

### 8.4.3 体现逻辑性

调查报告应当在结构上具有逻辑性。报告应当按逻辑关系安排各种资料，各部分的内在联系一目了然，不能让人费解，具有逻辑性的报告的内容前后一致，读者可以轻松地阅读和理解。

逻辑性意味着报告中各章节富有条理、内容顺畅。调查报告在整体上应当遵循营销决策问题、市场调查问题、研究方法、研究方案、数据收集、数据分析和结论建议的主线，并在各部分开头写明本部分的上一部分是什么、下一部分是什么。

例如，可以这样来思考以体现逻辑性：采用的调查方案是探索性调查、描述性调查还是因果性调查？如何组合它们？为什么这种调查设计最适合本项目？本次调查对二手数据和一手数据的依赖程度如何？二手数据的来源是什么？一手数据的收集方式是什么？是观察，访问还是实验？如何组合它们？如果是访问，采用哪种方式（邮件、电话还是网络）？调查数据在什么时候收集？采用哪种技术分析收集到的数据？是描述性分析、推断性分析、相关分析还是回归分析？如何组合它们？有没有采用更先进的统计技术？为什么采用它们是恰当的？

### 8.4.4 避免抄袭

在调查报告中，如果没有注明是引用他人的观点或者论点，那么审阅者将假设这是项目组成员的论点、观点或者观察。如果某份问卷主要来自一份成熟的问卷，而没有注明问卷的原作者，那么其他人将认为这是项目组自主设计的问卷，这就构成了"抄袭"。

调查报告在写作中不可避免要参考许多文献资料。其实在问卷编制环节就涉及参考同一调查主题的问卷模板或成熟的调查问卷。但是，参考不能沦为抄袭。从书面报告写作人的角度而言，抄袭不利于写作水平的提升；从被抄袭者的角度来看，抄袭意味着在不知情的情况下权利被侵犯。

在互联网时代，信息传播的速度远远超出以往。可以在互联网上发现许多大同小异的问卷和调查报告。不经过任何深入的辨析就套用问卷模板和报告模板，甚至将同一份问卷不经调整用于不同的市场，同一份报告不经修改用于不同的场所，那么不利的后果是深远的。首先，这种做法违背了调查伦理，委托方和被抄袭者的权益没有得到应有的保护；其次，调查结论的质量得不到保障，所抄袭的问卷和报告可能并不针对所面临的调查问题；最后，如果调查报告抄袭被发现，不仅会影响到调查工作的可信度，还会影响到整个调查团队的声誉。

当开始一个调查项目，也就开始了针对一个调查问题的文献阅读和整理工作，因此最好以一定的方式（例如笔记、文献管理软件）记录下有可能用到的文献：标题、作者、出处、出版时间等。这样当你写调查报告时，能够方便地查找原文并加以引用。一种常见的原文引

用出现在定义构念、概念时,此时内容要放在引号中,并注明出处。例如:

当着手"设计、收集、分析和报告信息,从而解决某一具体的营销问题"时,就是在进行营销调查。

## 本章小结

市场调查报告是前面一系列调查活动和任务的成果体现。调查报告是充分体现调查质量的关键环节,市场调查报告的内容、写作质量和提交方式决定着能否卓有成效地将市场调查项目的成果传达给有关的公司或政府机构的决策人员,进而能够很好地利用这些市场调查的成果进行工作。很多时候还需要将调查报告的结果向管理层或委托者作口头演示,同时,调查人员可以针对委托人提出的问题及时做出解答,因此口头演示也非常重要,它是达成有效沟通的一种重要方式。

## 课后习题及技能训练

### 一、重点名词

调查报告　书面报告　口头演示　沟通　文献综述

### 二、思考题

1. 撰写调查报告有哪些基本要求?
2. 口头演示应当注意哪些事项?
3. 在调查报告撰写中应当注意哪些事项?

### 三、实训练习

以"新冠疫情后汽车企业的发展困境调查与营销策略研究"为研究课题,对某汽车企业实施调查获取数据的前提下,对调查数据开展统计分析工作,然后着手撰写市场调查报告,最后进行口头演示。如有可能,将调查报告反馈给该汽车企业负责人。

**1. 具体要求**

1) 制作统计表、统计图对调查数据进行汇总分析。
2) 应用中位数、众数、平均值、方差对调查数据进行集中趋势分析和离散趋势分析。
3) 结合营销决策问题对调查数据开展一项假设检验。
4) 收集二手资料结合调查数据开展相关分析、回归分析和预测分析。
5) 在调查数据统计分析的基础上撰写书面调查报告。
6) 写好书面调查报告后进行口头演示。

**2. 步骤**

1) 组长负责组织小组开展调查数据的汇总分析、描述性分析、推断性分析、相关分析、回归分析和预测分析,做好成员分工,每人负责一块内容,最后小组集体讨论分析是否合理、正确,然后由指导教师给予评定。

2) 组长负责组织小组讨论书面调查报告应当包含的要素和内容,商定报告的整体框架。组长做好成员分工,每人负责一部分,然后由组长统稿,最后小组集体讨论定稿,制作

PPT（幻灯片）。

3）小组推选一位汇报人代表小组作报告，要求熟悉报告内容，报告时间为10min。

4）指导教师选定一位同学作报告会主持人，主持人与各小组组长组织调查报告会。主持人写好主持词，熟悉各小组报告顺序的安排，控制好各小组演示开始和结束的时间。

5）指导教师评定书面调查报告，评分标准为：调查报告是否完成了调查目标，调查方法是否恰当，是否运用了量表和问卷技术，抽样设计是否符合要求，现场工作是否规范，调查数据统计分析是否严谨，调查结论的导出是否符合逻辑，从结论中得出的建议是否可行，调查报告的结构是否合理，调查报告的文字是否符合规范，其中每项占10分。

6）各小组互评口头报告，评分标准为：听众沟通、语言表达、PPT制作、问题回答，其中每项占25分。

7）指导教师进行综合评定和总结，给出各小组和个人的总评分。

### 在线自测

## 参 考 文 献

[1] 武少玲,王江华."低碳经济"背景下的专用汽车战略转型[J].经济导刊,2010(2):50-51.
[2] 武少玲,潘林.十堰市汽车产业发展对策[J].经济导刊,2009(合刊1):39-40.
[3] 武少玲,王江华.武当山旅游市场美誉度提升研究:如何解决"上了武当就上当"[J].中国商贸,2010(22):193-194.
[4] 武少玲.海尔集团的整合营销传播策略及其启示[J].商场现代化,2005(10):34-35.
[5] 王江华,武少玲.自动化配送新技术:"物流塔"运行模式研究[J].物流技术,2015,34(11):299-301.
[6] 武少玲,肖迢,姚丽萍.基于能力培养的汽车市场调研分析课程设计创新与实践[C]//The 2011 International Conference on Education Science and Management Engineering,August(6-8),Capital University of Economics and Business,Beijing,Hohai University,Nanjing,Changzhou.[S.l.]:Scientific Research Publishing,2011(4):328-331.
[7] 王江华,武少玲.发展湖北省专用汽车产业集群研究[C]//The 2011 International Conference on Education Science and Management Engineering,August 16-18,2011,Capital University of Economics and Business,Beijing,Hohai University,Nanjing,Changzhou.[S.l.]:Scientific Research Publishing,2011(4):189-192.
[8] 武少玲,王江华.营销前沿:蜂鸣营销[J].管理科学文摘,2005(11):17-18.
[9] 王江华,武少玲.营销新理念:水平营销[J].现代企业文化,2008(5):45-46.
[10] 徐井岗.市场调查与预测[M].北京:科学出版社,2004.
[11] 王汝志.市场调查与预测[M].长沙:湖南师范大学出版社,2012.
[12] 徐映梅,张海波,孙玉环.市场调查理论与方法[M].北京:科学出版社,2018.
[13] 大数据研究院.2023中国汽车后市场维保行业白皮书[EB/OL].(2023-12-18)[2024-02-04].https://qiche.sdnews.com.cn/qycx/202312/t20231218_4330118.htm.
[14] 新华社.向着建设汽车强国的目标奋勇前行:2023年中国汽车产业观察[EB/OL].(2024-01-13)[2024-02-06].https://www.ishaanxi.com/c/2024/0113/3047529.shtml.
[15] 市场与营销网.汽车的演化趋势:未来你开的将是这样的车[EB/OL].(2022-02-23)[2024-02-06].https://www.cmmo.cn/article-222253-1.html.
[16] 汽车营造社.中国汽车营销年鉴[EB/OL].(2022-06-15)[2024-02-08].https://www.cmmo.cn/article-222349-1.html.
[17] 方广.2023中国汽车消费趋势调查报告[EB/OL].(2023-11-22)[2024-03-08].https://finance.sina.com.cn/wm/2023-11-22/doc-imzvnqvq7331362.shtml.
[18] 国家统计局.天津市汽车和新能源汽车市场需求情况调查方案[EB/OL].(2022-07-05)[2024-02-22].https://www.stats.gov.cn/fw/dftjxmgl/dftjdczd/tj/202302/t20230215_1906583.html.
[19] 中国汽车流通协会.2023年上半年全国汽车经销商生存状况调查结果[EB/OL].(2023-08-29)[2024-02-25].https://finance.sina.com.cn/tech/roll/2023-08-29/doc-imzivxyi8368606.shtml.
[20] 中国汽车工业协会,中国汽车技术研究中心有限公司,北京汽车集团有限公司.中国汽车工业发展报告(2023)[M].北京:社会科学文献出版社,2023.
[21] 庄贵军.市场调查与预测.3版[M].北京:北京大学出版社,2020.
[22] 冯宇,梁珍.市场调研与预测[M].长沙:湖南师范大学出版社,2014.